道路运输企业主要负责人和安全生产管理人员考核用书

（下册）

道路运输安全基础及实务

交通运输部职业资格中心 编

刮开涂层，扫描二维码，获取本书配套电子资源。

北京交通大学出版社

·北京·

内容简介

本书由交通运输部职业资格中心组织编写，与《道路运输企业主要负责人和安全生产管理人员考核用书（上册）》共同组成道路运输企业主要负责人和安全生产管理人员安全生产知识和管理能力考核的参考用书。

本书系统阐述了道路运输企业安全生产主体责任、道路运输企业安全生产管理要求、道路运输安全基础知识、道路运输企业安全风险分级管控、隐患排查治理、应急管理、事故报告与数据分析、道路旅客运输安全生产实务、道路危险货物运输安全生产实务、道路普通货物运输及站场安全实务、汽车客运站安全生产实务和其他运输企业安全生产实务等内容。

本书主要用于道路旅客运输企业、道路货物运输企业（含道路危险货物运输企业）、道路旅客运输站的主要负责人和安全生产管理人员培训与学习，也可供从事道路货物运输站场经营、机动车维修经营、机动车驾驶员培训等道路运输相关业务的企业主要负责人和安全生产管理人员参考使用，还可用于交通运输类相关专业的教学。

版权所有，侵权必究。

图书在版编目（CIP）数据

道路运输企业主要负责人和安全生产管理人员考核用书. 下册，道路运输安全基础及实务 / 交通运输部职业资格中心编. —北京：北京交通大学出版社，2019.5（2023.6 重印）
ISBN 978–7–5121–3847–6

Ⅰ．①道… Ⅱ．①交… Ⅲ．①公路运输–交通运输安全–安全培训–教材 Ⅳ．① U492.8

中国版本图书馆 CIP 数据核字（2019）第 036110 号

道路运输企业主要负责人和安全生产管理人员考核用书（下册）
道路运输安全基础及实务
DAOLU YUNSHU QIYE ZHUYAO FUZEREN HE ANQUAN SHENGCHAN GUANLI
RENYUAN KAOHE YONGSHU (XIA CE)
DAOLU YUNSHU ANQUAN JICHU JI SHIWU

策划编辑：高振宇　　责任编辑：陈可亮
出版发行：北京交通大学出版社　　电话：010–51686414　　http://www.bjtup.com.cn
地　　址：北京市海淀区高梁桥斜街 44 号　　邮编：100044
印 刷 者：北京时代华都印刷有限公司
经　　销：全国新华书店
开　　本：185 mm×260 mm　　印张：15.25　　插页：2　　字数：380 千字
版　　次：2019 年 5 月第 1 版　　2023 年 6 月第 8 次印刷
书　　号：ISBN 978–7–5121–3847–6/U・350
定　　价：68.00 元

本书如有质量问题，请向北京交通大学出版社质监组反映。对您的意见和批评，我们表示欢迎和感谢。
投诉电话：010–51686043，51686008；传真：010–62225406；E-mail：press@bjtu.edu.cn。

交通运输行业职业资格考试系列用书
编审委员会

主　任　申少君

副主任　刘　鹏　陈孝平

委　员　何朝平　沈冬柏　王福恒　张　萍　张文玉
　　　　郝鹏玮　周叶飞　刘　欣　雷小芳　丛英莉

本书编写人员
（按姓氏笔画排序）

王洪明　车华桥　方晓丽　朱福根　安冬冬　李志超
邱子桐　余　思　张性伟　陈　哲　姜　迪　骆　勇
殷　涛　涂子学　梅　丽　鲍婷婷　魏　宇　魏萌萌

本书审定人员
（按姓氏笔画排序）

乌军河　刘浩学　吴　冰　沈小燕　沈冬柏　张　韡
张琳奇　张新财　苗　青　秦　茜　莫　琨　晏远春
曹文生　彭　涛　彭　瑜　彭建华　董胜武　谢远光

前　言

《中华人民共和国安全生产法》明确："危险物品的生产、经营、储存单位以及矿山、金属冶炼、建筑施工、道路运输单位的主要负责人和安全生产管理人员，应当由主管的负有安全生产监督管理职责的部门对其安全生产知识和管理能力考核合格。"为做好道路运输企业主要负责人和安全生产管理人员安全考核工作，交通运输部职业资格中心组织编写了《道路运输企业主要负责人和安全生产管理人员考核用书》。

《道路运输企业主要负责人和安全生产管理人员考核用书》分为上册（道路运输安全生产法律法规及技术标准）和下册（道路运输安全基础及实务）。上册主要介绍道路运输安全相关法律法规、规章制度、技术标准和工作规范等知识，下册主要介绍道路运输企业安全生产主体责任、安全管理基础和安全生产实务等内容。

本套考核用书适用于从事道路旅客运输经营、道路货物运输经营、道路旅客运输站经营，以及道路货物运输站场经营、机动车维修经营、机动车驾驶员培训等道路运输相关业务的企业主要负责人和安全生产管理人员，也可作为道路运输从业人员及交通院校相关专业师生在实际工作和教学中的参考用书。

本套考核用书由四川交通职业技术学院骆勇教授主编。编写工作还得到了浙江交通职业技术学院、山东公路技师学院、长安大学等单位的大力支持，在此一并感谢！

水平有限，疏漏和纰误在所难免，敬请批评指正。

交通运输部职业资格中心
2019 年 5 月

目　　录

第 1 章　道路运输企业安全生产主体责任 ························· 1
　1.1　安全生产责任制 ··· 1
　1.2　企业安全生产责任体系建立和主要内容 ·································· 1
　1.3　企业安全生产主体责任的内涵和主要内容 ······························· 2
　　　1.3.1　企业安全生产主体责任的内涵 ······································ 2
　　　1.3.2　企业安全生产主体责任 ·· 3
　1.4　安全管理机构和人员的设置 ·· 5
　　　1.4.1　安全管理机构设置 ·· 5
　　　1.4.2　安全生产管理人员 ·· 6
　1.5　企业主要负责人和安全生产管理人员的安全职责 ···················· 7
　1.6　企业主要负责人和安全生产管理人员安全生产法律责任 ············ 9
　　　1.6.1　企业主要负责人安全生产法律责任 ································ 9
　　　1.6.2　安全生产管理人员的法律责任 ····································· 10
　1.7　企业安全生产费用的提取、使用和管理 ································· 10
　　　1.7.1　安全生产费用提取标准 ·· 10
　　　1.7.2　安全生产费用使用范围 ·· 10
　　　1.7.3　安全生产费用的管理 ··· 11
　1.8　安全生产管理人员及从业人员安全培训内容及要求 ················· 11
　　　1.8.1　主要负责人和安全生产管理人员安全培训 ······················ 11
　　　1.8.2　从业人员安全培训 ·· 12
　　　1.8.3　特种作业人员培训 ·· 12
　1.9　职业健康管理内容和要求 ·· 12
　　　1.9.1　职业健康管理基本要求 ·· 13
　　　1.9.2　道路运输企业职业健康管理内容和要求 ······················· 13
　1.10　道路运输企业安全生产信用 ·· 15
　　　1.10.1　分类分级 ·· 15
　　　1.10.2　填报内容 ·· 15
　　　1.10.3　信用评分 ·· 15
　1.11　典型案例分析 ··· 17

第 2 章　道路运输企业安全生产管理要求 ························· 20
　2.1　道路运输企业安全生产工作方针和基本原则 ························· 20
　　　2.1.1　道路运输企业安全生产工作方针 ·································· 20

  2.1.2　道路运输安全工作基本原则 ················· 20
 2.2　企业安全生产的目标、评价与考核 ················· 21
  2.2.1　企业安全生产的目标构成及指标 ················· 21
  2.2.2　企业安全生产评价与考核 ················· 22
 2.3　企业安全生产制度体系的内容 ················· 22
  2.3.1　综合安全管理制度 ················· 23
  2.3.2　人员安全管理制度 ················· 24
  2.3.3　设施设备安全管理制度 ················· 25
  2.3.4　环境安全管理制度 ················· 25
 2.4　安全生产检查类型、内容、方法和工作程序 ················· 25
  2.4.1　安全生产检查的类型 ················· 25
  2.4.2　安全生产检查的内容 ················· 26
  2.4.3　安全生产检查的方法及工作程序 ················· 26
 2.5　动态监控设备及管理要求 ················· 28
  2.5.1　动态监控平台建设 ················· 28
  2.5.2　动态监控管理要求 ················· 29

第3章　道路运输安全基础知识 ················· 31
 3.1　道路运输安全体系内涵和重点内容 ················· 31
  3.1.1　道路运输安全体系内涵 ················· 31
  3.1.2　道路运输安全体系建设基本原则 ················· 31
  3.1.3　道路运输安全体系的重点内容 ················· 31
 3.2　安全生产原理及理论 ················· 34
  3.2.1　安全生产的原理 ················· 34
  3.2.2　安全生产的理论 ················· 36
 3.3　道路运输安全生产基本特点 ················· 38
 3.4　驾驶员安全生理心理特征 ················· 40
  3.4.1　驾驶员的生理特征 ················· 40
  3.4.2　驾驶员的心理特征 ················· 41
  3.4.3　疲劳及饮酒、药物对安全驾驶的影响 ················· 43
 3.5　车辆运行安全基础原理 ················· 44
  3.5.1　驱动原理 ················· 44
  3.5.2　制动性能 ················· 45
  3.5.3　操纵稳定性 ················· 47
  3.5.4　其他安全性能 ················· 48
 3.6　道路与交通安全设施基础知识 ················· 49
  3.6.1　道路 ················· 49
  3.6.2　交通安全设施 ················· 52
 3.7　特殊环境的行车安全保障措施 ················· 53

        3.7.1 特殊道路环境的行车安全保障措施 ·············· 53
        3.7.2 特殊天气环境的行车安全保障措施 ·············· 54

第 4 章 道路运输企业安全风险分级管控 ·············· 57
    4.1 安全生产风险管理 ·············· 57
        4.1.1 风险及风险管理概念 ·············· 57
        4.1.2 风险管理目标和内容 ·············· 57
        4.1.3 风险管理的过程 ·············· 58
    4.2 道路运输企业风险辨识与评估 ·············· 59
        4.2.1 道路运输企业风险辨识 ·············· 59
        4.2.2 道路运输企业风险评估 ·············· 60
    4.3 道路运输企业安全风险管控措施 ·············· 62
        4.3.1 道路运输企业安全风险管控的内容 ·············· 62
        4.3.2 道路运输企业安全风险管控的具体措施 ·············· 63

第 5 章 隐患排查治理 ·············· 73
    5.1 隐患排查治理原则与内容 ·············· 73
        5.1.1 隐患排查治理原则与分工 ·············· 73
        5.1.2 隐患排查治理内容 ·············· 73
    5.2 隐患排查与治理常用程序 ·············· 75
    5.3 道路旅客运输企业隐患排查与治理 ·············· 80
        5.3.1 道路旅客运输企业隐患排查 ·············· 80
        5.3.2 道路旅客运输企业隐患治理 ·············· 81
    5.4 道路危险货物运输企业隐患排查治理 ·············· 81
        5.4.1 道路危险货物运输企业隐患排查 ·············· 81
        5.4.2 道路危险货物运输企业隐患治理 ·············· 82
    5.5 其他道路运输企业隐患排查治理 ·············· 82
    5.6 典型案例分析 ·············· 84

第 6 章 应急管理 ·············· 87
    6.1 应急体系的构成和响应程序 ·············· 87
        6.1.1 应急体系的构成 ·············· 87
        6.1.2 事故应急体系响应程序 ·············· 88
    6.2 应急预案的编制 ·············· 89
        6.2.1 应急预案的基本内容 ·············· 89
        6.2.2 道路运输企业应急预案的内容 ·············· 90
        6.2.3 应急预案的编制程序 ·············· 93
    6.3 应急人员及装备 ·············· 95
        6.3.1 应急人员和经费配备 ·············· 95

　　　　6.3.2　应急装备 ·· 95
　6.4　应急预案的实施与演练 ·· 96
　　　　6.4.1　应急预案演练的分类 ··· 96
　　　　6.4.2　应急预案培训及演练 ··· 97
　　　　6.4.3　应急预案演练的组织与实施 ····································· 98
　6.5　道路运输企业突发事件应急处置流程与措施 ······················ 101
　6.6　道路运输常见突发事件应急处置方法 ································· 102
　6.7　道路运输企业应急管理相关法律责任 ································· 107

第 7 章　事故报告与数据分析 ·· 108
　7.1　生产安全事故等级与报告 ·· 108
　　　　7.1.1　生产安全事故等级划分 ··· 108
　　　　7.1.2　事故报告流程 ··· 108
　　　　7.1.3　事故报告内容 ··· 108
　　　　7.1.4　应对措施 ··· 109
　7.2　事故调查 ·· 109
　　　　7.2.1　事故调查原则 ··· 109
　　　　7.2.2　事故调查要求 ··· 109
　　　　7.2.3　调查组人员构成规定 ··· 110
　　　　7.2.4　调查组的职责 ··· 110
　　　　7.2.5　事故调查报告的要求 ··· 110
　7.3　事故处理 ·· 111
　　　　7.3.1　事故处理原则 ··· 111
　　　　7.3.2　事故处理过程 ··· 111
　　　　7.3.3　事故报告和处理过程中违反规定应承担的法律责任 ··· 111
　7.4　事故统计及分析报告 ·· 113
　　　　7.4.1　事故统计和报表 ··· 113
　　　　7.4.2　事故统计分析报告常用分析方法 ···························· 114
　　　　7.4.3　事故统计分析报告内容 ··· 114
　　　　7.4.4　事故统计分析报告要求 ··· 115

第 8 章　道路旅客运输安全生产实务 ····································· 116
　8.1　道路客运驾驶员全过程安全管理 ······································· 116
　　　　8.1.1　驾驶员的聘用 ··· 116
　　　　8.1.2　驾驶员的岗前培训 ··· 117
　　　　8.1.3　驾驶员的安全教育培训及考核 ······························· 118
　　　　8.1.4　驾驶员的信息档案管理 ··· 119
　　　　8.1.5　驾驶员的驾驶资格审验 ··· 119
　　　　8.1.6　驾驶员的定期考核 ··· 120

  8.1.7 驾驶员的调离和辞退 120
 8.2 道路运输企业相关保险 122
 8.3 客运车辆管理 124
  8.3.1 车辆选用管理 124
  8.3.2 车辆技术管理机构设置与人员配备 125
  8.3.3 车辆等级评定与审验 126
  8.3.4 客运车辆安全设施管理 126
  8.3.5 车辆维护与修理 129
  8.3.6 车辆的报废 130
  8.3.7 车辆技术档案管理 130
 8.4 运输组织 131
  8.4.1 运输线路 131
  8.4.2 行车安全管理 132
  8.4.3 运输经营行为 134
 8.5 道路旅客运输重点岗位操作规程 135
  8.5.1 驾驶员行车操作规程 135
  8.5.2 乘务人员操作规程 136
  8.5.3 动态监控人员操作规程 137
 8.6 典型案例分析 137

第9章 道路危险货物运输安全生产实务 142
 9.1 危险货物及其特性 142
  9.1.1 危险货物的定义 142
  9.1.2 危险货物的分类 143
  9.1.3 危险货物的品名及编号 143
  9.1.4 危险货物的特性 144
 9.2 危险货物的储运包装 151
  9.2.1 危险货物道路运输包装的作用 151
  9.2.2 危险货物道路运输包装的基本要求 152
  9.2.3 危险货物道路运输包装的分类 153
  9.2.4 运输包装标志的分类和内容 154
 9.3 道路危险货物运输车辆及装备 156
  9.3.1 道路危险货物运输企业营运车辆的基本要求 156
  9.3.2 道路危险货物运输车辆车型、使用及装载限制 157
  9.3.3 危险货物运输车辆装备及使用要求 158
 9.4 道路危险货物运输从业人员基本要求 161
  9.4.1 从业人员的资格要求 161
  9.4.2 从业人员聘用注意事项 162
  9.4.3 从业人员的管理要求 162

9.5 道路危险货物运输操作规程……163
　　9.5.1 出车前的作业要求……163
　　9.5.2 行车中的作业要求……164
　　9.5.3 收车后的作业要求……165
9.6 典型案例分析……166

第 10 章 道路普通货物运输及站场安全生产实务……171
10.1 道路普通货物运输……171
　　10.1.1 道路普通货物运输车辆及设施设备……171
　　10.1.2 安全技术管理要求……173
10.2 道路货物运输站场安全技术管理……174
　　10.2.1 一般安全技术管理要求……174
　　10.2.2 国家有关规定……175
10.3 道路货物运输及站场安全操作规程……176
　　10.3.1 道路货物运输基本要求……176
　　10.3.2 道路货物运输具体作业要求……176
　　10.3.3 站场安全操作规程……178
10.4 超限运输安全管理……179
　　10.4.1 超限运输车辆的认定……179
　　10.4.2 大件运输车辆公路行驶时的规定……179
　　10.4.3 超限运输中的源头管理……180
10.5 典型案例分析……181

第 11 章 汽车客运站安全生产实务……185
11.1 汽车客运站作业流程……185
　　11.1.1 客运站的主要任务……185
　　11.1.2 客运站主要作业流程……185
11.2 汽车客运站作业现场安全管理……193
　　11.2.1 车辆进出站及停放管理……193
　　11.2.2 车辆安全管理……194
　　11.2.3 安全消防设施管理……194
11.3 客运站重点作业的安全要求……194
　　11.3.1 行包托运的安全要求……194
　　11.3.2 行包寄存的安全要求……195
　　11.3.3 "三品"检查的安全要求……195
　　11.3.4 报班、应班的安全要求……195
　　11.3.5 调度的安全要求……195
　　11.3.6 营运车辆出站安全要求……196
　　11.3.7 车辆例检的安全要求……197

  11.4 客运站重点岗位操作规程 ··· 197
    11.4.1 调度操作规程 ·· 197
    11.4.2 进站口岗位操作规程 ·· 198
    11.4.3 "三品"岗位操作规程 ·· 198
    11.4.4 出站检查员操作规程 ·· 198
    11.4.5 小件寄存、提取操作规程 ·· 199
    11.4.6 行包托运操作规程 ··· 199
    11.4.7 车辆例检岗位操作规程 ··· 200
    11.4.8 安检仪操作规程 ··· 200
  11.5 典型案例分析 ·· 200

第 12 章 其他运输企业安全生产实务 ··· 203
  12.1 机动车驾驶员培训机构安全生产实务 ·· 203
    12.1.1 机动车驾驶员培训机构安全生产管理制度 ··· 203
    12.1.2 汽车驾驶员培训场地和道路训练安全防范 ··· 209
    12.1.3 汽车驾驶员培训安全事故案例 ·· 213
  12.2 机动车维修企业安全生产实务 ··· 214
    12.2.1 机动车维修企业典型维修设备使用安全知识 ··· 215
    12.2.2 机动车维修作业典型岗位安全操作规程 ·· 223
    12.2.3 机动车维修作业安全事故案例 ·· 227

参考文献 ·· 230
附录 A 相关图示标志 ··· 231

第1章

道路运输企业安全生产主体责任

1.1 安全生产责任制

我国安全生产责任制最早见于1963年3月30日颁布的《国务院关于加强企业生产中安全工作的几项规定》（以下简称《五项规定》），《五项规定》要求，企业的各级领导、职能部门、有关工程技术人员和生产工人，各自在生产过程中应负的安全责任，必须加以明确的规定。

基于我国"安全第一，预防为主，综合治理"安全生产方针和安全生产法规建立的各级领导、职能部门、工程技术人员、岗位操作人员的安全生产层层负责的制度，使安全生产责任制内涵得到了进一步的完善和补充。安全生产责任制是企业岗位责任制的一个组成部分，是企业中最基本的一项安全制度，也是企业安全生产、劳动保护管理制度的核心。

安全生产责任包含了两方面的意义。一是指分内应做的安全工作，恪尽职守；二是指没有做好自己的安全工作，而应承担的不利后果或强制性业务。

道路运输企业各级领导及员工的全员安全责任制通常通过层层签订安全生产目标责任书的形式予以明确。

1.2 企业安全生产责任体系建立和主要内容

企业建立安全生产责任体系主要包括：强化企业安全生产主体责任，落实安全生产"一岗双责"，严格安全生产问责追责等内容。

根据《中华人民共和国安全生产法》（以下简称《安全生产法》）的规定，企业的安全生产责任制应当明确各岗位人员、责任范围、考核标准等内容，同时还应建立有相应的机制，以加强对安全生产责任制的落实情况进行监督和考核。

企业应该按照"管业务必须管安全、管生产经营必须管安全"的原则，建立纵向到底、横向到边的全员安全生产责任制，确保安全生产人人有责，各负其责。

纵向到底是指企业从上到下所有类人员的安全职责。即从本单位的主要负责人一直到岗位工人分成相应的层级，然后结合本单位的工作实际，对不同层级的人员在安全生产中应承担的职责做出规定。

横向到边是指企业各职能部门（包括党、政、工、团）的安全生产职责。在建立责任制时，可以按照本单位职能部门的设置（如安全、设备、计划、技术、生产、基建、人事、财务、设计、档案、培训、党办、宣传、团委等部门），分别对其在安全生产中应承担的职责做出相应规定。

安全生产责任制主要内容包括下列五个方面：

① 企业各级负责生产和经营的管理人员，在完成生产或经营任务的同时，对保证生产安全负责；

② 各职能部门的人员，对自己业务范围内有关的安全生产负责；

③ 班组长、特种作业人员对其岗位的安全生产工作负责；

④ 所有从业人员对自己本职工作范围内的安全生产工作负责；

⑤ 各类安全责任的考核标准，以及奖惩措施。

1.3 企业安全生产主体责任的内涵和主要内容

1.3.1 企业安全生产主体责任的内涵

企业是生产经营活动的主体，是安全生产工作责任的直接承担主体。企业安全生产主体责任，是指企业依照法律、法规、规章、制度、标准的规定，应当履行的安全生产法定职责和义务。企业承担安全生产主体责任是指企业在生产经营活动全过程中必须在以下方面履行义务，承担责任，接受未尽责的追究。

企业承担安全生产主体责任主要内涵至少应包括：

① 依法建立安全生产管理机构；

② 建立健全安全生产责任制和各项管理制度；

③ 持续具备法律、法规、规章和标准规定的安全生产条件；

④ 确保资金投入满足安全生产条件需要；

⑤ 依法组织从业人员参加安全生产教育和培训；

⑥ 如实告知从业人员作业场所和工作岗位存在的危险、危害因素、防范措施和事故应急措施，教育职工自觉承担安全生产义务；

⑦ 为从业人员提供符合国家标准或行业标准的劳动防护用品，并监督教育从业人员按照规定佩戴使用；

⑧ 对重大危险源实施有效的检测、监控；

⑨ 预防和减少作业场所职业危害；

⑩ 安全设施、设备（包括特种设备）符合安全管理的有关要求，按规定定期检测检验；

⑪ 依法制订生产安全事故应急救援预案，落实操作岗位应急措施；

⑫ 及时发现、治理和消除本单位安全事故隐患；

⑬ 积极采取先进的安全生产技术、设备和工艺，提高安全生产科技保障水平，确保所使用的工艺装备及相关劳动工具符合安全生产要求；

⑭ 保证新建、改建、扩建工程项目（以下简称建设项目）依法实施安全设施"三同时"；

⑮ 统一协调管理承包、承租单位安全生产工作；

⑯ 保障从业人员职业健康，依法参加工伤社会保险，为从业人员缴纳保险费；

⑰ 按要求上报生产安全事故，做好事故抢险救援，妥善处理对事故伤亡人员依法赔偿等事故善后工作；

⑱ 法律、法规规定的其他安全生产责任。

1.3.2 企业安全生产主体责任

《安全生产法》第三条规定："安全生产工作应当以人为本，坚持安全发展，坚持安全第一、预防为主、综合治理的方针，强化和落实企业的主体责任，建立生产经营单位负责、职工参与、政府监管、行业自律和社会监督的机制。"而企业的安全生产主体责任至少包括以下八个方面。

（1）物质保障。

物质保障责任主要是指企业应当具备安全生产条件。《安全生产法》第二十九、三十、三十一条中规定企业要依法履行建设项目安全设施"三同时"（建设项目安全设施必须与主体工程同时设计、同时施工、同时投入生产和使用）；依法为从业人员提供劳动防护用品，并监督、教育其正确佩戴和使用。道路运输经营者是道路运输车辆技术管理的责任主体，负责对道路运输车辆实行择优选配、正确使用、周期维护、视情修理、定期检测和适时更新，保证投入道路运输经营的车辆符合技术要求（车辆技术管理具体要求见本书第 8 章、第 9 章和第 10 章）。

（2）资金投入。

资金投入责任包括：按规定提取和使用安全生产费用，确保资金投入满足安全生产条件需要；按规定投保安全生产责任保险；按规定组织从业人员上岗前、在岗期间和离岗时的职业健康检查，依法为从业人员缴纳工伤保险费；保证安全生产教育培训的资金。

《安全生产法》第二十条规定："生产经营单位应当具备的安全生产条件所必需的资金投入，由生产经营单位的决策机构、主要负责人或者个人经营的投资人予以保证，并对由于安全生产所必需的资金投入不足导致的后果承担责任。有关生产经营单位应当按照规定提取和使用安全生产费用，专门用于改善安全生产条件。安全生产费用在成本中据实列支。"

（3）机构设置和人员配备。

机构设置和人员配备责任主要是指企业依法设置安全生产管理机构，配备安全生产管理人员。该部分内容在《安全生产法》第二十一条和第二十三条中有详细规定。《安全生产法》第二十四条规定："生产经营单位的主要负责人和安全生产管理人员必须具备与本单位所从事的生产经营活动相应的安全生产知识和管理能力。危险物品的生产、经营、储存单位以及矿山、金属冶炼、建筑施工、道路运输单位的主要负责人和安全生产管理人员，应当由主管的负有安全生产监督管理职责的部门对其安全生产知识和管理能力考核合格。考核不得收费。危险物品的生产、储存单位以及矿山、金属冶炼单位应当有注册安全工程师从事安全生产管理工作。鼓励其他生产经营单位聘用注册安全工程师从事安全生产管理工作。"进一步完善了企业主要负责人和安全生产管理人员任职资格制度。

（4）规章制度制定。

规章制度制定责任是指企业建立健全各种安全生产责任制和各项规章制度、操作规程。针对企业安全生产主体责任制度建设，《安全生产法》多处有相关规定，如《安全生产法》第四条规定："生产经营单位必须遵守本法和其他有关安全生产的法律、法规，加强安全生产管理,建立、健全安全生产责任制和安全生产规章制度,改善安全生产条件,推进安全生产标准化建设,提高安全生产水平,确保安全生产。"《安全生产法》第三十八条规定:"生产经营单位应当建立生产安全事故隐患排查治理制度。"

(5) 教育培训。

教育培训的责任主要指企业依法组织从业人员参加安全生产教育培训。《安全生产法》规定,企业有组织制定并实施本单位安全生产教育和培训计划的责任。

企业应当对从业人员进行安全生产教育和培训,保证从业人员具备必要的安全生产知识,熟悉有关的安全生产规章制度和安全操作规程,掌握本岗位的安全操作技能,了解事故应急处理措施,知悉自身在安全生产方面的权利和义务。未经安全生产教育和培训合格的从业人员,不得上岗作业。

企业使用被派遣劳动者的,应当将被派遣劳动者纳入本单位从业人员统一管理,对被派遣劳动者进行岗位安全操作规程和安全操作技能的教育和培训。劳务派遣单位应当对被派遣劳动者进行必要的安全生产教育和培训。

企业接收中等职业学校、高等学校学生实习的,应当对实习学生进行相应的安全生产教育和培训,提供必要的劳动防护用品。学校应当协助企业对实习学生进行安全生产教育和培训。

企业应当建立安全生产教育和培训档案,如实记录安全生产教育和培训的时间、内容、参加人员,以及考核结果等情况。

(6) 安全管理。

安全管理的责任主要是指企业依法加强安全生产管理;定期组织开展安全检查;依法取得安全生产许可;依法对重大危险源实施监控;及时消除事故隐患;开展安全生产宣传教育;统一协调管理承包、承租单位的安全生产工作。

(7) 事故报告和应急救援。

事故报告和应急救援的责任主要是指企业按规定报告生产安全事故;及时开展事故抢险救援;妥善处理事故善后工作。

企业应当制订本单位生产安全事故应急救援预案,与所在地县级以上地方人民政府组织制订的生产安全事故应急救援预案相衔接,并定期组织演练(具体内容见本书第6章)。

危险物品的生产、经营、储存、运输单位,以及矿山、金属冶炼、城市轨道交通运营、建筑施工单位应当配备必要的应急救援器材、设备和物资,并进行经常性维护、保养,保证正常运转。

企业发生生产安全事故后,事故现场有关人员应当立即报告本单位负责人。单位负责人接到事故报告后,应当迅速采取有效措施,组织抢救,防止事故扩大,减少人员伤亡和财产损失,并按照国家有关规定立即如实报告当地负有安全生产监督管理职责的部门,不得隐瞒不报、谎报或者迟报,不得故意破坏事故现场、毁灭有关证据。

(8) 法律、法规、规章有关安全生产的其他规定。

企业委托符合规定的机构提供安全生产技术、管理服务的,保证安全生产的责任仍由本单位负责。

生产经营项目、场所发包或者出租给其他单位的,企业应当与承包单位、承租单位签订专门的安全生产管理协议,或者在承包合同、租赁合同中约定各自的安全生产管理职责;企业对承包单位、承租单位的安全生产工作统一协调、管理,定期进行安全检查,发现安全问题的，应当及时督促整改。

企业安全生产责任制应当明确各岗位的责任人员、责任范围和考核标准等内容。企业应当建立相应的机制，加强对安全生产责任制落实情况的监督考核，保证安全生产责任制的落实。

1.4 安全管理机构和人员的设置

《安全生产法》第二十一条规定："矿山、金属冶炼、建筑施工、道路运输单位和危险物品的生产、经营、储存单位，应当设置安全生产管理机构或者配备专职安全生产管理人员。前款规定以外的其他生产经营单位，从业人员超过一百人的，应当设置安全生产管理机构或者配备专职安全生产管理人员；从业人员在一百人以下的，应当配备专职或者兼职的安全生产管理人员。"

安全管理机构是指企业内部设立的专业负责安全生产管理事务的独立部门，是安全生产、企业生产正常顺利进行的组织保障。安全生产管理人员是指在企业从事安全生产管理工作的专职或兼职人员，在企业专门从事安全生产管理工作的人员则是专职安全生产管理人员。在企业既承担其他工作职责，同时又承担安全生产管理职责的人员则为兼职安全生产管理人员。

道路运输企业应建立健全与企业安全生产工作相适应的安全生产管理机构或者配备专职安全生产管理人员。

1.4.1 安全管理机构设置

道路运输企业应建立从上到下的完善安全管理机构，道路运输企业三、四级安全管理机构可参考图1-1、图1-2设置。

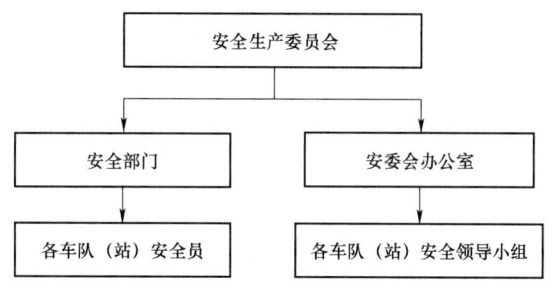

图1-1 三级安全管理机构结构参考图

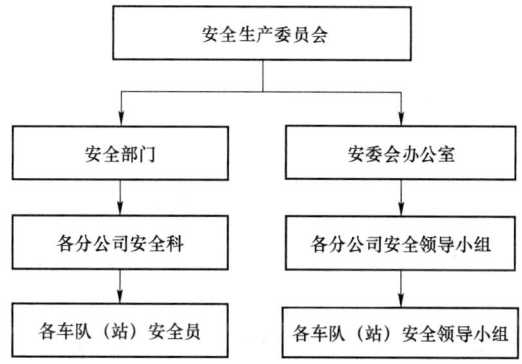

图1-2 四级安全管理机构结构参考图

安全生产委员会一般由企业主要负责人担任主任，主管安全生产的负责人任副主任，企业其他领导和各部门负责人任委员。

企业设置安全部门，配备专职安全生产管理人员，具体指导、管理、监督、协调企业安全方面的工作。安全部门是企业安全生产管理的职能部门，一般同时履行安委会办公室职责。

企业下属的各单位，成立安全领导小组并设立安全生产管理机构，配备专职安全生产管理人员；各基层单位（如车队），成立安全小组，并配备专职安全员。

1.4.2 安全生产管理人员

道路运输企业主要负责人是指对本单位日常生产经营活动和安全生产工作全面负责、有生产经营决策权的人员，包括法定代表人、实际控制人、其他主要决策人，以及分支机构的法定代表人、实际控制人、其他主要决策人。道路运输企业安全生产管理人员指企业专职安全生产管理人员及其他分管安全生产工作的负责人。

国家相关法律法规对安全生产管理机构、专（兼）职安全生产管理人员设置有相关规定。对道路旅客运输企业而言，《道路旅客运输企业安全管理规范》（交运发〔2018〕55号）对安全生产管理机构及安全生产管理人员设置规定如下：

（1）道路旅客运输企业及分支机构应当依法设置安全生产领导机构。安全生产领导机构应当包括企业主要负责人（包括法定代表人和实际控制人、其他负责人），以及运输经营、安全管理、车辆技术管理、从业人员管理、动态监控等业务负责人及分支机构的主要负责人。

（2）拥有20辆（含）以上客运车辆的道路旅客运输企业应当设置安全生产管理机构，配备专职安全管理人员，并提供必要的工作条件。拥有20辆以下客运车辆的道路旅客运输企业应当配备专职安全管理人员，并提供必要的工作条件。

（3）道路旅客运输企业专职安全管理人员配备数量原则上按照如下标准确定：对于300辆（含）以下客运车辆的，按照每30辆车1人的标准配备，最低不少于1人；对于300辆以上客运车辆的，按照每增加100辆增加1人的标准配备。

（4）道路旅客运输企业主要负责人和安全管理人员应当具备与本企业所从事的道路旅客运输生产经营活动相适应的安全生产知识和管理能力，并经县级以上交通运输管理部门对其安全生产知识和管理能力考核合格，或者取得注册安全工程师（道路运输安全）执业资格并经属地县级以上交通运输管理部门报备。

安全生产管理人员应该具有职业道德、专业知识、具备的能力三个方面的综合素质。

（1）安全生产管理人员的职业道德要求。

① 应有较高的思想觉悟和政策观念；

② 遵守法律法规和规章制度要求；

③ 忠于职守，勇于负责，处理果断，办事认真；

④ 坚持原则，廉洁奉公，具有高度的事业心和责任感。

（2）安全生产管理人员应具备的专业知识。

① 安全生产管理人员应具备一定的专业知识和其他相关知识技能；

② 专业知识应该包括日常安全管理知识、车辆技术管理、运输工程等方面的基础知识；

③ 安全生产管理人员应熟悉各项安全生产法律、法规、规章、标准等要求，并按照法律法规要求，将其运用到安全管理实践生产中，从而不断提高自身安全管理水平；

④ 安全生产管理人员还应熟悉人员救护、车辆消防、车辆保险、气象分析等其他方面的相关知识。

（3）安全生产管理人员应具备的能力。

安全生产管理人员应具备运用科学知识和实际经验，因时因地联系实际、果断有效地解决具体问题和做出相应决策的能力。其具体体现在以下几个方面：

① 正确分析、判断和处理安全管理中多种问题的能力；
② 对意外和突发事故及时果断采取相应对策和应变协调的能力；
③ 较强的口头和文字表达能力；
④ 较强的内外事务沟通能力；
⑤ 较强的组织领导和执行能力。

1.5　企业主要负责人和安全生产管理人员的安全职责

企业主要负责人和安全生产管理人员对于企业的安全生产起着至关重要的作用。《安全生产法》第二十三条规定："生产经营单位的安全生产管理机构以及安全生产管理人员应当恪尽职守，依法履行职责。"

（1）企业的主要负责人职责。

《安全生产法》第十八条规定，生产经营单位的主要负责人对本单位安全生产工作负有下列职责：

① 建立、健全本单位安全生产责任制；
② 组织制定本单位安全生产规章制度和操作规程；
③ 组织制定并实施本单位安全生产教育和培训计划；
④ 保证本单位安全生产投入的有效实施；
⑤ 督促、检查本单位的安全生产工作，及时消除生产安全事故隐患；
⑥ 组织制定并实施本单位的生产安全事故应急救援预案；
⑦ 及时、如实报告生产安全事故。

对道路旅客运输企业而言，《道路旅客运输企业安全管理规范》（交运发〔2018〕55号）第十七条规定，客运企业的主要负责人对本单位安全生产工作负有下列职责：

① 严格执行安全生产法律、法规、规章、规范和标准，组织落实相关管理部门的工作部署和要求；
② 建立健全本单位安全生产责任制，组织制定本单位安全生产规章制度、客运驾驶员和车辆安全生产管理办法以及安全生产操作规程；
③ 依法建立适应安全生产工作需要的安全生产管理机构，确定符合条件的分管安全生产的负责人，配备专职安全管理人员；
④ 按规定足额提取安全生产专项资金，保证本单位安全生产投入的有效实施；
⑤ 督促、检查本单位安全生产工作，及时消除生产安全隐患；
⑥ 组织开展本单位的安全生产教育培训工作；
⑦ 组织开展安全生产标准化建设；

⑧ 组织制定并实施本单位生产安全应急预案，开展应急救援演练；

⑨ 定期组织分析本单位的安全生产形势，研究解决重大安全生产问题；

⑩ 按相关规定报告道路客运生产安全事故，落实生产安全事故处理的有关工作；

⑪ 实行安全生产绩效管理，定期公布本单位安全生产情况，认真听取和积极采纳工会、职工关于安全生产的合理化建议和要求。

（2）安全生产管理机构及安全生产管理人员职责。

《安全生产法》第二十二条规定，生产经营单位的安全生产管理机构以及安全生产管理人员履行下列职责：

① 组织或者参与拟订本单位安全生产规章制度、操作规程和生产安全事故应急救援预案；

② 组织或者参与本单位安全生产教育和培训，如实记录安全生产教育和培训情况；

③ 督促落实本单位重大危险源的安全管理措施；

④ 组织或者参与本单位应急救援演练；

⑤ 检查本单位的安全生产状况，及时排查生产安全事故隐患，提出改进安全生产管理的建议；

⑥ 制止和纠正违章指挥、强令冒险作业、违反操作规程的行为；

⑦ 督促落实本单位安全生产整改措施。

《道路旅客运输企业安全管理规范》（交运发〔2018〕55号）规定，客运企业的安全生产管理机构及安全管理人员对本单位安全生产工作负有下列职责：

① 严格执行安全生产法律、法规、规章、规范和标准，参与企业安全生产决策，提出改进和加强安全生产管理的建议；

② 组织或者参与制定本单位安全生产规章制度、客运驾驶员和车辆安全生产管理制度、动态监控管理制度、操作规程和相关技术规范，明确各部门、各岗位的安全生产职责，督促贯彻执行；

③ 组织或参与制定本单位安全生产年度管理绩效目标和安全生产管理工作计划，组织实施考核工作；

④ 组织或参与制定本单位安全生产经费投入计划和安全技术措施计划，组织实施或监督相关部门实施；

⑤ 组织开展本单位的安全生产检查，对检查出的安全隐患及其他安全问题应当及时督促处理；情况严重的，应当依法停止生产活动。对相关管理部门抄告、通报的车辆和客运驾驶员交通违法行为，应当进行及时处理，制止和纠正违章指挥、冒险作业、违反操作规程的行为；

⑥ 督促落实本单位安全隐患排查和安全风险管理措施，组织或者参与本单位生产安全应急预案的制定和应急演练，督促落实本单位安全生产整改措施；

⑦ 组织或参与本单位安全生产宣传、教育和培训，加强事故案例警示教育，总结和推广安全生产工作的先进经验，如实记录安全生产教育和培训情况；

⑧ 发生生产安全事故时，按照有关规定，及时报告相关管理部门；组织或者参与本单位生产安全事故的调查处理，承担生产安全事故统计和分析工作；

⑨ 其他安全生产管理工作。

1.6 企业主要负责人和安全生产管理人员安全生产法律责任

1.6.1 企业主要负责人安全生产法律责任

(1) 企业不依法投入安全生产费用的法律责任。

企业不依照规定保证安全生产所必需的资金投入,从而导致企业不具备安全生产条件,对于有违法行为的,首先应由负责安全管理监督管理的部门责令其在规定的期限内纠正违法行为,提供企业应当具备的安全生产条件所必需的资金。

如果违法行为人在规定的期限内仍未改正的,责令企业停产停业整顿。责令停产停业,是指行政执法机关对违反行政管理秩序的企业事业单位,依法在一定期限内暂停其从事有关生产经营活动的行政处罚。

导致发生生产安全事故的,对企业的主要负责人给予撤职处分,对个人经营的投资人处 2 万元以上 20 万元以下的罚款。

(2) 企业主要负责人不履行安全生产管理职责的法律责任。

企业主要负责人不履行安全生产管理职责的,行政执法机关责其在规定期限内,依照规定履行其应尽的安全生产管理职责。在规定的期限内,企业的主要负责人仍然未按规定纠正违法行为、履行其职责的,对其处 2 万元以上 5 万元以下的罚款。

企业主要负责人未履行安全生产管理职责,导致发生生产安全事故的,给予其撤职处分。构成犯罪的,依照刑法有关规定追究刑事责任。

企业主要负责人依照规定受刑事处罚或者撤职处分的,自刑罚执行完毕或者受处分之日起,5 年内不得担任任何企业的主要负责人。对重大、特别重大生产安全事故负有责任的,终身不得担任本行业企业的主要负责人。

(3) 企业主要负责人未履行安全生产法规定的安全生产管理职责,导致发生生产安全事故的处罚。

① 发生一般事故的,处上一年年收入 30%的罚款;
② 发生较大事故的,处上一年年收入 40%的罚款;
③ 发生重大事故的,处上一年年收入 60%的罚款;
④ 发生特别重大事故的,处上一年年收入 80%的罚款。

(4) 企业主要负责人不立即组织抢救或者在事故调查处理期间擅离职守或者逃匿的处罚。

① 予以降级、撤职的处分。具体给予降级还是撤职处分,则根据行为人的违法情节进一步确定,同时由安全生产监督管理部门对该主要负责人处上一年年收入 60%~100%的罚款;
② 对逃匿的,由公安机关依照治安管理处罚法规定的程序处 15 日以下拘留;
③ 构成犯罪的,依照刑法有关规定追究刑事责任。

企业的主要负责人对生产安全事故隐瞒不报、谎报或者迟报的,责令改正;拒不改正的,处 2 万元以上 20 万元以下的罚款;对企业直接负责的主管人员和其他直接责任人员处 1 万元以上 2 万元以下的罚款;构成犯罪的,依照刑法有关规定追究刑事责任。

1.6.2 安全生产管理人员的法律责任

《安全生产法》第九十三条规定："生产经营单位的安全生产管理人员未履行本法规定的安全生产管理职责的，责令限期改正；导致发生安全生产事故的，暂停或者撤销其与安全生产有关的资格；构成犯罪的，依照刑法有关规定追究刑事责任。"

安全生产管理人员应依法履行安全生产管理职责，企业也要为安全生产管理人员依法履行职责提供便利，同时也要督促其依法履行职责。

1.7 企业安全生产费用的提取、使用和管理

安全生产费用是人力、物力、财力的总和，具体包括：安全职能人员配备，安全与卫生技术措施的投入，安全设施的维修、保养及改造的投入，安全教育及培训的花费，个体劳动防护及保健费用，事故救援及预防事故伤亡人员救治花费等。安全生产费用分为主动投入和被动投入两种：主动投入包括安措费、劳保费、保健费、安全奖等，被动投入包括职业病诊治费、赔偿费、事故处理费、维修费等。

企业应当具备的安全生产条件所必需的资金投入，由企业的决策机构、主要负责人或者个人经营的投资人予以保证，并对由于安全生产所必需的资金投入不足导致的后果承担责任。企业应当按照规定提取和使用安全生产费用，专门用于改善安全生产条件。安全生产费用在成本中据实列支。

1.7.1 安全生产费用提取标准

道路运输企业应按照"企业提取、政府监督管理、确保需要、规范使用"的原则，足额提取安全生产费用，单独核算，按规定范围安排使用。根据《企业安全生产费用提取和使用管理办法》（财企〔2012〕16号）规定，交通运输企业以上年度实际营业收入为计提依据，按照以下标准平均逐月提取：

（1）普通货运业务按照1%提取；

（2）客运业务、危险品等特殊货运业务按照1.5%提取。

除上述以外的其他道路运输企业安全生产费用参照上述标准执行。

企业在国家规定的标准基础上，可根据企业生产实际需要，适当提高安全生产费用提取标准。

新建企业和投产不足一年的企业以当年实际营业收入为提取依据，按月计提安全生产费用。

1.7.2 安全生产费用使用范围

道路运输企业安全生产费用应当按照以下范围使用：

（1）完善、改造和维护安全防护设施设备支出（不含"三同时"要求初期投入的安全设施）；

（2）道路运输车辆动态监控平台、视频监控系统的建设、运行、维护和升级改造，以及

具有行驶记录功能的卫星定位装置、视频监控装置的购置、安装和使用等支出；

（3）配备、维护、保养应急救援器材、设备支出和应急演练支出；

（4）开展安全风险管控和事故隐患排查、评估、监控和整改支出；

（5）安全生产检查、评价（不包括新建、改建扩建项目安全评价）、咨询和安全生产标准化建设支出；

（6）配备和更新现场作业人员安全防护用品支出；

（7）安全生产宣传、教育、培训和安全奖励等支出；

（8）安全生产适用的新技术、新标准、新工艺、新装备的推广应用支出；

（9）安全设施设备检测检验支出；

（10）其他与安全生产直接相关的支出。

1.7.3 安全生产费用的管理

企业提取的安全生产费用应当专户核算，按规定范围安排使用，不得挤占、挪用。年度结余资金结转下年度使用；当年计提安全生产费用不足的，超出部分按正常成本费用渠道列支。企业应当建立健全内部安全生产费用管理制度，明确安全生产费用提取和使用的程序、职责及权限，按规定提取和使用安全生产费用。企业应当加强安全生产费用管理，编制年度安全生产费用提取和使用计划，纳入企业财务预算。企业年度安全生产费用使用计划和上一年安全生产费用的提取、使用情况，按照管理权限报同级财政部门、安全生产监督管理部门和有关行业主管部门备案。企业提取的安全生产费用属于企业自提自用资金，其他单位和部门不得采取收取、代管等形式对其进行集中管理和使用，国家法律、法规另有规定的除外。

1.8 安全生产管理人员及从业人员安全培训内容及要求

1.8.1 主要负责人和安全生产管理人员安全培训

根据《安全生产法》和《生产经营单位安全培训规定》（国家安全生产监督管理总局令第80号）的要求，企业的主要负责人和安全生产管理人员必须具备与本单位所从事的生产经营活动相适应的安全生产知识和管理能力。

（1）企业主要负责人安全培训主要内容。

① 国家安全生产方针、政策和有关安全生产的法律、法规、规章及标准；

② 安全生产管理基本知识、安全生产技术、安全生产专业知识；

③ 重大危险源管理、重大事故防范、应急管理和救援组织，以及事故调查处理的有关规定；

④ 职业危害及其预防措施；

⑤ 国内外先进的安全生产管理经验；

⑥ 典型事故和应急救援案例分析；

⑦ 其他需要培训的内容。

(2)安全生产管理人员安全培训内容。

① 国家安全生产方针、政策和有关安全生产的法律、法规、规章及标准；

② 安全生产管理、安全生产技术职业卫生等知识；

③ 伤亡事故统计、报告及职业危害的调查处理方法；

④ 应急管理、应急预案编制，以及应急处置的内容和要求；

⑤ 国内外先进的安全生产管理经验；

⑥ 典型事故和应急救援案例分析；

⑦ 其他需要培训的内容。

(3)培训学时。

对道路旅客运输企业而言，其主要负责人和安全生产管理人员培训学时根据《道路旅客运输企业安全管理规范》（交运发〔2018〕55号）规定执行：客运企业主要负责人和安全管理人员初次安全生产教育培训时间不得少于24学时，每年再培训时间不少于12学时。其他道路运输企业主要负责人和安全生产管理人员培训学时按照相关规定执行。

1.8.2 从业人员安全培训

企业应当对从业人员进行安全生产教育和培训，保证从业人员具备必要的安全生产知识，熟悉有关的安全生产规章制度和安全操作规程，掌握本岗位的安全操作技能，了解事故应急处理措施，知悉自身在生产方面的权利和义务。未经安全生产教育和培训合格的从业人员，不得上岗作业。

企业使用被派遣劳动者的，应当将被派遣劳动者纳入本单位从业人员统一管理，对被派遣劳动者进行岗位安全操作规程和安全操作技能的教育和培训。劳务派遣单位应当对被派遣劳动者进行必要的安全生产教育和培训。

企业接收中等职业学校、高等学校学生实习的，应当对实习学生进行相应的安全生产教育和培训，提供必要的劳动防护用品。学校应当协助企业对实习学生进行安全生产教育和培训。

企业应当建立安全生产教育和培训档案，如实记录安全生产教育和培训的时间、内容、参加人员，以及考核结果等情况。

1.8.3 特种作业人员培训

特种作业人员必须按照国家有关规定经专门的安全作业培训，取得特种作业操作证后，方可上岗作业。

特种作业操作证有效期为6年，在全国范围内有效。特种作业操作证每3年复审1次。特种作业操作证申请复审或者延期复审前，特种作业人员应当参加必要的安全培训并考试合格，安全培训时间不少于8学时。

1.9 职业健康管理内容和要求

"职业健康"，国外有些国家称之为"工业卫生"，有些国家称之为"劳动卫生"，目前较多国家倾向于使用"职业卫生"这一术语。我国统一采用职业安全健康一词，简称职业健康。

1.9.1 职业健康管理基本要求

为了预防、控制和消除职业病危害，防治职业病，保护劳动者健康及其相关权益，促进经济社会发展，根据我国宪法制定了《中华人民共和国职业病防治法》（以下简称《职业病防治法》）。2018年12月29日，第十三届全国人民代表大会常务委员会第七次会议决定，通过了对《职业病防治法》做出修改，修改的《职业病防治法》自2018年12月29日起施行。《职业病防治法》定义的职业病是指企业、事业单位和个体经济组织等用人单位的劳动者在职业活动中，因接触粉尘、放射性物质和其他有毒、有害因素而引起的疾病。

劳动者依法享有职业卫生保护的权利。用人单位应当为劳动者创造符合国家职业卫生标准和卫生要求的工作环境和条件，并采取措施保障劳动者获得职业卫生保护。用人单位应当建立、健全职业病防治责任制，加强对职业病防治的管理，提高职业病防治水平，对本单位产生的职业病危害承担责任。用人单位必须依法参加工伤保险。

用人单位应当采取下列职业病防治管理措施：

（1）设置或者指定职业卫生管理机构或者组织，配备专职或者兼职的职业卫生管理人员，负责本单位的职业病防治工作；

（2）制订职业病防治计划和实施方案；

（3）建立、健全职业卫生管理制度和操作规程；

（4）建立、健全职业卫生档案和劳动者健康监护档案；

（5）建立、健全工作场所职业病危害因素监测及评价制度；

（6）建立、健全职业病危害事故应急救援预案。

用人单位应当保障职业病防治所需的资金投入，不得挤占、挪用，并对因资金投入不足导致的后果承担责任。用人单位必须采用有效的职业病防护设施，并为劳动者提供个人使用的职业病防护用品。用人单位与劳动者订立劳动合同时，应当将工作过程中可能产生的职业病危害及其后果、职业病防护措施和待遇等如实告知劳动者，并在劳动合同中写明，不得隐瞒或者欺骗。用人单位的主要负责人和职业卫生管理人员应当接受职业卫生培训，遵守职业病防治法律、法规，依法组织本单位的职业病防治工作。

根据《职业健康监护技术规范》（GBZ 188），职业健康监护以预防为目的，根据劳动者的职业接触史，通过定期或不定期的医学健康检查和健康相关资料的收集，连续性地监测劳动者的健康状况，分析劳动者健康变化与所接触的职业病危害因素的关系，并及时地将健康检查和资料分析结果报告给用人单位和劳动者本人，以便及时采取干预措施，保护劳动者健康。职业健康监护主要包括职业健康检查、离岗后健康检查、应急健康检查和职业健康监护档案管理等内容。

1.9.2 道路运输企业职业健康管理内容和要求

从减少道路运输安全生产活动中职业危害、改善作业环境、遏制重特大职业危害事故、保障道路运输行业的劳动者健康出发，对道路运输企业职业健康管理至少应关注以下几个重点。

（1）开展职业健康宣传。

针对从事道路运输经营的范围存在的职业危害开展职业卫生防护教育和宣传。

（2）规范劳动安全卫生管理。

《中华人民共和国劳动法》（以下简称《劳动法》）关于用人单位在职业安全卫生方面的权利义务的规定如下：

① 用人单位必须建立、健全劳动安全卫生制度，严格执行国家劳动安全卫生规程和标准，对劳动者进行劳动安全卫生教育，防止劳动过程中的事故，减少职业危害。

② 用人单位必须为劳动者提供符合国家规定的劳动安全卫生条件和必要的劳动防护用品，对从事有职业危害作业的劳动者应当定期进行健康检查。作为道路运输企业应当根据关键岗位的特点，分类制定安全生产操作规程，并监督员工严格执行，推行安全生产标准化作业。对危险性大的生产设备设施必须取得国家有关颁发的许可证后，方可投入运行。对从事有毒有害作业人员应定期进行身体健康检查，提供的劳动防护用品须经过政府劳动部门安全认证合格。

（3）保证员工正常工作时间和休息放假。

根据《劳动法》《国务院关于职工工作时间的规定》，国家实行劳动者每日工作时间不超过 8 小时、平均每周工作时间不超过 44 小时的工时制度。用人单位应当保证劳动者每周至少休一日。

用人单位由于生产经营需要，经与工会和劳动者协商后可以延长工作时间，一般每日不得超过 1 小时；因特殊原因需要延长工作时间的，在保障劳动者身体健康的条件下延长工作时间每日不得超过 3 小时，但是每月延长工作时间总和不得超过 36 小时。

作为道路运输企业，应当根据自己经营需要合理安排驾乘人员休息，同时建立防止疲劳驾驶制度。关心驾乘人员的身心健康，定期组织进行体检，创造良好的工作环境，合理安排运输任务，防止疲劳驾驶。

（4）建立劳动防护用品制度。

根据职业危害程度，企业提供符合防治职业病要求的职业病防护措施和个人使用职业病防护用品，改善工作条件。如从事道路危险货物运输的企业，应根据承运类别、项别主动为劳动者配备基本劳动防护用品，见表 1-1。

表 1-1 基本劳动防护用品

序号	运输危险货物类别	劳动防护用品
1	爆炸品	防静电服、防静电鞋、防静电手套
2	气体	防静电服、防静电鞋、防静电手套
3	易燃液体	防静电服、防静电鞋、防静电手套
4	易燃固体、易于自然的物质和遇水放出易燃气体的物质	防静电服、防静电鞋、防静电手套
5	氧化性物质和有机过氧化物	防化学液眼镜、耐酸（碱）手套、耐酸（碱）鞋
6	毒性物质和感染性物质	防化学液眼镜、防毒口罩（面具）、防毒物渗透工作服、防毒物渗透手套
7	放射性物品	护目镜、防射线服
8	腐蚀性物质	防酸（碱）工作服、耐酸（碱）手套、耐酸（碱）鞋

（5）实行劳动安全卫生设施和"三同时"制度。

劳动安全卫生设施必须符合国家规定的标准。新建、改建、扩建工程的劳动安全设施必须与主体工程同时设计、同时施工、同时投入生产和使用。

(6）开展职业危害检测。

从事特种作业的劳动者必须经过专门培训并取得特种作业资格，同时，对从事高毒、粉尘等危险作业还应及时开展职业危害检测，防止和减少职业危害出现。

(7）保障劳动者安全卫生权利。

劳动者在劳动过程中必须严格遵守安全操作规程。劳动者对用人单位管理人员违章指挥、强令冒险作业，有权拒绝执行；对危害生命安全和身体健康的行为，有权提出批评、检举和控告。

1.10　道路运输企业安全生产信用

为规范道路运输企业安全生产信用管理工作，促进道路运输企业及其关键岗位人员诚实守信、安全生产，《公路水路行业安全生产信用管理办法（试行）》（交办安监〔2017〕193号）对道路运输企业和安全生产关键岗位从业人员的安全生产信用信息采集、等级评定及监督管理工作进行了规定。

1.10.1　分类分级

从业人员安全生产信用管理分为企业主要负责人、主要技术负责人、安全生产管理人员和必须依法依规具有有关行业从业资格的人员四个类型。上述四类从业人员可按业务属性分为若干类别。

企业和从业人员安全生产信用等级分为AA、A、B、C、D五个级别，AA为最高信用等级，D为最低信用等级。企业和从业人员信用基础分值为1 000分，得分等于或高于1 200分的评为AA级；信用得分低于1 200分，等于或高于1 000分的评为A级；信用得分低于1 000分，等于或高于800分的评为B级；信用得分低于800分，等于或高于600分的评为C级；信用得分低于600分的评为D级。

1.10.2　填报内容

企业和从业人员应当自主填报安全生产信用信息，填报内容包括：

（1）企业名称、法定代表人、地址和营业执照、经营资质、统一社会信用代码等基础信息；

（2）从业人员姓名、性别、身份证号和从业资格等基础信息；

（3）安全生产责任事故和因不良行为被有关政府管理部门行政处罚（含通报批评）等失信信息；

（4）安全生产表彰、奖励和先进成果等信息。

1.10.3　信用评分

安全生产信用评分分为安全生产责任事故扣分、安全生产不良行为扣分和奖励加分三种情形。

（1）安全生产责任事故扣分。

① 企业责任事故扣分标准。

企业依据发生责任事故等级和在事故中承担责任大小进行扣分，从事故调查报告印发之日起按次计算，扣分标准见表1-2。

表1-2 企业责任事故扣分标准

事故等级	全部责任	主要责任	同等责任	次要责任
特别重大	600	450	300	150
重大	300	225	150	75
较大	150	115	75	40
一般	50	40	25	15

② 从业人员责任事故扣分标准。

从业人员以企业扣分为基数，依照在事故中承担的责任大小按表1-3中的比例扣分，按次计算。

表1-3 从业人员责任事故扣分标准

从业人员	直接责任	间接责任	其他责任
主要（含主要技术）负责人	100%		
安全生产管理人员	100%	65%	30%
依法持证人员	100%	65%	30%

（2）安全生产不良行为扣分。

企业和主要负责人、主要技术负责人、安全生产管理人员安全生产不良行为扣分标准如下：

① 严重违法经营活动或行为被有关政府管理部门行政处罚（或认定）的扣200分；其他违法违规经营活动或行为被有关政府管理部门行政处罚的扣50分；

② 被安全生产挂牌督办的，每次扣50分，未按挂牌督办要求进行整改的，加扣50分，督促后仍未按要求整改的，加扣100分；

③ 拒不执行安全生产行政处罚的，每项加扣200分；

④ 未按管理部门要求整改在监督检查中发现问题的，每项扣10分；

⑤ 企业检查中发现问题未及时整改的，每项扣5分；

⑥ 未按法律法规或管理部门要求全面开展安全生产承诺的，扣50分；

⑦ 依法依规具有从业资格的人员聘用期间信用扣分满600分的，每人次扣30分；

⑧ 未按规定时限填报安全生产信用信息未履行安全生产承诺的，每项扣10分。

企业发生以上扣分情形的，其主要负责人、主要技术负责人、安全生产管理人员同分值扣分。

依法依规具有有关行业从业资格的人员安全生产不良行为扣分标准如下：

① 严重违法经营活动或行为被有关政府管理部门行政处罚的扣200分；其他违法违规行为被有关政府管理部门行政处罚的扣50分；

② 拒不执行安全生产行政处罚的，每项加扣200分；

③ 未按要求整改在安全生产工作中存在的问题的，每项扣50分；

④ 未按法律法规或管理部门要求开展安全生产承诺的，扣50分；

⑤ 未按规定时限填报安全生产信用信息或未履行安全生产承诺的，每项扣10分。

(3) 奖励加分。

企业和主要负责人、主要技术负责人、安全生产管理人员奖励加分标准如下：

① 企业安全生产标准化建设达一级的，加200分（该项加分有效期同证明有效期，下同）；企业安全生产标准化建设达二级的，加100分；企业安全生产标准化建设达三级的，加50分；企业从事行业多领域生产经营活动的，按最低安全生产标准化建设级别加分；

② 取得安全生产领域科技进步奖的，部级以上加200分，省级加100分；

③ 企业获得部级以上安全生产表彰的，加100分；企业获得省级安全生产表彰的，加50分；

④ 取得并应用的安全生产发明专利或作为第一编制单位编制国家、行业安全生产标准的，每项加50分；

⑤ 企业连续3年评为安全生产信用AA级的，加100分；企业连续3年评为安全生产信用A级的，加50分。

依法依规具有有关行业从业资格的人员加分标准如下：

① 获得部级以上安全生产表彰的，加100分；获得省级安全生产表彰的，加50分；

② 企业获单位和主要负责人、主要技术负责人、安全生产管理人员奖励加分标准中2~4项加分的，其第一贡献人（限1人）同分值加分，但不与本款第①项重复加分；第二、三贡献人（各限1人）50%分值加分。

企业、从业人员单次扣分100分以上，或两年内连续发生3次以上同一扣分行为的，不得享受加分奖励；企业、从业人员两年内连续发生3次以上同一扣分行为的，双倍扣分。安全生产信用扣分和加分应逐项按次累计计算。

1.11 典型案例分析

1. 案例背景

某日，驾驶员冯某驾驶一大型普通客车，从A省某市客运中心站出发前往B省某市。出站时，车内共有41人（2名驾驶员、1名乘务员及38名乘客）。行驶途中，该大型普通客车先后在某高速公路三个收费站外停车上客2人、4人和3人。20时28分，车辆从某高速公路出口下高速至客车服务站用餐，在此期间下客1人。21时01分，车辆更换驾驶员，由王某驾驶车辆重新驶入某高速公路，此时车上实载49人。23时30分，当该车行驶至高速公路某隧道口时，正面冲撞隧道洞口端墙，导致车辆前部严重损毁变形、座椅脱落挤压，造成36人死亡、13人受伤，直接经济损失3 533余万元。

2. 事故原因

(1) 直接原因。

一是疲劳驾驶。自出车至事故发生时，王某没有落地休息，事发前已在夜间连续驾车达2小时29分。且在之前的38天时间里，王某只休息了一个趟次（2天），其余时间均在执行长途运输任务，长期跟车出行导致休息不充分。发生碰撞前，驾驶员王某未采取转向、制动等任何安全措施，显示王某处于严重疲劳状态。

二是事故车辆超速行驶。经鉴定，事故发生前车速约为 80～86 千米/时，高于事发路段限速（大车 60 千米/时），超过限定车速 33%～43%。

（2）间接原因。

造成事故发生的间接原因有很多，包括事故现场路面视认效果不良、车辆座椅受冲击脱落、企业安全生产主体责任不落实等，其中道路运输企业安全生产主体责任不落实是一个重要因素，简要分析如下。

① 该车为顶班车辆，办理顶班手续时明确顶班驾驶员为聂某、张某和董某，但该道路旅客运输企业管理人员高某在未与驾驶员见面的情况下，提供一张有公司经理签名的空白《驾驶人安全责任书》并加盖公章，3 名驾驶员均未在责任书上签字。张某携带申请材料，为豫C×××××号大客车办理临时客运标志牌。出车前，张某携带临时客运标志牌、安全责任书等，到 B 省某汽车站办理报班发车手续，经查，车辆出站时仅有王某和秦某两名驾驶员的签名，秦某签名系伪造。次日，车辆到达 A 省某客运中心，王某在没有进行车辆例检的情况下办理报班发车手续。出站时，安检员秦某上车检查，但没有严格检查相关证件，没有认真核对出站乘客人数，驾驶员也未在出站登记表上签字确认。该车出站时实际为 41 人，其中 19 人未购票上车。该道路旅客运输企业源头安全生产管理缺失，没有严格执行顶班车管理，相关汽车站及客运中心在车辆例检、报班发车、出站检查等环节把关不严，导致事故车辆违规发车运营。

② 该道路旅客运输企业没有落实驾驶员休息、车辆动态监控等制度，违法违规问题突出。驾驶员王某事发前已在夜间连续驾车 2 小时 29 分，而事发前的 38 天时间里，王某只休息了一个趟次（2 天），其余时间，均在执行 A 省与 B 省往返的长途班线运输任务，长期跟车出行导致休息不充分。出车期间，该道路旅客运输企业动态监控平台共收到大客车疲劳驾驶报警 16 次，车辆事发前还有多次超速报警提示。

③ 没有严格落实人员安全生产培训也是企业安全生产责任主体意识不强的直接表现，相关驾驶员已连续 2 个月未参加相关安全培训。

3. 事故启示

事故的教训十分沉痛，道路运输企业应严格执行相关法律法规要求，有效落实安全生产主体责任，建立健全安全生产责任制，并有效落实。

（1）企业安全生产主体责任明确要求，企业有依法加强安全生产管理，定期组织开展安全检查，依法取得安全生产许可，依法对重大危险源实施监控，及时消除事故隐患，开展安全生产宣传教育和统一协调管理承包、承租单位的安全生产工作责任。案例中该道路旅客运输企业没有认真梳理客运车辆报班发车、安全例检、出站检查、顶班加班、包车牌办理等关键环节的安全风险，违反了安全生产责任主体中安全管理部分内容。

（2）企业安全生产主体责任明确要求，企业有建立健全安全生产责任制和各项规章制度、操作规程的责任。案例中该道路旅客运输企业没有落实驾驶员休息、车辆动态监控等制度，没有落实安全生产主体责任中的规章制度等要求。

（3）企业安全生产主体责任明确要求，企业有依法组织从业人员参加安全生产教育培训并取得相关上岗资格证书的责任。案例中该道路旅客运输企业相关驾驶员已 2 个月未参加安全生产教育培训，没有落实安全生产主体责任中的教育培训要求。

（4）企业也可依托社会信用信息共享交换平台，建立道路旅客运输企业违法违规和安全生产事故信息共享交换机制，强化失信联合惩戒和守信联合激励，从而增强企业落实安全生产主体责任的内生动力。

第 2 章

道路运输企业安全生产管理要求

2.1 道路运输企业安全生产工作方针和基本原则

2.1.1 道路运输企业安全生产工作方针

我国企业安全生产基本方针：安全第一、预防为主、综合治理。

（1）安全第一。

"安全第一"是我国安全生产工作的核心理念，它要求我们在生产经营过程中应始终把安全放在第一位，实行"安全优先"原则。

（2）预防为主。

"预防为主"是指把预防安全生产事故的发生放在安全生产工作的首位，努力做到事前防范，而不是事后补救，做到防患于未然，将事故消灭在萌芽状态。

（3）综合治理。

"综合治理"是安全管理工作的重要措施，是指运用科技、经济、法律、行政等手段，人管、法治、技防多管齐下，并充分发挥社会、职工、舆论的监管作用，做到标本兼治、重在治本，实现安全生产的齐抓共管。

2.1.2 道路运输安全工作基本原则

《国务院关于加强道路交通安全工作的意见》（国发〔2012〕30号）提出了道路交通安全工作四大基本原则，即：安全第一，协调发展；预防为主，综合治理；落实责任，强化考核；科技支撑，依法保障。

（1）安全第一，协调发展。

"安全第一，协调发展"是指正确处理安全与速度、质量、效益的关系，坚持把安全放在首位，加强统筹规划，使道路交通安全融入国民经济社会发展大局，与经济社会同步协调发展，地方各级人民政府要高度重视道路交通安全工作，将其纳入经济和社会发展规划，与经济建设和社会发展同部署、同落实、同检查、同考核，并加强对道路交通安全工作的统筹协调和监督指导。

（2）预防为主，综合治理。

"预防为主，综合治理"是指严格驾驶员、车辆、运输企业准入和安全管理，加强道路交通安全设施建设，深化隐患排查治理，着力解决制约和影响道路交通安全的源头性、根本性问题，夯实道路交通安全基础。

（3）落实责任，强化考核。

"落实责任，强化考核"是指全面落实企业主体责任、政府及部门监管责任和属地管理责任，健全目标考核和责任追究制度，加强督导检查和责任倒查，依法严格追究事故责任。

（4）科技支撑，依法保障。

"科技支撑，依法保障"是指强化科技装备和信息化技术应用，建立健全法律法规和标准规范，加强执法队伍建设，依法严厉打击各类交通违法违规行为，不断提高道路交通科学管理和执法服务水平。

2.2 企业安全生产的目标、评价与考核

2.2.1 企业安全生产的目标构成及指标

安全生产目标是指企业生产管理中通过分析外部环境和内部条件的基础上，确定企业安全生产所要达到的目标，并采取措施去努力实现目标的活动过程。依照企业安全生产标准化建设相关内容，企业安全生产目标的制定一般遵循以下原则。

（1）突出重点，分清主次。安全生产目标不能平均分配、面面俱到。安全生产目标应突出重大事故频率，对惯性事故及频发事故应作为重点管理。同时，注意次要目标与重点目标的有效配合。

（2）安全生产目标具有先进性。即目标具有适用性、挑战性，也就是制定的目标一般略高于实施者的能力和水平，使之经过努力可以完成；又不能过低而不费力就轻易达到。

（3）安全生产目标要具体化、定量化、数据化。如伤亡率比去年降低百分之几，以利于进行同期比较，易于检查和评价。

（4）目标要有综合性，又有实现的可能性。制定的企业安全生产目标，既要能保证上级下达指标的完成，又要考虑企业各部门及每个职工的承担目标能力。目标的高低要有针对性和实现的可能性，以利各部门及每个职工都能接受，努力去完成。

（5）坚持安全生产目标与保证目标实现的措施统一性。为使目标管理具有科学性、针对性、有效性，在制定目标时必须有保证目标实现的措施，使措施为目标服务，以利目标的实现。

道路运输企业安全生产目标常以道路交通责任事故起数（次）、死亡人数（人）、受伤人数（人）、财产损失（元）、万车公里事故起数（次/万车公里）、万车公里伤亡人数（人/万车公里）、行车责任事故频率（次/车）、行车责任事故死亡率（人/车）、行车责任事故受伤率（人/车）、直接经济损失率（元/车）、隐患排查治理完成率（%）、设备完好率（%）、安全生产投入（万元）等预期达到的目标值来表示。

（1）道路交通责任事故起数（次）。指道路运输企业在目标责任期内企业所有营运车辆发生负有过错责任（次要责任、同等责任、主要责任、全部责任）的道路交通事故起数。

（2）死亡人数（人）。指道路运输企业在目标责任期内，企业所有营运车辆发生的道路交通事故造成的自发生之日起 7 日内死亡的人数（因医疗事故死亡的除外，但必须得到医疗事故鉴定部门的确定）。

(3) 受伤人数（人）。指道路运输企业在目标责任期内，企业所有营运车辆发生的道路交通事故造成的受伤人数，又可分轻伤人数和重伤人数。

(4) 财产损失（元）。指道路运输企业在目标责任期内，企业所有营运车辆发生的道路交通事故造成的财产损失折款。

(5) 万车公里事故起数（次/万车公里）。指道路运输企业在目标责任期内，企业所有营运车辆合计每行驶1万车公里发生道路交通责任事故起数。

(6) 万车公里伤亡人数（人/万车公里）。指道路运输企业在目标责任期内，企业所有营运车辆合计每行驶1万车公里发生道路交通责任事故导致的受伤和死亡的人数，可分为万车公里轻伤人数、万车公里重伤人数、万车公里死亡人数三个指标。

(7) 行车责任事故频率（次/车）。指道路运输企业在目标责任期内，企业所有营运车辆平均每车发生的道路交通责任事故起数。

(8) 行车责任事故死亡率（人/车）。指道路运输企业在目标责任期内，企业所有营运车辆平均每车发生道路交通责任事故的死亡人数。

(9) 行车责任事故受伤率（人/车）。指道路运输企业在目标责任期内，企业所有营运车辆平均每车发生道路交通责任事故的受伤人数。

(10) 直接经济损失率（元/车）。指道路运输企业在目标责任期内，企业所有营运车辆平均每车发生道路交通责任事故的财产损失折款。

2.2.2 企业安全生产评价与考核

企业安全生产评价与考核采用安全生产标准化方式开展。开展企业安全生产标准化建设是落实企业安全生产主体责任的必要途径，也是巩固建立企业安全生产基础工作长效机制的有效方法。企业安全生产标准化建设通过全员全过程参与，建立并保持安全生产管理体系，全面管控生产经营活动各环节的安全生产与职业卫生工作，实现安全健康管理系统化、岗位操作行为规范化、设备设施本质安全化、作业环境器具定置化，并持续改进。企业安全生产标准化评价与考核内容一般包括企业安全生产标准化管理体系建立、保持与评定的原则和一般要求，以及目标职责、制度化管理、教育培训、现场管理、安全风险管控及隐患排查治理、应急管理、事故管理和持续改进八个体系的核心技术要求。

企业应采用"策划、实施、检查、改进"的"PDCA"动态循环模式，依据标准的规定，结合企业自身特点，自主建立并保持安全生产标准化管理体系，通过自我检查、自我纠正和自我完善，构建安全生产长效机制，持续提升安全生产绩效。

道路运输企业安全生产标准化评价与建设按照《交通运输企业安全生产标准化建设评价管理办法》（交安监发〔2016〕133号）和《交通运输企业安全生产标准化建设基本规范》（JT/T 1180）执行。

2.3 企业安全生产制度体系的内容

安全生产管理制度是企业保证生产安全而制定的一系列管理制度和行为规范的总称，是企业安全营运的保障。按照安全系统工程和人机工程原理建立的安全生产管理制度体系，一般包括四类：综合安全管理制度、人员安全管理制度、设备设施安全管理制度和环境安全管理制度。

2.3.1 综合安全管理制度

综合安全管理制度体系如图2-1所示。

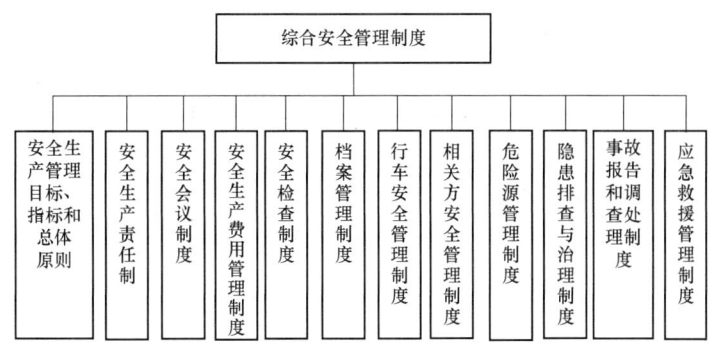

图2-1 综合安全管理制度体系

（1）安全生产管理目标、指标和总体原则。

安全生产管理目标、指标和总体原则应包括：企业安全生产的具体目标、指标，明确安全生产的管理原则、责任，明确安全生产管理的体制、机制、组织机构、安全生产风险防范和控制的主要措施，日常安全生产管理的重点工作等内容。

（2）安全生产责任制。

安全生产责任制应明确企业各级领导、各职能部门、管理人员及各生产岗位的安全生产责任、权利和义务等内容。企业应当实行安全生产一岗双责。

安全生产责任制属于安全生产规章制度范畴，安全生产责任核心是清晰安全管理的责任界面，解决"谁来管，管什么，怎么管，承担什么责任"的问题，安全生产责任制是企业安全生产规章制度建立的基础。企业建立安全生产责任制，一是增强企业各级主要负责人、各管理部门管理人员及各岗位对安全生产的责任感；二是明确责任，充分调动各级人员和各管理部门安全生产的积极性和主观能动性，加强自主管理，落实责任；三是责任追究的依据。

建立安全生产责任制，应体现安全生产法律法规和政策、方针的要求，与企业安全生产管理体制、机制协调一致；应做到与岗位工作性质管理职责协调一致，做到明确、具体，有可操作性；应有明确的监督检查标准或指标，确保责任制切实落实到位；应根据国家、行业、企业管理体制变化及安全生产法规、政策及安全生产形势的变化及时修订完善。

（3）安全会议制度。

安全会议制度应明确定期召开安全生产工作会议，总结安全管理工作中的问题，提出安全工作计划，定期组织安全学习活动等内容。

（4）安全生产费用管理制度。

安全生产费用管理制度应明确企业安全生产费用的提取比例，安全生产费用的审核使用流程，安全生产费用的使用范围和监督保障措施等内容。

（5）安全检查制度。

安全检查制度应明确检查对象、检查方式、检查频率、检查人员、检查结果处置等内容。

(6) 档案管理制度。

档案管理制度应明确企业管理制度、文件等资料档案的管理要求，以及管理流程等内容。企业的安全管理信息实施档案化管理，档案包括车辆、人员、培训教育等内容。

(7) 行车安全管理制度。

行车安全管理制度应明确车辆营运过程中的注意事项和管理要求等内容。

(8) 相关方安全管理制度。

企业应与相关方签订安全管理协议，明确双方安全管理职责，审查相关方的相关资质条件，定期开展相关方安全检查并组织制定相关安全技术措施。

(9) 危险源管理制度。

危险源管理制度应明确危险源的辨识、评估、控制的相关要求，按规定定期开展危险源的辨识和风险评估，制定相应的控制措施并有效实施，建立危险源清单和档案。

(10) 隐患排查与治理制度。

隐患排查与治理制度应明确排查的对象、排查周期、隐患的分析和治理措施，以及隐患的统计和跟踪管理等内容。

(11) 事故报告和调查处理制度。

事故报告和调查处理制度，应明确事故报告程序、要求、现场应急处置、现场保护，严格按照"四不放过"对事故情况进行处理等。

(12) 应急救援管理制度。

应急救援管理制度，应明确企业应急管理的部门，应急预案的编制、审核、发布、培训、演练实施和修订等内容。

2.3.2 人员安全管理制度

(1) 安全教育培训制度。

安全教育培训制度应明确企业各级管理人员安全管理知识培训，新员工三级教育培训，转岗和复岗培训，新材料、新工艺、新设备投入使用的培训，特种作业人员培训，从业人员继续教育培训等培训要求，还应明确各项培训的对象、内容、时间及考核要求等内容。

(2) 劳动防护用品发放使用和管理制度。

劳动防护用品发放使用和管理制度应明确企业劳动防护用品的种类、适用范围、领取程序、使用前检查和更换周期等内容。

(3) 作业现场安全管理制度。

作业现场安全管理制度应明确作业现场岗位作业人员的安全措施要求等内容。对特种作业和危险性较大的作业，应明确作业程序，实施安全许可作业，保障安全的组织措施、技术措施的制定及执行等内容。

(4) 驾驶员安全告诫制度。

驾驶员安全告诫制度应明确驾驶员在驾驶过程中应注意的问题和不安全因素，对驾驶过程中可能存在的危险因素对驾驶员进行告诫等内容。

(5) 安全考核与奖惩制度。

安全考核与奖惩制度，应明确考核对象、考核方法、考核周期、考核结果的通报以及奖惩措施等。

2.3.3 设施设备安全管理制度

（1）车辆安全管理制度。

车辆的安全管理制度应明确车辆的技术管理机构和人员职责，车辆的检查和维护的周期，车辆的一、二级维护等内容和要求。

（2）车辆例检管理制度。

车辆例检管理制度应明确车辆例检管理程序，车辆例检的主要内容，车辆出车前、行车中、收车后的安全检查要求等内容。

（3）安全设施管理制度。

安全设施管理制度应明确安全设施的种类、名称、用途、数量以及定期检查检测要求。

（4）动态监控装置安装使用管理制度。

动态监控装置安装使用管理制度应明确动态监控装置安装、使用、违规处理、定期检查维护等要求。

2.3.4 环境安全管理制度

（1）安全警示标志管理制度。

安全警示标志管理制度应明确安全警示标志的种类、名称、数量、地点和位置，以及安全警示标志的定期检查、维护等内容。

（2）职业健康管理制度。

职业健康管理制度应明确作业现场存在的职业危害因素的种类、场所，职业危害岗位从业人员的定期职业健康检查，职业危害防护设施、设备的设置和发放等内容。

2.4 安全生产检查类型、内容、方法和工作程序

安全生产检查是指对生产过程及安全管理中可能存在的隐患、有害与危险因素、缺陷等进行查证，以排查隐患或确定有害与危险因素、缺陷的存在状态，以及它们转化为事故的条件，以便制定整改措施，消除隐患和有害与危险因素，确保生产的安全。

2.4.1 安全生产检查的类型

安全生产检查通常可分为以下六种类型。

（1）定期安全生产检查。

定期安全生产检查一般是通过有计划、有组织、有目的的形式来实现。检查周期根据各单位实际情况确定，如次/年、次/季、次/月、次/周等。定期检查面广，有深度，能及时发现并解决问题。

（2）经常性安全生产检查。

经常性安全生产检查则是采取个别的、日常的巡视方式来实现的。在生产过程中进行经常性的预防检查，能及时发现隐患，及时消除，保证生产正常进行。

（3）季节性及节假日安全生产检查。

企业根据季节变化，按事故发生的规律对易发的潜在危险，突出重点进行季节检查，如冬季防冻保温、防火、防煤气中毒检查；夏季防暑降温、防汛、防雷电检查。由于节假日（特别是重大节日，如元旦、春节、劳动节、国庆节）容易发生事故，因而应有针对性地进行安全检查。

（4）专项安全生产检查。

专项安全生产检查是对某个专项问题或在生产中存在的普遍性安全问题进行的单项定性检查。

（5）综合性安全生产检查。

综合性安全生产检查一般是由主管部门对下属各企业或生产单位进行的全面综合性检查，必要时可组织进行系统的安全性评价。

（6）不定期的职工代表巡视安全生产检查。

由企业或车间工会负责人组织有关专业技术特长的职工代表进行巡视安全生产检查。重点查：国家安全生产方针、法规的贯彻执行情况；单位领导干部安全生产责任制的执行情况；工人安全生产权利的执行情况；事故原因、隐患整改情况，对责任者提出处理意见。此类检查可进一步强化各级领导安全生产责任制的落实，促进职工劳动保护合法权利的维护。

2.4.2 安全生产检查的内容

安全检查的内容包括软件系统和硬件系统，软件系统具体主要是查思想、查意识、查制度、查管理、查事故处理、查隐患、查整改。硬件系统主要是查生产设备、查辅助设备、查安全设施、查作业环境。

安全检查对象的确定应本着突出重点的原则，对于危险性大、易发事故、事故危害大的生产系统、部位、装置、设备等应加强检查。一般应重点检查以下方面：易造成重大损失的易燃易爆危险物品、剧毒品、压力容器、起重设备、运输设备、电气设备、高处作业和本企业易发生工伤、火灾、爆炸等事故的设备、工种、场所及其作业人员；造成职业中毒或职业病的尘毒点及其作业人员；直接管理重要危险点和有害点的部门及其负责人。

目前，对非矿山企业，国家有关规定要求强制性检查的项目有：压力容器、压力管道、起重机、防爆电器、厂内机动车辆等，以及作业场所的粉尘、噪声、振动、辐射、高温低温、有毒物质的浓度等内容。

2.4.3 安全生产检查的方法及工作程序

1. 安全生产检查的方法

（1）常规检查。

常规检查是常见的一种检查方法。通常是由安全生产管理人员作为检查工作的主体，到作业场所的现场，通过感观或辅助一定的简单工具、仪表等，对作业人员的行为、作业场所的环境条件、生产设备设施等进行的定性检查。安全检查人员通过这一手段，及时发现现场存在的安全隐患并采取措施予以消除，纠正作业人员的不安全行为。常规检查完全依靠安全检查人员的经验和能力，检查的结果直接受安全检查人员个人素质的影响。因此，对安全检查人员个人素质要求较高。

（2）安全检查表法。

为使检查工作更加规范，将个人的行为对检查结果的影响减少到最小，安全检查中常采用安全检查表法。安全检查表法（SCL）是事先把系统加以剖析，列出各层次的不安全因素，确定检查项目，并把检查项目按系统的组成顺序编制成表，以便进行检查或评审，这种表就叫作安全检查表。安全检查表是进行安全检查，发现和查明各种危险和隐患，监督各项安全规章制度的实施，及时发现事故隐患并制止违章行为的一个有力工具。安全检查表应列举需查明的所有可能会导致事故的不安全因素。每个检查表均需注明检查时间、检查者、直接负责人等，以便分清责任。安全检查表的设计应做到系统、全面，检查项目应明确。编制安全检查表的主要依据主要有：

① 有关标准、规程、规范及规定；
② 国内外事故案例及本单位在安全管理及生产中的有关经验；
③ 通过系统分析，确定的危险部位及防范措施都是安全检查表的内容；
④ 新知识、新成果、新方法、新技术、新法规和新标准。

（3）仪器检查法。

机器、设备内部的缺陷及作业环境条件的真实信息或定量数据，只能通过仪器检查法来进行定量化的检验与测量，才能发现隐患，从而为后续整改提供信息。因此，必要时需要借助仪器来检查。由于被检查的对象和目的不同，因此所用的仪器和手段也各不相同。

2. 安全生产检查的工作程序

安全检查工作一般包括以下几个步骤。

（1）安全检查准备。
① 确定检查对象、目的、任务；
② 查阅、掌握有关法规、标准、规程的要求；
③ 了解检查对象的工艺流程、生产情况、可能出现危险、危害的情况；
④ 制定检查计划，安排检查内容、方法、步骤；
⑤ 编写安全检查表或检查提纲；
⑥ 准备必要的检测工具、仪器、书写表格或记录本；
⑦ 挑选和训练检查人员并进行必要的分工等。

（2）实施安全检查。

实施安全检查就是通过访谈、查阅文件和记录、现场观查、仪器测量的方式获取信息。

① 访谈。通过与有关人员谈话来了解相关部门、岗位执行规章制度的情况。
② 查阅文件和记录。检查设计文件、作业规程、安全措施、责任制度、操作规程等是否齐全，是否有效；查阅相应记录，判断上述文件是否被执行。
③ 现场观察。到作业现场寻找不安全因素、事故隐患、事故征兆等。
④ 仪器测量。利用一定的检测检验仪器设备，对在用的设施、设备、器材状况及作业环境条件等进行测量，以发现隐患。

（3）综合分析。

经现场检查和数据分析后，检查人员应对检查情况进行综合分析，提出检查的结论和意见。

（4）提出整改要求。

针对检查发现的问题，应根据问题性质的不同，提出立即整改、限期整改等措施要求。

（5）整改落实。

对安全检查发现的问题和隐患，企业应从管理的高度，举一反三，制订计划并积极落实整改。

（6）信息反馈及持续改进。

企业自行组织的安全检查，在整改措施计划完成以后，安全管理部门应组织有关人员进行验收。对上级主管部门或地方政府负有安全生产监督管理职责的部门组织的安全检查，在整改措施完成后，应及时上报整改完成情况，申请复查或验收。

对安全检查中经常发现的问题或反复出现的问题，企业应从规章制度的健全和完善、从业人员的安全教育培训、设备系统的更新改造、加强现场检查和监督等环节入手，做到持续改进，不断提高安全管理水平，防范事故发生。

2.5 动态监控设备及管理要求

2.5.1 动态监控平台建设

根据《道路运输车辆动态监督管理办法》（交通运输部令 2016 年第 55 号）规定，道路运输动态监控平台及设备建设需要符合下列要求。

（1）道路运输车辆卫星定位系统平台必须通过交通运输部指定的专业机构的标准符合性技术审查，并通过道路运输管理机构进行备案，并应当符合以下标准要求：

①《道路运输车辆卫星定位系统　平台技术要求》（GB/T 35658）；

②《道路运输车辆卫星定位系统　终端通讯协议及数据格式》（JT/T 808）；

③《道路运输车辆卫星定位系统　平台数据交换》（JT/T 809）。

（2）车载终端设备必须通过交通运输部指定的专业机构的标准符合性技术审查，车载设备在交通运输部公告目录中能查到，并应当符合以下标准要求：

①《道路运输车辆卫星定位系统　车载终端技术要求》（JT/T 794）；

②《道路运输车辆卫星定位系统　终端通讯协议及数据格式》（JT/T 808）；

③《机动车运行安全技术条件》（GB 7258）；

④《汽车行驶记录仪》（GB/T 19056）。

（3）道路旅客运输企业、道路危险货物运输企业和拥有 50 辆及以上重型载货汽车或者牵引车的道路货物运输企业应当按照标准建设道路运输车辆动态监控平台，或者使用符合条件的社会化卫星定位系统监控平台（以下统称监控平台），对所属道路运输车辆和驾驶员运行过程进行实时监控和管理。

（4）旅游客车、包车客车、三类以上班线客车和危险货物运输车辆在出厂前应当安装符合标准的卫星定位装置。重型载货汽车和半挂牵引车在出厂前应当安装符合标准的卫星定位装置，并接入全国道路货运车辆公共监管与服务平台。

（5）道路运输车辆卫星定位系统平台和车载终端应当通过有关专业机构的标准符合性技

术审查。

（6）道路运输企业应当选购安装符合标准的卫星定位装置的车辆，并接入符合要求的监控平台。

（7）道路运输企业应当在监控平台中完整、准确地录入所属道路运输车辆和驾驶人员的基础资料等信息，并及时更新。

（8）道路旅客运输企业和道路危险货物运输企业监控平台应当接入全国重点营运车辆联网联控系统（以下简称联网联控系统），并按照要求将车辆行驶的动态信息和企业、驾驶人员、车辆的相关信息逐级上传至全国道路运输车辆动态信息公共交换平台，道路货物运输企业监控平台应当与道路货运车辆公共平台对接，按照要求将企业、驾驶人员、车辆的相关信息上传至道路货运车辆公共平台，并接收道路货运车辆公共平台转发的货运车辆行驶的动态信息。

（9）对新出厂车辆已安装的卫星定位装置，任何单位和个人不得随意拆卸拆除。危险货物运输车辆接入联网联控系统监控平台时按照有关标准要求进行相应设置以外，不得改变货运车辆车载终端监控中心的域名设置。

（10）道路运输管理机构在办理营运手续时，应当对道路运输车辆安装卫星定位装置及接入系统平台的情况进行审核，道路运输管理机构负责建设和维护道路运输车辆信息公共服务平台，落实维护经费，向地方人民政府争取纳入年度预算。道路运输管理机构应建立逐级考核和通报制度，保证联网联控系统长期稳定运行。

2.5.2　动态监控管理要求

道路旅客运输企业、道路危险货物运输企业和拥有 50 辆及以上重型载货汽车或牵引车的道路货物运输企业应当配备专职监控人员，专职监控人员配置原则上按照监控平台每接入 100 辆车设 1 人的标准配备，最低不少于 2 人。监控人员应当掌握国家相关法规和政策，经企业培训、考试合格后上岗。

道路货运车辆公共平台负责对个体货运车辆和小型道路货物运输企业（50 辆以下重型载货汽车或牵引车）的货运车辆进行动态监控。道路货运车辆公共平台设置监控超速行驶和疲劳驾驶的限值，自动提醒驾驶员纠正超速行驶、疲劳驾驶等违法行为。

道路运输企业应当根据法律法规的相关规定以及车辆行驶道路的实际情况按照规定设置监控超速行驶和疲劳驾驶的限值，以及核定运营线路、区域及夜间行驶时间等，在车辆运行期间对车辆和驾驶员进行实时监控和管理。设置超速行驶和疲劳驾驶的限值，应当符合客运驾驶员 24 小时累计驾驶时间原则上不超过 8 小时，日间连续驾驶不超过 4 小时，夜间连续驾驶不超过 2 小时，每次停车休息时间不少于 20 分钟，客运车辆夜间行驶速度不得超过日间限速 80%的要求。

监控人员应当实时分析、处理车辆行驶动态信息，及时提醒驾驶员纠正超速行驶、疲劳驾驶等违法行为，并记录存档至动态监控台账；对经提醒仍然继续违法驾驶的驾驶员，应当及时向企业安全管理机构报告，安全管理机构应当立即采取措施制止；对拒不执行制止措施仍然继续违法驾驶的，道路运输企业应当及时报告公安机关交通管理部门，并在事后解聘驾驶员。动态监控数据应当至少保存 6 个月，违法驾驶信息及处理情况应当至少保存 3 年。对存在交通违法信息的驾驶员，道路运输企业在事后应当及时给予处理。

道路运输企业应当确保卫星定位装置正常使用，保持车辆运行实时在线。卫星定位装置出现故障不能保持在线的道路运输车辆，道路运输企业不得安排其从事道路运输经营活动。任何单位和个人不得破坏卫星定位装置以及恶意人为干扰、屏蔽卫星定位装置信号，不得篡改卫星定位装置数据。

第3章

道路运输安全基础知识

3.1 道路运输安全体系内涵和重点内容

3.1.1 道路运输安全体系内涵

道路运输安全体系是以现代系统理论为基础，以安全管理理论为指导，从法规制度、安全责任、预防控制、支撑保障等方面，构建科学、高效的道路运输安全系统，从而使道路运输安全生产工作问题处理过程中有法可依、有章可循。

推进道路运输安全体系建设，是贯彻落实党中央国务院关于安全工作部署的重要举措，是建设"平安交通"的客观要求，是依法加强道路运输安全生产和监督管理，提高安全发展水平的必然选择。道路运输系统必须立足现实、着眼长远，构建科学完善的道路运输安全体系，为我国经济社会健康发展和人民群众安全便捷出行提供可靠的道路运输安全保障。

3.1.2 道路运输安全体系建设基本原则

构建道路运输安全体系，应当遵循以下基本原则。

（1）安全第一、预防为主。

牢固树立安全第一理念，真正把安全发展放在首要位置，做到关口前移、超前预控、有效防范，做到认识到位、责任到位、执行到位。

（2）依法治理、明责履责。

完善法规制度，明晰安全生产监督管理职责定位，制定责任清单，严格履行监督管理职责，严格执法、文明执法。

（3）改革创新、标本兼治。

深化安全生产体制机制改革，创新工作方式方法，加强隐患排查治理和风险防控，强化基层、夯实基础，构建长效机制。

（4）统筹谋划、有序推进。

加强形势研判，探索安全生产规律，科学谋划道路运输安全生产全局，统筹兼顾、相互协调，有重点、分步骤推进安全体系建设。

3.1.3 道路运输安全体系的重点内容

根据交通运输部《关于推进交通运输安全体系建设的意见》（交安监发〔2015〕20号）

要求，道路运输安全体系由法规制度体系、安全责任体系、预防控制体系、宣传教育体系、支撑保障体系、国际化战略体系六个方面内容构成。

1. 法规制度体系

（1）健全安全生产法规。结合行业和各地需求，对现行道路运输法规进行全面梳理，推进道路运输安全生产法规的立改废工作。

（2）完善安全生产制度。加快建立健全针对性和操作性强、科学规范的管理制度，突出道路运输安全生产重点领域，按照分清轻重缓急的原则，推进安全生产管理制度制定工作。

（3）制定安全生产标准规范。围绕道路运输基础设施建设与运营、运输工具和装备设施、生产作业、养护和安全生产管理等方面制定完善相应的安全生产标准规范。

（4）完善安全生产应急预案。按照相关要求对现有应急预案进行评估，及时修订不实用或针对性、操作性不强的应急预案。认真梳理道路运输应急工作职责和应急需求，加快应有未有的应急预案编制，构建完善应急预案体系。

2. 安全责任体系

（1）强化企业安全生产主体责任。道路运输企业严格依法依规从事安全生产活动，按规定设置安全生产管理机构，配足专兼职安全生产管理人员，深入推进安全生产标准化建设，强化安全生产绩效考核，主要负责人、管理人员、从业人员应严格落实安全生产法定责任。

（2）明晰安全生产监督管理责任。按照道路运输管理部门的法定权力、义务和政府部门赋予的职责，明晰道路运输管理部门安全监督管理工作职责。

（3）落实安全生产"一岗双责"。按照"党政同责、一岗双责、齐抓共管"，以及"管行业必须管安全、管业务必须管安全、管生产经营必须管安全"的总要求，道路运输管理部门和道路运输企业明确"一岗双责"的内容和要求，规范履职行为，建立考核评价及免责机制。

（4）严格安全生产问责追责。建立完善安全生产事故和重大隐患的问责追责机制，按照"四不放过"原则，严格事故调查处理，依法严肃追究责任单位和相关责任人责任。相关道路运输管理部门应对事故发生单位的整改措施落实情况加强监督检查。

3. 预防控制体系

（1）加强安全生产形势研判。分析道路运输安全生产形势，根据季节性特点，查找影响安全生产的因素，剖析事故发生原因，总结安全生产规律，举一反三，制定有效的政策和措施，提前预警预防。

（2）强化隐患排查治理。道路运输企业应依法落实安全生产隐患排查治理主体责任，做到整改措施、责任、资金、时限和预案"五落实"；道路运输管理部门依法落实监督管理责任，分类分级加强事故隐患管理，实现督查检查、挂牌督办及责任追究的闭合管理。

（3）推进安全生产风险管理。落实关于推进安全生产风险管理工作的部署，重点强化客运、危险品运输等的风险源辨识、评估和管控，充分利用科技和信息化手段，强化预测、预警、预控和过程监管，构建行业自律、政府监督、中介服务、专家咨询的协调推进机制。

（4）加强安全生产监督检查。明确安全监督检查工作职责和要求，规范监督检查程序和内容，强化现场监督检查和日常监督检查，并采取安全生产巡视、明察暗访、突击检查等方式，重点巡视督查安全生产工作部署落实和安全责任履职情况，督促整改安全隐患，严肃查处存在问题，严厉打击非法违规行为。

（5）强化社会监督。充分发挥职工、公众、社团、工会、媒体等监督作用，完善举报、受理、处置、信息公开等办法。加强与媒体合作，设立曝光台，及时曝光非法违法企业、安全生产事故多发频发单位、造成恶劣社会影响的道路运输安全生产事件等。

（6）加强安全应急演练。突出道路保通保畅、事故救援处置等重点，按照相关应急预案开展应急演练，切实提升安全防范和现场应急处置能力。大力开展岗位练兵，夯实基本功，提高安全意识、实操技能和应对突发事件的能力。

4. 宣传教育体系

（1）加强安全文化宣传引导。采取多种形式，充分发挥媒体的作用，加强安全生产法律法规、安全和应急知识宣传，增强从业人员和社会公众的安全意识，积极主动参与"平安交通"和安全文化建设，营造"我要安全"的氛围。

（2）强化企业从业人员教育培训。道路运输企业应按照法规制度要求，制订并实施年度教育培训计划，重点加强一线从业人员岗位教育培训，未经安全生产教育和培训合格的从业人员，不得上岗作业。企业主要负责人、安全生产管理人员必须培训合格并考核合格，特种作业人员必须按规定取得相应资格。

（3）提高安全监督管理人员业务素质。道路运输管理部门应完善安全生产教育培训机制，有计划、有步骤地对各类安全监督管理人员进行轮训，切实提高综合素质和业务能力。

（4）加强安全生产诚信管理。认真落实国务院关于加强企业安全生产诚信建设的部署，加快推进道路运输企业安全生产诚信体系建设，促进企业依法守信做好安全生产工作，切实保障人民群众和从业人员生命安全。

5. 支撑保障体系

（1）加强安全管理力量配备。道路运输企业应严格按照法律法规要求设置安全管理机构，配足专兼职安全生产管理人员。道路运输管理部门应完善部、省、市、县四级安全管理机构，明确相应专职安全监督管理人员。

（2）保障安全生产费用和工作经费。道路运输企业应按照"企业提取、政府监督管理、确保需要、规范使用"的原则，足额提取安全生产费用，单独核算，按规定范围安排使用。各级道路运输管理部门应将安全管理工作经费列入年度部门预算，主要用于安全生产考核评价、巡视和检查、事故原因调查、企业标准化建设、宣传教育培训等。

（3）加强安全监督管理和应急救援装备设施建设。道路运输主管部门应按照相关要求编制安全生产发展规划。加强安全监督管理装备器材配备，为专门从事安全监督管理的部门配备必要的交通工具、监督检测设备、事故调查取证与分析设备、个人防护设备等。加强道路运输监督管理、应急救援、教育培训等装备和基地建设。

（4）强化安全科技和信息化建设。加强安全生产和安全监督管理关键技术研究和装备设施研发，推广应用性能可靠、先进适用的安全生产新技术、新工艺、新设备和新材料，淘汰落后设备和工艺，积极推进信息化技术在道路运输安全生产和监督管理中的应用。

（5）发挥行业组织的作用。道路运输行业协（学）会应按照诚信建设要求，充分发挥在安全生产方面的行业自律作用。鼓励和支持行业协（学）会等行业组织、科研机构、院校，在安全生产科技攻关、教育培训、风险评估、诚信评级等方面发挥技术支撑作用。

6. 国际化战略体系

（1）提升国际影响力。建立健全机制，统筹行业力量，积极参加有关国际事务和行动，加大道路运输安全方面国际公约、规则和标准制定等的参与力度，提升我国国际话语权和影响力。

（2）提高国际化水平。加强国际道路运输安全发展的研究，学习借鉴发达国家道路运输的安全理念、管理方法，引进先进的技术装备。

（3）加强国际交流与合作。深化与有关国家、地区和国际组织在道路运输安全与应急方面的交流合作，与周边国家和地区初步建立相关的安全应急协调联动机制。利用多种平台，开展道路运输安全应急交流与能力建设，加强信息沟通与共享。

3.2 安全生产原理及理论

安全生产管理是针对人们在安全生产过程中的安全问题，运用有效的资源，发挥人们的智慧，通过人们的努力，进行有关决策、计划、组织和控制等活动，实现生产过程中人与机器设备、物料环境的和谐，从而达到安全生产的目标。道路运输生产过程是由人—车—路—环境组成的一个系统工程，道路运输生产要保证人—车—路—环境系统的安全，就必须要制定相应的制度，合理规划和组织道路运输生产过程，满足安全生产的基本要求。因此，道路运输安全生产也符合安全生产管理的基本原理。

3.2.1 安全生产的原理

1. 安全生产的定义

目前理论界对安全生产的定义还未形成一致，例如，《安全科学技术词典》对安全生产的定义是："安全生产是指企业事业单位在劳动生产过程中人身安全、设备安全和产品安全等。"《辞海》对安全生产的定义是："安全生产是指为预防生产过程中人身、设备事故，形成良好的劳动环境和工作秩序而采取的一系列措施和活动。"《中国大百科全书》对安全生产的定义是："安全生产是旨在保障劳动者在生产过程中安全的一项方针，也是企业管理必须遵循的一项原则，要求最大限度地减少劳动者的工伤和职业病，保障劳动者在生产过程中的生命安全和身体健康。"概括地说，安全生产是指采取一系列措施使生产过程在符合规定的物质条件和工作秩序下进行，有效消除或控制危险和有害因素，无人身伤亡和财产损失等生产事故发生，从而保障人员安全与健康、设备和设施免受损坏、环境免遭破坏，使生产经营活动得以顺利进行的一种状态。

2. 安全生产管理的原理

安全生产管理的原理是从生产管理的共性出发，对安全生产管理工作的实质内容进行科学的分析、综合、抽象与概括所得出的管理规律。根据教育部高等学校安全工程学科教学指导委员会组织编写的《安全管理学》中对管理的基本原理的描述，并结合安全生产的实际，得出安全生产管理的原理具有五个方面的内容。

（1）系统原理。

系统原理是指运用系统的观点、理论和方法对管理活动进行充分的分析，从而解决管理中出现的问题。系统原理是现代管理科学中一个最基本的原理。

系统是由若干相互作用又相互依赖的部分组合而成，具有特定的功能，并处于一定环境中的有机整体。从系统观点出发，管理系统具有六个特征，即集合性、相关性、目的性、整体性、层次性和适应性。

安全管理系统是企业管理系统的一个子系统，其构成包括各级专兼职安全生产管理人员、安全防护设施设备、安全管理与事故信息、安全管理的规章制度、安全操作规程，以及企业中与安全相关的各级职能部门及人员，其主要目标就是防止意外的劳动（人、财、物）耗费，保证企业系统经营目标的实现。

（2）人本原理。

人本原理就是在管理活动中必须把有关人的因素放在首位，体现以人为本的指导思想。

以人为本，一是指一切管理活动均是以人为本体展开的。人既是管理的主体（管理者），也是管理的客体（被管理者），每个人都处在一定的管理层次上。离开人，就无所谓管理。因此，人是管理活动的主要对象和重要资源。二是在管理活动中，管理对象的诸要素和管理过程的诸环节（如组织机构、规章制度等），都需要人去掌管、动作、推动和实施。因此，应该根据人的思想和行为规律，运用各种激励手段，充分发挥人的积极性和创造性，挖掘人的内在潜力。

（3）预防原理。

安全生产管理工作应该做到预防为主，通过有效的管理和技术手段，减少和防止人的不安全行为和物的不安全状态，这就是预防原理。在可能发生人身伤害、设备或设施损坏和环境破坏的场合，事先采取措施，防止事故发生。

（4）强制原理。

强制原理是指采取强制管理的手段控制人的意愿和行为，使个人的活动、行为等受到安全生产管理要求的约束，从而实现有效的安全生产管理。

所谓强制就是无须做很多的思想工作来统一认识、讲清道理，被管理者必须绝对服从，不必经被管理者同意便可采取控制行动。一般来说，管理均带有一定的强制性，只有强制才能有效地抑制被管理者的无拘个性，使其调动到符合整体管理利益和目的的轨道上来。由于事故损失的偶然性、人的冒险心理和事故损失的不可挽回性，安全管理更需要具有强制性。

（5）责任原理。

安全管理的责任原理是指在安全管理活动中，为实现管理过程的有效性，管理工作需要在合理分工的基础上，明确规定组织各级部门和个人必须完成的工作任务和相应责任。责任原理与整分合原则相辅相成，有分工就必须有各自的责任，否则所谓的分工就是"分"而无"工"。

责任既包含个人的责任，又包含单位（集体）的责任，通常可以从以下两个层面来理解：

第一，责任主体必须完成的工作，如岗位职责；第二，责任主体没有完成自己的工作应承担的后果，如事故责任。

根据责任原理的要求，企业安全管理应该做到以下三点：一是明确每个人的安全职责；二是责、权、利、能四者要匹配；三是奖惩要公开、公正而及时。

在安全管理活动中，运用责任原理，建立健全安全管理责任制，构建落实安全管理责任的保障机制，促使安全管理责任主体到位，且强制性地安全问责，奖罚分明，才能推动企业履行应有的社会责任，提高安全监管部门监管力度和效果，激发和引导好广大社会成员的责任心。

3.2.2 安全生产的理论

人类在与各种伤害事故的斗争实践中不断积累经验，探索伤亡事故发生及预防的规律，相继提出了许多阐明事故为什么发生，事故怎样发生，以及如何防止事故发生的理论，例如事故因果连锁论、事故频发倾向论、危险源理论、能量转移理论、安全系统理论等，这些理论被统称为事故致因理论。下面介绍两种常用的事故致因理论。

1. 海因里希因果连锁论

海因里希因果连锁论又称海因里希模型或多米诺骨牌理论。海因里希首先提出了事故因果连锁论，用以阐明导致伤亡事故的各种原因及与事故间的关系。该理论认为，伤亡事故的发生不是一个孤立的事件，尽管伤害可能在某瞬间突然发生，却是一系列事件相继发生的结果。

海因里希把工业伤害事故的发生、发展过程描述为具有一定因果关系的事件的连锁发生过程，由事故后果往前分为以下四个阶段：第一，人员伤亡的发生是事故的结果；第二，事故的发生是由于人的不安全行为或物的不安全状态；第三，人的不安全行为或物的不安全状态是由于人的缺点造成的；第四，人的缺点是由于不良环境诱发的，或者是由先天的遗传因素造成的。

海因里希最初提出的事故因果连锁过程包括如下五个因素。

（1）遗传及社会环境。这是造成人性格上缺点的原因：遗传因素可能造成鲁莽、固执等不良性格；社会环境可能妨碍教育，助长性格上的缺点发展。

（2）人的缺点。人的缺点是使人产生不安全行为或造成机械、物质不安全状态的原因，它包括鲁莽、固执、过激、神经质、轻率等性格上的先天缺点，以及缺乏安全生产知识和技能等后天缺点。

（3）人的不安全行为或物的不安全状态。所谓人的不安全行为或物的不安全状态是指那些曾经引起过事故，或可能引起事故的人的行为，或机械、物质的状态，它们是造成事故的直接原因。例如，在起重机的吊荷下停留、不发信号就起动机器、工作时间打闹或拆除安全防护装置等都属于人的不安全行为。没有防护的传动齿轮、裸露的带电体或照明不良等属于物的不安全状态。

（4）事故。事故是由于物体、物质、人或放射线的作用或反作用，使人员受到伤害或可能受到伤害的、出乎意料的、失去控制的事件。碰撞、物体打击等使人员受到伤害的事件是典型的事故。

（5）伤害。直接由于事故而产生的人身伤害。

海因里希用多米诺骨牌来形象地描述这种事故因果连锁关系，得到图3-1所示的多米诺骨牌系列。在多米诺骨牌系列中，一颗骨牌被碰倒了，则将发生连锁反应，其余的几颗骨牌相继被碰倒。如果移去连锁中的一颗骨牌，则连锁被破坏，事故过程被中止。海因里希认为，安全管理工作的中心就是防止人的不安全行为，消除机械的或装备的不安全状态，中断事故连锁的进程而避免事故的发生。

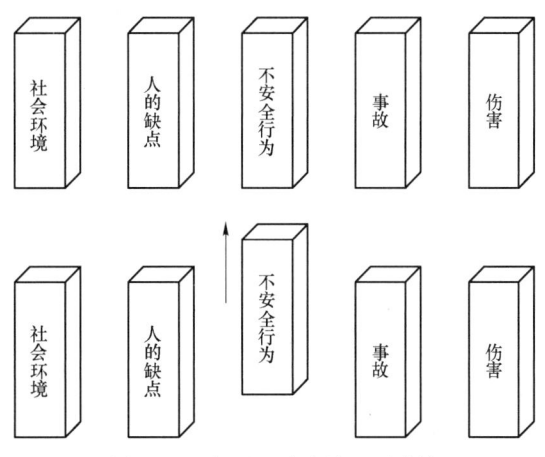

图 3-1　海因里希事故因果连锁

值得注意的是，美国安全工程师海因里希还提出了著名的 300:29:1 法则，即"海因里希安全法则"。

这个法则意为：当一个企业有 300 起隐患或违章，极有可能要发生 29 起轻伤或故障，另外还可能发生 1 起重伤、死亡事故。

海因里希法则是海因里希通过分析工伤事故的发生概率，为保险公司的经营提出的法则。这一法则完全可以用于企业的安全管理上，即在 1 件重大的事故背后必有 29 件轻度的事故，还有 300 件潜在的隐患，见图 3-2。

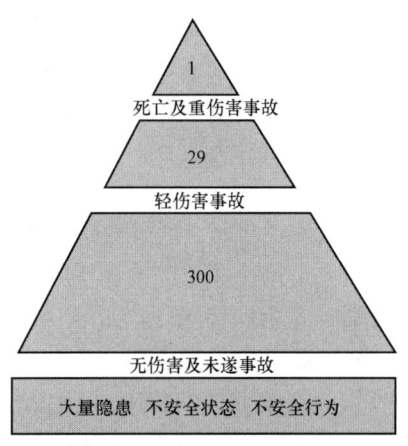

图 3-2　海因里希法则

海因里希法则是安全管理的基本法则，它揭示了安全管理的两个共性规律：① 安全事故的发生会经历多个环节，环环相扣，任何一个中间环节起到了预防作用，事故就能避免；② 只有重视消除轻微事故，才能防止轻伤和重伤事故，否则发生大的事故只是时间问题。

2. 轨迹交叉事故致因理论

一个生产系统一般是由人、机、物构成的，它们共处于一种环境中。轨迹交叉事故致因理论认为，系统内事故的发生是由于人的不安全行为与物（机或环境）的不安全状态在同一时空相遇（或逆流能量轨迹交叉）所造成的，有时环境也是造成人的不安全行为与物（机或环境）的不安全状态及它们相遇的条件。这种情况可用图3-3形象地表示出来。

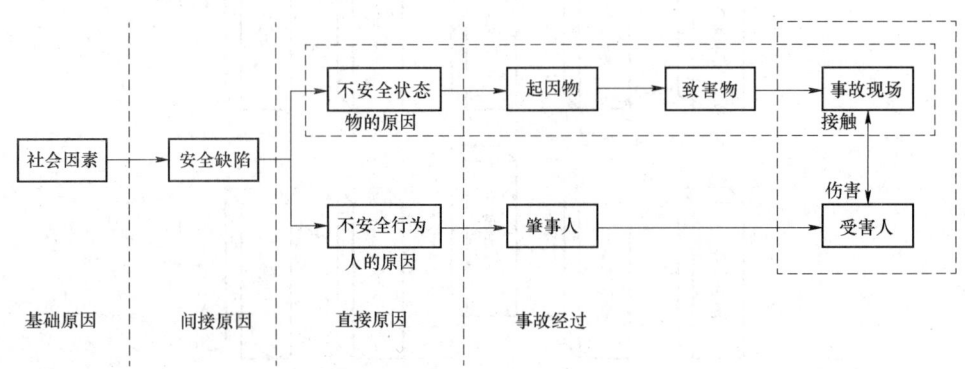

图3-3 轨迹交叉事故致因理论模型

轨迹交叉事故致因理论基于这样的事实：即人、机、物、环境各自的不安全（危险）因素的存在，并不立即或直接造成事故，而是需要其他不安全因素的激发。世界各国事故统计分析也表明，该理论是正确的。据美国的相关统计，75 000件伤亡事故中天灾占2%，可预防的人为灾害占98%，其中与人的不安全行为无关的只占12%。日本1997年对停工四天以上的104 638件事故的统计分析结果是：无人的不安全行为的事故占5.5%，无物的不安全状态的事故占16.5%，绝大部分事故都是二者同时作用的结果。

依据轨迹交叉事故致因理论的观点可知：

（1）消除人的不安全行为可以避免事故。但是应该注意到，人与机械设备不同，机器在人们规定的约束条件下运转，自由度较少，而人的行为受各自思想的支配，有较大的行为自由性。这种行为自由性一方面使人具有安全生产的能动性，另一方面也可能使人的行为偏离预定的目标，发生不安全行为。由于人的行为受到许多因素的影响，控制人的行为是项十分困难的工作。

（2）消除物的不安全状态也可以避免事故。通过改进生产工艺，设置有效安全防护装置，根除系统中的危险条件，使得即使人员产生了不安全行为也不致酿成事故。但是，受实际的技术、经济条件等客观条件的限制，完全地杜绝生产过程中的危险因素几乎是不可能的，只能努力减少、控制不安全因素，使事故不容易发生。

因此，为了有效地防止事故发生，必须同时采取措施消除人的不安全行为和物的不安全状态。

3.3 道路运输安全生产基本特点

一般而言，我国道路运输安全生产具有如下基本特点。

（1）道路运输行业风险高。

由于道路运输是一项长时间、远距离、范围广的生产作业，使得司乘人员不仅要长时间随车工作，而且还需要面对各种不熟悉的交通环境（包括道路环境和人文环境），因此发生事故的概率就比较高。另外一旦发生事故，不仅造成从业人员自身的伤亡，而且可能造成无辜公众的群死群伤，造成极坏的社会影响。

（2）道路运输企业安全主体责任不落实是导致运输事故发生的重要原因。

由于道路运输企业安全主体责任落实不到位，导致在运输生产过程中，没有完全处理好安全与发展、经济效益与安全投入的关系。个别道路运输企业负责人对运输安全重视程度不够，重生产轻安全，淡化安全生产管理，如驾驶员为了经济利益的违法违规运输生产等现象时有发生，企业又缺乏有效监管手段，营运车辆上路后，常使企业处于一种"看不到、听不着、管不着"的危险生产状况。

（3）重型货车是导致道路运输事故的主要车型。

重型货车往往被用于运输超高、超宽或者重量较大货物的长距离运输。道路货物运输企业为了追求更高的经济利益，在重型货车的运输过程中就时常存在着违法违规生产的行为。例如，鲜活农产品运输车辆为了满足严格的运输时限、重型货车为了避免频繁加减速过程造成的油耗增加和时间延误，以及重型货车驾驶员的交通强势感等因素，容易导致重型货车驾驶员为了盲目追求运输效益，而不惜采取超速行驶、超载运输、抢先通行、强制通行、疲劳驾驶，甚至改装车辆以增大载货容积等违法冒险运输行为。除此之外，重型货车驾驶员安全意识薄弱、疲劳驾驶等也是导致重型货车运输事故频发的主要诱因。

（4）长途客运容易发生群死群伤的恶性交通事故。

长途客运是指班线线路长度超过 800 公里的公路客运。有分析表明，随着班线线路长度的增加，单起交通事故造成的死亡人数呈增加趋势，以公路客运 3 人事故（指因公路客运车辆肇事导致的一次死亡 3 人以上的交通事故，且公路客运车辆负同等以上责任）为例，公路长途客运车辆肇事占肇事总数的 23.1%。考虑到公路长途客运班线数量远远少于其他类型班线，可以认为，公路长途客运 3 人事故发生率相对较高。

（5）企业一线人员的安全素质水平亟待提高。

道路运输企业一线人员既是企业安全规章最主要的执行者和安全措施最重要的落实者，也是发生生产安全事故最直接、最主要的受害者。员工安全素质的高低，直接反映企业安全规章和安全措施的执行、落实程度和效果，影响事故预防和控制工作的好坏。企业安全生产教育和培训工作的效果，又直接决定从业人员安全素质的高低。但是目前部分道路运输企业的安全教育和培训方式单一，缺乏专业性、针对性和创新性，容易导致安全教育工作浮于表面。

（6）安全生产的信息化水平不高。

信息化是世界经济社会发展的大趋势，是国家社会经济建设的一项重要战略决策。开展安全生产信息化建设，是推行电子政务，实现信息化带动工业化，以工业化促进现代化的必然选择。做好安全生产工作，要求我们绝不能仅仅依靠传统手段，还必须依靠科技创新和信息化、智能化的手段来开展安全生产监管工作。现阶段道路运输行业的安全生产信息化建设还缺乏总体的规划，数据采集来源单一、共享性差、冗余度高，数据更新机制无法保证，从而导致数据可利用度较低，安全大数据分析能力弱，对支撑行业和企业的安全形势研判决策严重不足。

3.4 驾驶员安全生理心理特征

3.4.1 驾驶员的生理特征

1. 视觉

外部事物以光刺激方式作用于人眼的视网膜，视网膜上的视细胞将产生相应的神经信息，这些信息经视神经传入大脑后便形成了人对事物的视觉。视觉是人类最重要的一种感觉，尤其在汽车行驶过程中，驾驶员有超过 80%的外部信息都来自视觉。驾驶员的视力、视野、视觉适应等视觉特性对行车安全有着重要影响。

（1）视力。

视力又称视敏度，是指人眼分辨最小物体或者物体细节的能力。视力的好坏通常用视角来表示，而视角是指人观察物体时，物体大小相对眼睛瞳孔形成的夹角。由于视角的大小不仅与物体大小有关，还取决于人眼观察物体的距离，因此，只有在相同距离下能够分辨物体或者物体细节的视角越小，视力才越好。此外，人的视力还受眼睛的结构特征、环境光照等因素影响，例如，视网膜上的视细胞分为杆体细胞和锥体细胞两种，这两种视细胞对颜色、细节的感受能力和对光线亮度的适应能力均有差异，使得人在光线较暗环境中的视力以及对颜色的分辨力会有所下降；又如眼球的前后轴长如果发生变化，将使人对远处或者近处物体的分辨能力变差，需要通过佩戴眼镜等方式调整眼睛的屈光度来改善视力。

按照被观察物体与人体之间的运动关系不同，视力可分为静视力和动视力两种，在常规体检中采取人眼和视标均静止不动的方式所检查的是静视力，而动视力则是指人和视标处于相对运动状态下的视力，显然，汽车行驶过程的驾驶员视力应属于动视力。一般而言，人的动视力要比静视力低 10%～20%，并且随着人与视标之间的相对运动速度增快而降低，车速越快，动视力下降越严重。此外，随着环境光照变弱、目标与背景的亮度反差减小以及人的年龄增大，动视力下降也会更加明显。

目前我国对驾驶员仍以检查静视力为主。依据《机动车驾驶证申领和使用规定》（公安部令第 139 号），申请大型客车、牵引车、城市公交车、中型客车、大型货车、无轨电车或者有轨电车准驾车型的，两眼裸视力或者矫正视力应达到对数视力表 5.0 以上；申请其他准驾车型的，两眼裸视力或者矫正视力应达到对数视力表 4.9 以上；单眼视力障碍、优眼裸视力或者矫正视力达到对数视力表 5.0 以上，且水平视野达到 150 度的，可以申请小型汽车、小型自动挡汽车、低速载货汽车、三轮汽车、残疾人专用小型自动挡载客汽车准驾车型的机动车驾驶证。

（2）视野。

视野是指人的两眼注视某一目标时能够看到的最大空间范围，包括静视野和动视野。静视野是指静止状态下，头部不动，两眼平视前方时可以看到的范围；动视野是指运动状态下，头部不动，但眼球可转动时能看到范围。驾驶员的视野除了与眼睛的生理状况有关，还受行车速度影响，当行车速度越快，驾驶员越注视远方，视野将随之变小。如果驾驶员的视野过小，将导致在行车过程中能同时观察到的空间范围狭窄，影响行车安全。

（3）视觉适应。

人眼通过瞳孔的收缩放大以及视网膜上不同视细胞对光线的敏感性差异，来适应外界光线的明暗变化。当外界光线亮度突然发生变化，人眼的视觉能力将出现短暂降低后逐渐恢复，这一现象称为视觉适应。视觉适应分为明适应和暗适应两种，其中，暗适应是指外界光线突然变暗，例如车辆在白天快速驶入黑暗隧道时引起的适应；明适应则是指外界光线亮度突然提高，例如车辆在白天快速驶出隧道时引起的适应。明适应和暗适应过程的视力降低程度以及恢复所需要时间都与外界光线亮度的变化幅度呈正相关性，其中，暗适应过程耗时一般为3～6分钟，明适应过程则较快，通常1分钟内即可完成。

2. 听觉

听觉是人耳通过声音信号获取外部信息的能力。就获取信息的数量而言，听觉的重要性仅次于视觉，能够起到补充视觉不足的作用，协助驾驶员分辨物体的距离、方位，以及察觉视野之外的事物。声音信号实质是一种可在空气中传播的机械波，人耳能感受到的声波频率范围约为 2～20 000 赫兹，在此频率范围之外的声音，人是听不见的。人体听觉对外部信息刺激的反应时间为 0.12～0.16 秒，要快于视觉（视觉的反应时间为 0.5～2.0 秒）。此外，听觉容易唤起人的注意，在实践中一般用声音信号来提示驾驶员注意和传递一些较为重要的外部信息、车辆故障信息，以及无法通过视觉显示的其他信息。驾驶员应当善于利用听觉来感知和判断车辆的外部危险和行驶速度、故障情况。

3.4.2 驾驶员的心理特征

1. 感觉和知觉

（1）感觉和知觉的概念。

感觉是指外界事物作用于人的感觉器官时，在大脑中形成的对事物个别特征的反映，例如对物体的颜色、大小、气味、音调等的感知。感觉是由人体内外部刺激作用于感觉器官所引起的，因此，感觉的形成不仅与具体的信息刺激有关，也与感觉器官的感受能力有关，例如对颜色的感觉就受到眼睛视细胞对不同波长光线的感受能力影响。

知觉是指人在感觉的基础之上，对所感受事物在大脑中形成的整体性、综合性的反映。例如通过对感觉到的前方路内运动物体的颜色、形状、大小等特征的综合，形成该物体是"行人"的知觉。与感觉一样，知觉也是事物直接作用于感觉器官产生的，离开了事物对感觉器官的作用并形成感觉，就不会产生知觉。

（2）感觉和知觉对行车安全的影响。

除了视觉和听觉之外，对驾驶员行车安全有明显影响的感觉和知觉特性还包括平衡觉、空间知觉、运动知觉、时间知觉等。

平衡觉是人体内耳的前庭器官感受人体头部位置和身体平衡状态的能力，可辅助驾驶员判断行车方向的变化情况。平衡觉与视觉、内脏感觉有联系，当前庭器官兴奋时，可让人感觉视野中的事物似乎在移动跳跃而引起眩晕，同时内脏器官的活动也可能发生剧烈变化，出现恶性呕吐等晕车现象。人体前庭器官的稳定性可通过训练予以改善。

空间知觉是人对外界事物的形状、大小、方位和距离等空间特性的知觉，对驾驶员判断车辆与其他物体的位置、方向关系起主导作用。

运动知觉是人对物体空间位移和运动速度的知觉。在行车过程中，驾驶员需要依赖运动知觉来准确感知车辆的运动速度和运动方向。

时间知觉是人对客观现象延续性和顺序性的反映。时间知觉可以帮助驾驶员正确分析判断车辆与道路上其他车辆、人员之间的让行关系，以及对自身安全驾驶时间的准确掌控。

（3）错觉。

错觉是指人对外界事物不正确的知觉。驾驶员在行车过程容易出现的错觉主要有运动错觉、距离错觉、时间错觉等。错觉的结果往往导致操作反应错误，严重时诱发交通事故，而引起错觉的原因则可能是多方面的，既有环境复杂多变的因素，也有驾驶员自身生理、心理方面的因素。

2. 反应

反应是指人体受体内或体外的刺激而引起的相应活动，例如驾驶员看到前方有行人过街时采取减速避让措施的活动。人从感觉器官接受外部事物刺激开始，到将刺激转化为神经信息并传入大脑，由大脑处理后发出活动指令，再经神经系统将指令传给手、脚等身体器官，最终产生相应活动时止，该全过程所消耗的时间称为反应时间。反应分为简单反应和复杂反应（又称选择反应）两种，其中，简单反应是指同时只需对一种刺激做出一种动作的反应；复杂反应是指同时需要对两种以上的刺激按照既定方式做出一种以上动作的反应。一般而言，复杂反应时间比简单反应时间长。汽车驾驶过程对外部信息的反应多为复杂反应。

人的反应时间受多种因素影响。首先，刺激种类不同，反应时间也不相同，例如对声音刺激的反应时间约为 0.149~0.169 秒，对光线刺激的反应时间约为 0.200~0.222 秒；其次，反应时间与人的运动系统有关，例如手比脚反应快，多数人的右手比左手反应快；最后，反应时间与人的年龄、性别有关，儿童、老人、女性的反应时间通常较长。此外，通过适当的训练有助于提高人的反应速度，尤其对于汽车驾驶这类复杂反应过程而言，正确的学习训练不仅可以缩短驾驶员反应时间，还可以减少驾驶员在紧急情况下的错误反应。

3. 注意特征

（1）注意的定义及分类。

注意是指人的心理活动指向并集中于一定的对象。在车辆行驶过程中，驾驶员需要不断地根据变化的道路环境调整自己心理活动指向和集中的对象，以及时对新出现的情况做出快速而准确的反应。

注意分为有意注意和无意注意两种。有意注意是一种自觉的、有预定目的并需要意志努力的注意，例如车辆在通过交叉口时，驾驶员主动向路口两侧的瞭望过程；无意注意则是由某一事物的外部特征所引发的人体的定向反射，例如车外行人的呼喊声引起驾驶员对行人的关注。

（2）注意的分配与转移。

注意的分配是指人的注意可以在同一时刻指向于多个不同的对象。注意的分配可以让人同时进行两项及两项以上的认知活动，当一种认识对象存在多余信息时，人的注意就可以分配到其他认识对象上去，例如驾驶员在转弯路段转动方向盘的同时，还可以进行变速或者制动、按喇叭等多项操作。

注意的转移是指人主动将注意从一个对象转移到另一个对象。车辆行驶过程其实也是驾驶员不断进行注意转移和注意分配的交替作用过程，在该交替作用过程中，需要驾驶员及时将注意调整并指向于那些不断变化的、对行驶安全具有影响的车辆和道路环境因素，以防止遗漏危险性信息。

4. 情绪状态

（1）情绪的定义及特点。

情绪是人的心理活动产物，是人对客观事物是否符合自己需求的态度体验及行为反应。情绪通常表现为喜、怒、哀、乐、忧、愤、爱、憎等形式。

情绪具有动力性、激动性、强度等方面的两极性特征。情绪的动力性方面表现为：当需要得到满足时产生的积极情绪具有增力性，可提高人的活力；当需要得不到满足时产生的消极情绪具有减力性，会降低人的活动能力。情绪的激动性方面表现为激动和平静两级特征，而激动是一种强烈的、外显的情绪状态，例如激怒、狂喜、激动恐惧等。情绪的强度方面表现为强弱两极特征，例如从愉快到狂喜，从微憎到狂怒。

（2）情绪对行车安全的影响。

情绪对人的认识、意志、行为和个性都有影响。大量的国内外交通事故案例表明，消极情绪容易导致驾驶员注意力不集中、感到疲劳并影响驾驶技能的正常发挥，如果驾驶员意志不坚定，还可能因为发泄情绪而违反法律和职业道德，进而危及行车安全。

3.4.3 疲劳及饮酒、药物对安全驾驶的影响

1. 疲劳对安全驾驶的影响

（1）疲劳的定义。

疲劳是人在长时间或者超强度劳动后，出现的一种全身机能下降的现象。驾驶疲劳包括体力疲劳和脑力疲劳两方面，其中，体力疲劳主要表现为手脚频繁操作车辆以及身体长期保持同一坐姿所引起的肢体疲劳；脑力疲劳则主要表现为驾驶员在行车过程中持续不断地对车辆内外部信息进行接收、判断和处理，大脑由于消耗能量过多而产生内抑制，导致产生感知觉迟钝、反应迟缓、调节机能衰退、瞌睡等现象。

驾驶疲劳的形成与驾驶员连续驾驶车辆的时间长短密切相关，此外还受驾驶员自身身体素质、健康状况、行车时段、出行前的睡眠质量、车辆的乘坐舒适性、道路线形和沿途景观单调等因素影响。

（2）疲劳对安全驾驶的影响。

驾驶员在疲劳状态下，身体会出现倦怠无力，感知觉方面变得迟钝，反应时间显著增长，注意力涣散，注意广度变窄，注意的分配与转移困难，容易出现顾此失彼现象，操作方面的主动性和准确性变差，严重时进入瞌睡状态，进而丧失操作能力。为了确保行车安全，驾驶员必须确保在出车前睡眠充足，不从事其他体力和脑力消耗较大的活动，同时要避免连续长时间驾驶车辆。

2. 饮酒对安全驾驶的影响

白酒、果酒、啤酒等饮料的主要成分是酒精。人在饮酒后，酒精会很快通过消化系统进入血液，并溶透到人体的各组织中，一般在饮酒后 5 分钟即可在血液中检出酒精，30 分钟后被人体全部吸收。饮酒会影响人的中枢神经系统，导致感觉模糊，判断失误，反应迟缓，甚至丧失操作反应能力。饮酒后驾驶汽车极容易引发严重交通事故，例如 2008 年的成都醉驾案和 2010 年的南京醉驾案都直接造成了多人死伤和严重财产损失。近年来我国立法和执法机关加大了对酒后和醉酒驾驶行为的打击力度，饮酒后即时驾驶的行为已有明显减少，但值得注意的是，酒精对人体的作用除了上述的急性表现之外还包括慢性影响，如果长期大量饮酒会使记忆能力、思考判断能力和操作反应能力发生慢性减退，同样会危害到驾驶员的行车安全。

3. 药物对安全驾驶的影响

阿片类、可卡因类、大麻类、合成麻醉药类，以及其他易成瘾癖的药品、药用原植物及其制剂等精神药品或者麻醉药品，对人的大脑中枢神经系统具有兴奋或抑制作用，服用这些药物不仅影响人的正常感知觉和反应判断能力，还可能使人产生幻觉和失去行为控制能力，而连续服用则还会让人产生药物依赖或者形成瘾癖，严重损害人的身体和精神健康。我国的《麻醉药品品种目录》《精神药品品种目录》《非药用类麻醉药品和精神药品管制品种增补目录》等规范性文件，已将上述药物列入国家管制的精神类和麻醉类药品。按照《中华人民共和国道路交通安全法》（以下简称《道路交通安全法》）的规定，禁止机动车驾驶员服用各类国家管制的精神药品和麻醉药品。此外值得注意的是，服用某些具有镇静、催眠作用的抗过敏、感冒等药物也可能使人感到乏力、注意力减退和嗜睡，也会对安全驾驶车辆具有不利影响。

3.5　车辆运行安全基础原理

3.5.1　驱动原理

汽车得以在道路上行驶是由汽车所受外力综合作用的结果，其中，沿汽车行驶方向的驱动力和行驶阻力的综合作用决定了汽车的行驶状态，以及行驶时的速度、最大爬坡度、最大加速能力等。

1. 驱动力

如图 3-4 所示，汽车的驱动力是由发动机输出的转矩，经传动系传至驱动轮，使驱动轮产生对地面的摩擦力 F_0，地面相应形成的对驱动轮的摩擦反作用力 F_t。

由于汽车的驱动力实际是地面对驱动轮的摩擦反作用力，因此，驱动力的大小不仅取决于 F_t 的大小，还要受驱动轮与地面之间附着系数的限制。在发动机输出转矩足够的情况下，要增加驱动力就必须提高附着系数和驱动轮的载荷，而附着系数与地面的材料种类、表面粗糙程度、轮胎花纹类型等因素有关，驱动轮的载荷则与汽车的结构特征、行驶状态和道路坡度等因素有关。

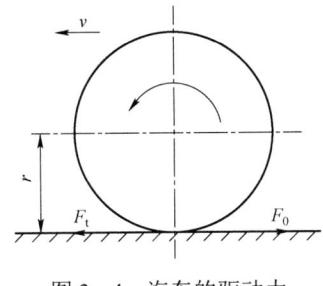

图 3-4 汽车的驱动力

2. 行驶阻力

行驶阻力包括滚动阻力、坡道阻力、空气阻力、加速阻力。

（1）滚动阻力。滚动阻力是指汽车轮胎在地面上滚动时，因为与地面在接触区域产生切向、法向的相互作用以及轮胎和路面的变形而受到的阻力，其大小与车轮的负荷有关。

（2）坡道阻力。坡道阻力是指汽车在上坡时，汽车自身重力沿坡道方向产生的分力，其大小与道路的坡度角成正比。

（3）空气阻力。空气阻力是指汽车在行驶时受到的空气阻碍，包括作用在车身表面的法向压力和由于空气的黏性而形成的切向力，其大小与车身的形状有关，并且与车速的平方成正比。

（4）加速阻力。加速阻力是指汽车在加速时需要克服的自身惯性力，由于惯性力是由汽车的质量引起的，因此质量越大的汽车，加速阻力也越大。

汽车在直线道路上行驶时，作用在汽车上的驱动力和行驶阻力必须达到平衡。当汽车在水平道路上匀速行驶时，由于坡道阻力和加速阻力为零，因此驱动力大于或等于滚动阻力与空气阻力之和是汽车行驶的基本条件，只有当驱动力大于滚动阻力和空气阻力之和时，汽车才可能爬坡或者加速。如果汽车的驱动力不足，将导致汽车在需要借道超车时的加速过程过长，以及在上坡路段的行驶车速过低甚至出现后溜，容易与对向或者后续来车发生碰撞事故或翻车事故。

3.5.2 制动性能

制动性能是指汽车行驶时，能够在短距离内停车且维持方向稳定性和在下长坡时能维持稳定车速的能力，因此，制动性能是汽车最主要的安全性能之一。

1. 制动原理

汽车制动时的车轮受力状况如图 3-5 所示。图中，M_μ 为制动器的摩擦力矩，F_x 为地面制动力，G 为车轮垂直载荷，F_T 为车轴对车轮的推力，F_z 为地面对车轮的法向反作用力。

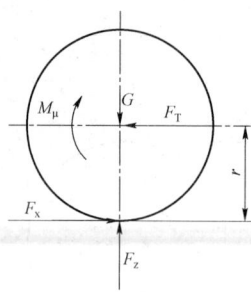

图 3-5 制动车轮的受力状况

当驾驶员踩下制动踏板时,首先在制动盘(或鼓)上因为摩擦而产生摩擦力矩 M_μ,受此摩擦力矩的作用,车轮的转动受到约束,而由汽车惯性形成的车轴对车轮的推力 F_T 将维持车轮先前的运动状态,于是胎面与地面之间产生相对滑动或滑动趋势并形成摩擦反力,即地面制动力 F_x。当制动踏板力较小时,制动器摩擦力矩不大,地面制动力 F_x 足以克服制动器摩擦力矩而使车轮继续滚动,此时地面制动力 F_x 随制动踏板力的增大而成正比例增长,汽车的动能主要由制动器的摩擦转换为热能而耗散。当制动踏板力继续上升到一定值后,F_x 也同步增加并达到胎面与地面之间的最大摩擦力时,车轮即抱死不转动而出现拖滑现象。以后随着制动踏板力继续增加,制动器的摩擦力矩虽然会继续按直线关系上升,但是,若作用在车轮上的竖向载荷不变,则 F_x 受地面最大摩擦力的限制而不再增加。可见,车轮的地面制动力首先取决于制动器制动力,同时又受到地面附着条件的限制,只有车轮具有足够的制动器制动力,同时地面又能提供较高的附着系数时,才能获得良好的行车制动效能。

2. 制动过程

汽车的制动过程可简化为图 3-6 所示,图中,F_p 为制动踏板力(图中虚线部分),a_b 为制动减速度,t 为时间。当 $t=0$ 时汽车前方出现危险,危险信息通过驾驶员的感觉器官传入其大脑,由大脑对信息进行分析后发出制动指令,之后右脚松开加速踏板并移到制动踏板上,这段时间称为驾驶员的反应时间 t_1,其时长一般为 0.3~1.0 秒。接着,制动踏板被踩下,但由于制动系统存在间隙,需要经过时间 t_2' 后制动器的摩擦片才会与制动鼓或制动盘接触,以后随着制动踏板力的加大,制动器开始产生摩擦力矩并经过时间 t_2'' 使地面制动力达到最大值。$t_2 = t_2' + t_2''$ 统称为制动系统协调时间,时长一般为 0.2~0.9 秒,其长短不仅取决于驾驶员踩踏板的速度,还受制动系结构形式的影响。t_3 为持续制动时间,其长短主要取决于汽车的制动初速度和驾驶员采取的制动强度,在此期间汽车的减速度基本维持不变。制动结束,驾驶员松开制动踏板后,在制动系统的内部阻尼作用下,制动力需要经过时间 t_4 才会消失,t_4 一般在 0.2~1.0 秒。

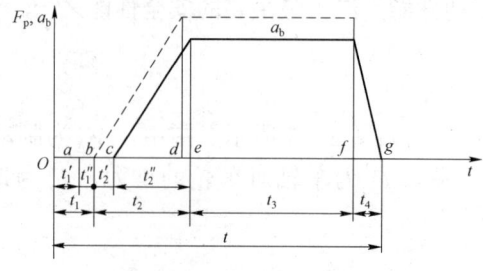

图 3-6 汽车的制动过程

3. 制动性能的评价指标

评价汽车制动性能的指标包括制动效能、制动效能的恒定性、制动时的方向稳定性。

（1）制动效能。制动效能是指汽车能够迅速减低车速直至停车的能力，一般用制动力、制动减速度或者制动距离来衡量其具体效能好坏。当能产生的制动力和制动减速度越大，而制动距离越短时，汽车的制动性能越好，但是，汽车实际能获得的制动力和制动减速度大小或者制动距离长短，不仅取决于汽车制动系统自身性能，还取决于轮胎与地面之间的附着力，例如汽车在泥泞、冰雪路面的制动时其制动距离就会相应延长。

（2）制动效能的恒定性。制动效能的恒定性是指汽车在连续、频繁制动或者涉水后，制动效能不会出现明显衰退的能力。制动效能的恒定性主要是指制动器在连续、频繁制动时的抗热衰退性能，这与制动器的结构形式和摩擦副材料密切相关，为了减少汽车制动时热衰退现象，通常采取增大摩擦片面积、加大制动器热容量、提高制动器冷却散热能力、采用盘式制动器等措施。山区行驶的重型货车对抗热衰退性能有更高的要求。

（3）制动时的方向稳定性。制动时的方向稳定性是指汽车在制动过程中维持直线行驶或者按预定半径转弯行驶的能力。方向稳定性不良的汽车，在制动时容易出现制动跑偏、后轴侧滑或者失去转向能力，使汽车的行驶方向失去控制。其中，引起制动跑偏的主要因素有汽车左右车轮（特别是转向轴车轮）的制动器制动力不平衡、转向轮定位失准、车架偏斜、装载不平衡等；引起制动侧滑的主要因素有路面附着系数过低、后轴车轮先于前轴车轮抱死、遭受侧向外力、载荷偏移等。转向轮抱死将使汽车失去转向能力。

4. 提高制动性能的主要措施

为提高汽车制动效能、制动效能的恒定性和制动时的方向稳定性，目前采用的主要措施包括：采用制动防抱死装置、及时检查轮胎胎面花纹深度、装备辅助制动器、合理控制行驶车速、提高路面抗滑性等。此外，在实际行车过程中为减轻制动器的负担，还普遍采用发动机制动来使汽车减速。发动机制动是一种利用怠速运转发动机压缩行程产生的压缩阻力，以及发动机的内摩擦力和进排气阻力，来对相对高速转动的驱动轮达到反向牵制作用的减速方式。实施发动机制动时，需要在非空挡状态（通常为低挡位状态）下松开油门，且不踏下离合器，由怠速工作的发动机经传动系迫使驱动轮减速，此时变速器的挡位越低，则发动机对汽车产生的制动效果越强。

3.5.3 操纵稳定性

1. 操纵稳定性的概念

汽车操纵稳定性是指在驾驶员不感到过分紧张、疲劳的条件下，汽车能够遵循驾驶员通过转向系给定的方向行驶，且能够抵抗外界干扰保持稳定行驶的能力。影响汽车操纵稳定性的因素较多，除了轮胎侧偏特性、转向悬架系统的弹性、侧倾转向效应等汽车结构方面的因素之外，还包括地面平整度、纵向和横向坡度、左右轮附着差异、横向风、转弯离心力以及驾驶员的操作技能等使用方面的因素。例如，当驾驶员技术熟练、反应敏捷时，能够确保操作及时准确，使汽车的行驶状态保持稳定，而驾驶员反应迟钝、判断错误时，就可能导致汽车的稳定性被破坏,失去操纵性。

2. 汽车的转向特性

汽车的转向特性就是通常说的转弯。汽车在等速圆周行驶时的响应是表征汽车行驶稳定性的重要特征之一,一般称为稳态转向特性。汽车稳态转向特性主要分为不足转向、中性转向和过多转向三种转向特性。其中,随着车速提高,不足转向特性汽车的转向半径会增大,中性转向特性汽车的转向半径保持不变,过多转向特性汽车的转向半径会变小。由于过多转向的转向半径缩小会使汽车迅速达到临界车速而发生侧翻或侧滑,具有较大危险性,因此一般要求汽车不应当具有过多转向特性和中性转向特性,因为中性转向特性在适用条件变化时,有可能变为过多转向特性。

为提高汽车的操作稳定性,现代汽车多采用动力转向、制动转向控制系统、驱动力自动调节系统等安全技术。

3.5.4　其他安全性能

1. 驾驶视野

汽车的驾驶视野是行车过程中驾驶员能够看到的汽车外部空间范围。按照汽车的行驶方向,可将驾驶视野分为前方视野、侧向视野和后方视野,其中,大部分的前方视野和侧向视野通过前风窗玻璃和门窗玻璃实现,驾驶员观察到的是外部事物的实像,因此又称直接视野;其他小部分前方视野、侧向视野和几乎所有的后方视野则需要通过前视镜、后视镜或相应监视装置等实现,驾驶员观察到的是外部事物的虚像或视频图像,因此又称间接视野。

受汽车结构的遮挡和夜间照明局限,汽车的驾驶视野通常都比人的正常视野范围小,存在着一定的视觉盲区,对汽车的安全行驶,尤其是对转弯、会车、倒车等影响较大。图3-7所示为大型车辆的视觉盲区,其中A、B、C区为驾驶员半盲区,危险范围视大车尺寸而定,D区和E区为驾驶员全盲区。

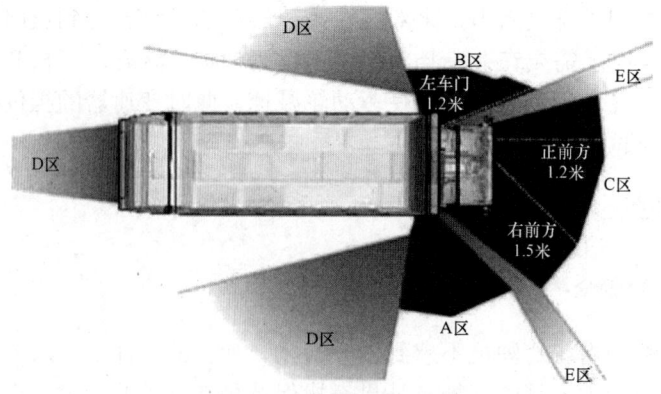

图3-7　大型车辆的视觉盲区

2. 主动安全性

汽车的主动安全性是指汽车本身防止和减少事故发生的性能。目前汽车上应用较多的主动安全装置主要有以下几种。

（1）防抱死制动系统（简称 ABS）。ABS 通过避免车轮在制动过程中被抱死来改善轮胎与地面间的附着，既可以提高制动效能，又可以防止汽车发生侧滑和跑偏，还可以减少轮胎磨损。

（2）电子防滑转系统（简称 ASR）。ASR 又称牵引力控制系统（简称 TRC），是对 ABS 的完善和补充，用以对驱动轮的滑转状态进行监测和控制，使其在起步、行驶过程中与地面保持最佳附着，既能提高汽车动力性和降低燃油消耗，又能改善前轮驱动汽车的操纵稳定性。

（3）车身电子稳定系统（简称 ESP）。ESP 是一种既可控制驱动轮又能控制从动轮，包含 ABS 和 ASR 的汽车防滑装置。ESP 系统通过检测对比方向盘转角与各车轮的转速来分析汽车实际行驶轨迹与驾驶员行车意图的差异，进而对各车轮施加控制，以保持汽车的稳定性，尤其在转向过度或转向不足时防止汽车发生侧滑并稳定其行车轨迹。

（4）电子驻车系统（简称 EPB）。EPB 是一种将行车过程中临时性制动和停车后长时间制动功能整合在一起，并以电子方式控制的停车制动技术。EPB 可以降低驾驶员的驾驶负担并提高汽车停车制动的可靠性。

（5）缓速器。缓速器是一种大型客货汽车用于分担制动器负担的辅助制动装置，它不但能有效避免制动器因为长时间或频繁制动而产生的热衰退，还能同时减少制动器和轮胎的磨损。目前汽车常用的缓速器有电涡流缓速器和液涡轮缓速器两种形式，前者相当于在传动轴上装了个"发电机"，在制动时接通缓速器电路，传动轴便受到电磁场阻力而达到制动目的；后者是在汽车变速器后端增加一个涡轮室，当制动电路开启后，使变速器油在涡轮中产生阻力来达到汽车制动的目的。

（6）排气制动。排气制动是一种通过关闭汽车发动机的排气通道，使发动机活塞在排气行程受到气体的反压力来阻止发动机运转，从而达到制动减速目的的装置。排气制动广泛地应用在大型柴油车上，由于排气制动在工作时需要切断汽车燃油供给，因此无法用于汽油车。

3. 被动安全性

汽车的被动安全性是指汽车在发生事故时，能够减轻人员伤亡和财物损失的性能。现代汽车除了采取提高车身强度和增强对碰撞能量的吸收性能、阻断能力等结构安全设计之外，还广泛采用安全带、安全气囊、安全座椅和头枕等被动安全装置。但值得注意的是，安全气囊只有在乘员已正确使用安全带的情况下才能有效发挥其防护作用，否则可能会加重对乘员的伤害。此外，安全气囊对婴幼儿不仅不具有保护作用，甚至还可能使其受到严重伤害。

3.6 道路与交通安全设施基础知识

3.6.1 道路

道路是车辆和行人通行的基础和载体，按照《道路交通安全法》的规定，道路是指公路、城市道路和虽在单位管辖范围但允许社会机动车通行的地方，包括广场、公共停车场等用于公众通行的场所。其中，公路和城市道路是最常见的道路类型。

1. 道路的分类

（1）公路的分类。公路是指城市以外连接城市间、城乡间以及乡村间的公共道路。按照在公路路网中的地位不同，公路可分为国道、省道、县道和乡道四类；而根据使用任务、功能和适应的交通量不同，《公路工程技术标准》（JTG B01）将公路分为高速公路、一级公路、二级公路、三级公路、四级公路五个等级，不同等级公路的设计速度会有所差异。

（2）城市道路的分类。城市道路是指通达城市的各地区，供城市内交通运输及行人使用，便于居民生活、工作及文化娱乐活动，并与市外道路连接负担对外交通的道路。《城市道路工程设计规范》（CJJ 37）按照道路在城市路网中的地位、交通量以及对沿线建筑物的服务功能不同，将城市道路分为快速路、主干路、次干路和支路四类。

2. 道路横断面

道路横断面是指沿道路宽度方向，垂直于道路中心线的断面。公路横断面一般包括行车道、路肩、分隔带和路缘带，部分山区公路还根据需要单独设有爬坡车道、避险车道；城市道路横断面则一般包括机动车道、非机动车道、人行道、分隔带和绿化带等组成部分。

（1）行车道或机动车道。行车道或机动车道是供车辆通行的区域。按照技术标准要求，其车道的宽度一般为3.00~3.75米。

（2）路肩。路肩是指行车道外缘到路基边缘的部分，其主要作用在于保护路面，设置其他设施并满足车辆临时停放需要。在允许非机动车、行人通行的公路上，路肩还是供非机动车和行人通行的区域。

（3）分隔带。分隔带是道路上纵向分隔不同类型、不同速度或者不同方向车辆的设施。分隔带一般采用隔离花台、隔离墩、栅栏或者道路标线等方式设置。

（4）爬坡车道。爬坡车道一般设置在道路纵坡较大并且载重汽车通行较多的路段。爬坡车道通常设置在上坡方向的行车道右侧，专供载重汽车行驶的专用车道，以避免货车爬坡由于车速下降对其他车辆行驶形成阻碍，从而提高道路通行能力。

（5）避险车道。避险车道一般设置于长下坡路段中下游位置的行车道外侧，呈陡坡状，并由并列的制动坡床和服务道路两部分组成。避险车道靠左侧的制动坡床中通常铺设有一定厚度的沙石集料，在制动坡床尽头还堆放有沙袋、废旧轮胎等吸能设施，速度失控的车辆可以驶入避险车道的制动坡床进行强制减速。但值得注意的是，避险车道只是一种终极的避险措施，失控车辆在高速状态下进入制动坡床后，在沙石集料等的作用下，车辆和驾乘人员可能会受到一定程度的破坏和损伤。

3. 道路线形与行车视距

（1）弯道。受自然条件、村镇或建筑物以及其他因素的影响，道路平面走向会出现转折点，从而形成弯道。弯道位置的圆曲线半径对车辆的横向稳定性和行车视距都有很大影响，为提高行车安全、经济性和舒适性，需要对弯道的最小圆曲线半径进行合理限制，并根据需要设置一定的超高横坡度来抵消车辆因转弯受到的离心力。车辆转弯时内前轮转弯半径与内后轮转弯半径之差产生内轮差（对汽车列车，则是牵引车的内前轮与挂车的内后轮转弯半径之差）。由于内轮差的存在，车辆转弯时，前、后车轮的运动轨迹不重合。在行车中如果驾驶员只注意前轮能够通过而忘记内轮差的存在,就可能造成后内轮驶出路面或与其他物体碰撞的事故。图3-8危险区域即为车辆转弯时由于内轮差的存在而产生的。

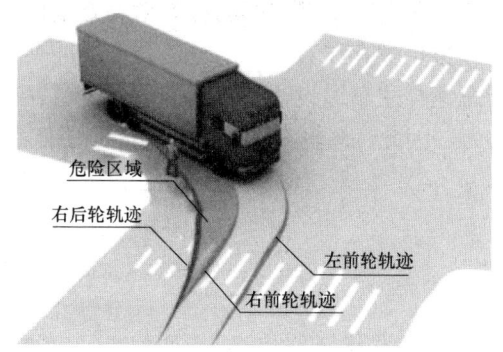

图3-8 汽车转弯内轮差

车辆转弯时,前外轮转弯半径与后外轮转弯半径之间形成的偏差叫外轮差。车身越长,车辆内、外轮差就越大,车辆转弯带来的危险性就越大。

(2)坡道。汽车的爬坡能力和制动器抗热衰退性能是限定道路纵坡大小和坡道长度的主要因素。车辆在长上坡路段行驶时容易因发动机过热引发故障,在长下坡路段行驶时可能出现车速越来越快和制动器过热而导致制动失效。此外,在冰雪天气,汽车还可能因坡道溜滑引起事故。

(3)行车视距。行车视距是指在汽车行驶过程中,驾驶员能看清道路前方障碍物、车辆或者交通信号,并能及时停车或避让的最短距离。行车视距分为停车视距、会车视距和超车视距三种。其中,停车视距是最基本的安全视距,是指汽车以一定速度行驶时,驾驶员从看到前方障碍物时起,至到达障碍物前安全停车所驶过的最短距离;会车视距是指在同一车道上相向行驶的两辆汽车,为避免发生迎面相撞,从驾驶员发现对向来车时起,至两车安全停止、不发生相撞所需的最短行驶距离,会车视距一般取停车视距的两倍;超车视距是指在需要临时占用对向车道完成超车时,后车从开始驶离原车道起,至可见对向来车并能超车后安全返回原车道所需的最短行驶距离。汽车的行车视距主要受驾驶员的反应时间、汽车的制动协调时间、行驶车速和路面附着系数等因素影响,而道路所具有的视距条件则由道路的线形特征和道路周边的山体、建筑物、树木等障碍物所决定。因此,驾驶员必须根据道路的视距条件选择安全的行车速度。

4. 交叉口

交叉口是道路网中道路与道路、道路与铁路等发生交叉的位置。交叉口可分为平面交叉口和立体交叉口两种。

(1)平面交叉口。在平面交叉口相交道路的所有车辆和行人都需要经由交叉口内的同一路面通行,彼此间的行进轨迹频繁交叉、分流或合流,存在着相互干扰和冲突,容易诱发交通拥堵和交通事故,是制约道路通行畅通与安全的瓶颈。平面交叉口按照其结构形式可分为"十"字交叉、"Y"形交叉、"T"形交叉、错位交叉和环形交叉等种类,目前一般根据平面交叉口的交通量和道路车速相应采取无信号控制和信号灯控制两种交通管控措施,从安全和交通组织考虑，必要时还须对路口内的交通流路线进行渠化。

（2）立体交叉口。立体交叉可以使相交道路的车辆和行人在不同的平面通过交叉点，相互间不会发生交叉冲突，因而有利于提高交叉口的通行效率和安全性。但值得注意的是，在立体交叉的转弯匝道入口和出口位置仍然存在着车流的分流与合流冲突，通行车辆应当小心减速避让。立体交叉口的匝道设计车速与主车道设计车速不同，且匝道存在较小的转弯半径，车辆进入匝道通常会产生较大离心力，因此，车辆在进入匝道前必须降低到规定的车速方可通过。

3.6.2 交通安全设施

1. 交通标志

交通标志是用图形符号和文字传递道路信息、交通信息及交通管理信息的道路交通设施。交通标志分为主标志和辅助标志两类。其中，主标志又具体包括指示标志、警告标志、禁令标志、指路标志、旅游区标志和道路施工安全标志六种。主标志可以单独使用，而辅助标志则不能单独使用，只能与主标志配合使用，对主标志起补充说明作用。

2. 交通标线

交通标线是由线条、箭头、符号、文字标识等组成，画设于路面、路缘石或路边其他设施上，用于传递指示、警告、禁令和指路等道路及交通管理方面信息的设施。交通标线既可以和交通标志配合使用，也可以单独使用。

3. 交通信号灯

交通信号灯是指道路上以红、绿、黄三色灯光来指挥和引导车辆、行人有序通行的交通管理设施。根据使用的范围和作用不同，交通信号灯可分为机动车信号灯、非机动车信号灯、人行横道灯、车道信号灯、方向指示信号灯、闪光警告信号灯、铁路平交道口信号灯。除闪光警告信号灯只采用黄色灯按一定频率闪烁，以提示过往车辆和行人注意观察并在确保安全情况下通过，以及铁路平交道口信号灯采用白色灯表示道口没有火车通过、红色灯表示火车正接近或通过道口外，其余交通信号灯均采用红、绿、黄三色或者红、绿两色循环变换，其中，方向指示信号灯还通过具有箭头图案的灯光来对直行、左转、右转车辆进行分别控制。

为了帮助驾驶员准确把握通行时机，以提高道路的通行效率，现在普遍为交通信号灯配置计时屏，以同步显示各灯色信号的剩余时间，对于未配置计时屏的交通信号灯，也多采取绿灯在最末3秒开始闪烁，提示驾驶员注意信号灯色即将变换。

4. 道路照明设施

车辆在夜间或者隧道内行车时，受环境光线亮度过低的影响，驾驶员对道路及交通信息的观察变得困难，不利于行车稳定并容易引发交通事故。合理的道路照明，不仅可以帮助驾驶员及时获取道路方向、线形、路面状况、障碍物等视觉信息，提高其行车安全及效率，还能够起到改善道路景观和美化环境的作用。受电源供给和建设运行成本限制，目前我国主要在城市道路和公路隧道、重要交叉口、危险路段设置了路灯照明，这些照明设施除了要具备必要的路面照度和不影响交通信号显色之外，还应当满足在一定视野范围内的照度均匀和防眩光要求。

5. 防眩设施

车辆在夜间会车时，其前照灯的强光会引起对向车驾驶员眩目，导致驾驶员视觉感受性短暂性降低甚至丧失，容易诱发交通事故。为了防止或减弱驾驶员受到的眩目，除了要求车辆在夜间会车前应及时将远光灯变换为近光灯之外，还在高等级公路、城市快速路等路段的道路中心普遍设置防眩板、防眩栅或栽种绿篱等方式来防止眩光的产生。

6. 护栏

护栏是防止车辆驶出路外或闯入对向车道，而沿道路边缘或中央隔离带设置的安全防护设施。护栏主要通过护栏与车体间的弹性和塑性变形、摩擦以及车体运动方向变化来吸收或耗散失控车辆的动能，从而达到保护车辆、乘员安全、降低事故损失的目的，此外，护栏也具有一定引导驾驶员行车视线和阻隔行人穿行的作用。

按照护栏的安装位置不同，可分为路侧护栏、中央分隔带护栏、人行道护栏、桥梁护栏；而按照护栏的结构形式不同，又可分为波形梁护栏、管梁护栏、箱梁护栏、绳索护栏和混凝土护栏、护柱等多种。

7. 路侧安全措施

保障路侧安全的目的在于为意外驶离路面的车辆提供安全机会，使其能够重返路面行驶或者在路面外受到的事故损失最小化。为提高道路的路侧安全性，一般从保障路侧安全净区、合理设置护栏、增强边沟宽容性以及移除路侧危险物等方面综合采取安全设计和管理措施。

3.7 特殊环境的行车安全保障措施

3.7.1 特殊道路环境的行车安全保障措施

1. 桥梁

桥梁是道路跨越江河湖泊、山谷沟壑以及其他路线等障碍的构造物。桥梁对交通安全的影响因素主要有桥梁的荷载能力、桥面横向风、路侧护栏的防撞能力和桥头跳车等。驾驶重型汽车通过桥梁时，应留意观察桥头位置的交通标志，确保汽车的总重或轴重不超过桥梁限值，切勿冒险通行；当通过窄桥或有横向风、路面冰凌的桥梁时，应降低行驶车速并注意避让其他车辆和行人。

桥台及台背填土在重力和车辆荷载作用下产生的地面不均匀沉降，容易在路桥连接处的路面形成一定高差的台阶，使车辆在通过桥头时产生颠簸跳跃现象（即俗称的"桥头跳车"现象），不仅影响车辆乘员的舒适性和造成货物磕碰，严重时还可能导致车辆爆胎、断轴和失去控制，进而引发车辆碰撞、侧翻和冲出路基、桥面等事故。

2. 隧道

隧道是道路从地层内部和水层下通过的结构物。统计表明，隧道不仅是交通事故的易发路段，而且发生事故的后果往往比较严重且难以救援处置。隧道事故发生较为集中的区段主要是隧道进口段和隧道出口以外的一定路段范围。引起隧道事故多发的因素包括隧道的线形、光照、通风、路面附着系数等多个方面，其中光照和路面附着系数是影响隧道行车安全的最主要因素。

白天当汽车快速驶入和驶出隧道时，由于隧道内的光照亮度大幅低于洞外，受环境光线强度急剧变弱的影响，驾驶员眼睛会出现明显的暗适应或明适应现象，形成"黑洞效应"或"白洞效应"，使驾驶员难以辨别障碍物的存在和准确位置，容易引发追尾碰撞和碰撞路侧障碍等事故。为了缓解光照因素对驾驶员视觉的影响，目前多数公路会对隧道进行灯光照明，并对隧道一定长度的入口段和出口段分别采取灯光由亮变弱或由弱变亮的缓和照明措施，但即便如此，汽车在进入隧道时仍应及时打开前照灯并减速行驶，注意观察洞内前方道路情况，当临近隧道出口和驶出隧道时应稳速通行，不要急于提高行车速度。

由于受洞体的遮蔽作用，隧道内的路面基本不受天气状况影响，通常能保持路面干燥，但在洞外路段则不可避免会受到雨雪影响而出现附着系数降低的现象，此外，目前的长或超长隧道多采用水泥混凝土路面，长期运行后容易因面层磨耗和油污、尘埃等影响而导致路面附着系数下降，因此，驾驶员在雨雪天气驶出隧道或者进入通车时间较长的隧道时，应当注意控制行驶车速和方向。

3.7.2 特殊天气环境的行车安全保障措施

1. 雨天

汽车在雨天行车发生事故的概率比晴天时高 2～3 倍。影响雨天行车安全的因素主要有以下两方面。

（1）驾驶视线受阻。下雨时，不仅空气能见度会降低，使驾驶员的有效行车视距变小，而且雨水冲刷或附着在风窗玻璃和后视镜上，会降低玻璃的透视性和镜面的反射作用。空气能见度降低幅度以及雨水对风窗玻璃、后视镜的影响程度都随雨势的增大而加重，尤其在大雨或暴雨时，可能使汽车驾驶员完全丧失对汽车外部的正常视觉观察，严重危及行车安全。目前针对降雨阻挡驾驶视线的安全保障措施主要有风窗刮水器和后视镜加热。其中，通过刮水器刮除雨水可以使风窗玻璃恢复基本的视觉透视性，但由于刮水器的扫刮范围有限，会影响到驾驶员的视野范围，使驾驶员不能及时发现某些障碍物；后视镜加热可使镜面上附着的雨水或雾气受热蒸发掉，省去驾驶员频繁手动擦拭镜片的麻烦。此外，雨天行车时开启前位灯和后位灯也能够起到提示其他车辆和行人注意的作用。在暴雨天气，当靠刮水器难以改善视线时，驾驶员应选择安全地点停车，待雨量减小或雨停后方可继续行驶。

（2）路面附着系数降低。汽车行驶过程的加速、制动和方向稳定都依赖于轮胎与地面之间的良好附着能力，然而在雨天时，路面与行驶车辆的轮胎之间会形成一层水膜，使胎面与地面之间的接触紧密性遭受破坏，导致附着系数降低，其直接结果是汽车在相同车速下的制动距离会大幅变长，容易引发追尾碰撞事故，以及在转弯时容易产生侧向滑移而闯入对向车道或路外发生事故。针对雨天路滑危险,除了采取增强路面排水能力和确保汽车轮胎具有一定胎冠花纹深度等安全保障措施之外,适当降低行车速度也是极其必要的。在雨天行车时,应降低车速,尽量避免通过积水路段。如果一定要通过积水处时,特别是较大积水路段时,如立交桥下、深槽隧道等,要注意观察水的深度,确认安全后采用低挡行驶,车速不宜过快,稳住油门,不要猛踩,不可中途停车、换挡或急转方向。

2. 雾霾和沙尘暴

雾霾是对雾和霾的合称,但是二者有很大区别。雾是指由大量悬浮在近地面空气中的微小水滴或冰晶形成的,是近地面层空气中水汽凝结的产物,因此多出现于秋冬季节;而霾是由空气中的灰尘和硫酸、硝酸、有机碳氢化合物等颗粒物组成的,因此又称灰霾、烟霞,霾与雾结合在一起,更容易让天空变得阴沉灰暗。沙尘暴也称沙暴或尘暴,是强风将地面沙尘吹起使空气变得混浊的天气现象,冬春季在沙漠地区午后和长期缺雨的干松土地上常见。雾霾和沙尘暴都能使空气的透明度降低,能见度恶化,对汽车驾驶员的行车视距影响很大,使人视线模糊,方向难辨,很难看清周围环境和前方障碍,尤其在夜间遭遇团雾时往往让人猝不及防,容易引发追尾碰撞事故。

目前针对雾霾和沙尘暴天气的行车安全保障措施较为有限,除了部分高等级公路的多雾路段装设有雾霾检测报警装置和路线诱导灯之外,行车安全主要还是依赖汽车自身开启前照灯、雾灯照明,并开启前位灯、后位灯和按喇叭方式提示其他车辆、行人避让,但由于空气中的雾滴和沙尘颗粒等对光线具有较强的阻挡和散射作用,灯光的照明及信号显示效果较差。因此,在雾天和沙尘天气行车时应严格控制车速,并密切关注前方跟随车辆动态及对向来车情况。遇大雾和沙尘暴天气,能见度降低已严重影响行车安全时,应将车开到路边安全地带或停车场,等待浓雾和沙尘消散。如在高速公路行车,当来不及将车驶入服务区或停车场暂避浓雾和沙尘暴时,可在路肩或紧急停车带停车暂避,并开启危险报警闪光灯(俗称"双闪灯")和前位灯、后位灯。

3. 冰雪天

冰雪对汽车行驶安全的影响极大。

(1)冰雪会大幅降低路面附着系数,有研究表明,车轮在冰路面的附着系数约为 0.05~0.25,在雪路面的附着系数约为 0.30~0.60,而在清洁干燥的沥青路面或水泥路面上的附着系数一般为 0.60~1.00。这意味着在相同行驶速度下,汽车在冰路面和雪路面的制动距离将比在清洁干燥的沥青路面或水泥路面上的制动距离大幅增加,最多可达到后者的 20 倍,除此之外,由于路面溜滑,汽车在转弯和制动时较易发生横向滑移,使汽车的行驶方向和路线失去控制。

(2)下雪时空中飘落的雪花会影响驾驶员的行车视距,此外雪花对路面和交通标志板面的覆盖也将使驾驶员失去行车方向和行车路线指引,容易引发碰撞和翻车、坠车事故。

(3)当雪后天晴时,阳光经地面积雪反射,容易对驾驶员造成眩光,使其视觉机能下降也是危害行车安全的重要因素。

目前针对路面冰雪主要采取铲除和撒放融雪剂、沙土等方式来清除冰雪和提高路面附着系数,但受人力、物力和环保等因素影响,采取这些措施的范围和效果一般都较为有限。在冰雪路面上行驶的汽车，应保证车轮状态良好和适当降低轮胎气压，必要时给车轮加装防滑链，并注意保持低速行驶，避免采取紧急制动、猛转向等激烈驾驶行为。当积雪覆盖使道路轮廓难以辨别时，可根据道路两旁树木、电线杆等参照物判断行驶路线，并与前车保持足够的安全间距。在有车辙的路段可循车辙行驶，尽量避免超车，以防偏离道路。在弯道、坡道及临崖临水路段，更应注意选择好行车路线，如遇可疑情况，应停车查看，确认安全后再低挡匀速通过，中途避免换挡、停车或熄火。在通过有可能结冰的路段时，应提前装好轮胎防滑链，在汽车完全驶离结冰路段后方可取下轮胎防滑链。长时间在雪地行车的，驾驶员可佩戴有色眼镜，防止产生雪盲。

4. 山体滑坡和泥石流

雨季在山区道路行车应提高警惕，当发现前方公路边坡有滚石、溜土、树木歪斜或倾倒等异常迹象，应立即减速或停车观察，确认安全后快速通过。如确认有发生山体落石、滑坡或泥石流征兆时，应尽快将车退让至安全地带，切不可冒险穿越。来不及或无条件退让的应果断弃车，并组织乘客向滑坡或泥石流倾泻方向的两侧基底稳固的高处躲避，不要在土质松软、土体不稳定的斜坡停留，以免斜坡失衡下滑。驾乘人员及时拨打报警电话，并将情况向车属企业汇报，等待救援。滑坡停止后，在道路被滑坡或泥石流损坏比较严重，汽车无法继续通行的情况下，车辆应原路返回。

第4章

道路运输企业安全风险分级管控

4.1 安全生产风险管理

4.1.1 风险及风险管理概念

1. 风险的概念

（1）风险。

风险是指发生危险事件或有害暴露的可能性，与随之引发的人身伤害、健康损害或财产损失的严重性的组合。

（2）公路水运行业安全生产风险分类。

公路水运行业安全生产风险按业务领域分为道路运输风险、水路运输风险、港口营运风险、交通工程建设风险、交通设施养护工程风险和其他风险六个类型。每个类型可按照业务属性分为若干类别。

（3）公路水运行业安全生产风险等级。

按照可能导致安全生产事故的后果和概率，公路水运行业安全生产风险等级由高到低依次分为重大、较大、一般和较小四个等级。

① 重大风险是指一定条件下易导致特别重大安全生产事故的风险；
② 较大风险是指一定条件下易导致重大安全生产事故的风险；
③ 一般风险是指一定条件下易导致较大安全生产事故的风险；
④ 较小风险是指一定条件下易导致一般安全生产事故的风险；

同时满足两个以上条件的，按最高等级确定风险等级。

2. 风险管理的概念

企业根据安全风险评估的结果，确定安全风险控制的优先顺序和安全风险控制措施，以达到改善安全生产环境，减少和杜绝生产安全事故的目标。

4.1.2 风险管理目标和内容

1. 风险管理的目标

由风险管理的概念可知，风险管理的目标就是改善安全生产环境、减少和杜绝生产安全事故。对于我国交通运输行业安全生产风险管理工作而言，在《交通运输部关于推进安全生产风险管理工作的意见》（交安监发〔2014〕120号）设定了下列工作目标，道路运输企业可参照制定自身风险管理工作目标。

（1）前期工作目标。2015年底前，成立组织机构，细化工作方案，实施宣贯培训，基本建立安全生产风险管理规章制度、标准规范，开展试点工作。

（2）中期工作目标。2017年底前，规模以上客运和危险货物运输企业，工程施工总承包特级和一级企业，国家重点建设项目，在役特大桥及长隧道全面实施安全生产风险管理。

（3）远期工作目标。到2020年，交通运输系统全面实施安全生产风险管理，交通运输科学发展安全发展水平得到显著提升。

2. 风险管理的内容

风险管理的内容涵盖在风险管理的各个过程之中，具体来说主要包括：风险辨识，风险估计与评价，风险管控措施的制定、实施及监测等内容。

除一般性的风险管理内容外，《交通运输部关于推进安全生产风险管理工作的意见》（交安监发〔2014〕120号）也对各经营类别组织的风险管理主要工作内容作了纲领性的规定。

（1）开展风险源辨识、评估和控制。开展安全生产风险源辨识工作，建立风险源清单并逐一评估，确定安全生产风险等级和管控临界，针对不同的风险，制订具体的控制措施和管控责任制度。

（2）加强在役基础设施风险管理。重点对在役长大桥隧和临崖临水、连续长大急弯陡坡路段以及易受自然灾害影响的路段、防波堤、航道设施等公共基础设施，国家高等级航道、涉航建筑物、客运危货和大型作业码头等进行风险源辨识、评估和控制。在维护和运营管理全过程实施风险管理。

（3）加强道路运输风险管理。重点对长途客运、旅游包车、危险化学品运输、客货站场以及营运环境、运输线路、车辆安全性能、车辆动态监管等进行风险源辨识、评估，优化管理、有效控制。重点完善道路运输车辆安全技术规范，提升道路运输站场安全生产条件，建立健全不同经营形式道路运输企业安全管理制度，强化道路运输企业全程动态监管责任落实。

（4）加强应急演练和处置能力建设。针对可能导致发生事故的安全生产风险，特别是重大风险源，制订相应的应急预案并加强应急演练。加强应急处置能力建设，按照要求配置应急设施设备和物资，构建平时服务、急时应急的应急保障体系。确保遇突发事件，及时启动相应的应急预案，有序高效处置。

4.1.3 风险管理的过程

风险管理过程包括四个阶段：风险的识别，风险的衡量，风险管理对策的选择，执行与评估。

（1）风险的识别：是对尚未发生的潜在的各种风险进行系统的归类和实施全面的识别。这一阶段必须强调全面性。风险识别方法主要包括：故障类型及影响分析（FMEA）、预先危险性分析（PHA）、工作危害分析（JHA）、危险及可操作性分析（HAZOP）、事件树分析（ETA）、故障树分析（FTA）、人因可靠性分析（HRA）、安全检查表法（SCL）等。

(2) 风险的衡量：是对特定风险发生的可能性及损失的范围与程度进行估计和衡量。衡量风险可借助于现代计算技术，也可依靠风险管理人员的直觉判断与经验。

(3) 风险管理对策的选择：包括风险控制对策和风险财务处理对策。前者是在损失发生前力图减少或消除损失的措施，后者是在损失发生后财务处理和经济补偿措施。

(4) 执行与评估：实施风险管理决策，未对其进行评估，通过评估发现现有风险识别和管理措施方面的不足，不断进行调整和修正，使之不断接近风险管理目标。

风险管理的四个阶段是一个周而复始、持续改进的闭环过程，在这一过程中，风险管理系统会进行持续优化，风险管理水平也会不断提高。

4.2 道路运输企业风险辨识与评估

4.2.1 道路运输企业风险辨识

道路运输企业参照《公路水路行业安全生产风险辨识评估管控基本规范（试行）》（交办安监〔2018〕135 号）开展风险辨识和评估工作，具体风险辨识程序如下。

1. 确定辨识范围

道路运输企业应根据业务经营范围，综合考虑不同业务范围风险事件发生的独立性，以及历史风险事件发生情况，研究确定一个或以上风险辨识范围。

2. 划分作业单元

道路运输企业应按照风险管理需求"独立性"原则，根据业务范围、生产区域、管理单元、作业环节、流程工艺等进行作业单元划分，并建立作业单元清单。

3. 确定风险事件

针对不同作业单元，结合日常安全生产管理实际，综合考虑历史风险事件发生情况，研究确定各作业单元可能发生的风险事件，编制风险事件分析表，如表 4-1 所示。

表 4-1 风险事件分析表

风险辨识范围 （业务名称）	作业单元	典型风险事件

4. 分析致险因素

针对不同作业单元，按照人、设施设备（含货物或物料）、环境、管理四要素进行主要致险因素分析，编制致险因素分析表，如表4-2所示。

表4-2 致险因素分析表

风险辨识范围（业务名称）	作业单元	典型风险事件	致险因素			
			人的因素	设施设备因素	环境因素	管理因素

5. 编制风险辨识手册

针对本单位生产经营活动范围及其生产经营环节，按照相关法规标准和本规范相关要求，编制风险辨识手册，明确风险辨识范围，划分作业单元，确定风险事件，分析致险因素。

4.2.2 道路运输企业风险评估

1. 风险评估指标体系确定

风险等级主要由风险事件发生的可能性（L）、后果严重程度（C）决定。

（1）指标体系分级标准。

① 可能性指标分级标准。可能性指标统一划分为五个级别，分别是极高、高、中等、低、极低，具体标准如表4-3所示。

表4-3 可能性判断标准表

序号	可能性级别	发生的可能性	取值区间
1	极高	极易	(9, 10]
2	高	易	(6, 9]
3	中等	可能	(3, 6]
4	低	不大可能	(1, 3]
5	极低	极不可能	(0, 1]

备注：1. 可能性指标取值为区间内的整数或最多一位小数；2. 区间符号"[ ]"包括"等于"，"( )"不包括"等于"，如：(0, 1] 表示 0<取值≤1。

② 后果严重程度分级标准。后果严重程度统一划分为四个级别：特别严重、严重、较严重、不严重。具体判定标准如表4-4所示。

表 4-4　后果严重程度判断标准表

后果严重程度	后果严重程度总体判断标准定义
特别严重	（1）人员伤亡，可能发生人员伤亡数量达到国务院《生产安全事故报告和调查处理条例》中特别重大事故伤亡标准； （2）经济损失，可能发生经济损失达到国务院《生产安全事故报告和调查处理条例》中特别重大事故经济损失标准； （3）环境污染，可能造成特别重大生态环境灾害或公共卫生事件； （4）社会影响，可能对国家或区域的社会、经济、外交、军事、政治等产生特别重大影响
严重	（1）人员伤亡，可能发生人员伤亡数量达到国务院《生产安全事故报告和调查处理条例》中重大事故伤亡标准； （2）经济损失，可能发生经济损失达到国务院《生产安全事故报告和调查处理条例》中重大事故经济损失标准； （3）环境污染，可能造成重大生态环境灾害或公共卫生事件； （4）社会影响，可能对国家或区域的社会、经济、外交、军事、政治等产生重大影响
较严重	（1）人员伤亡，可能发生人员伤亡数量达到国务院《生产安全事故报告和调查处理条例》中较大事故伤亡标准； （2）经济损失，可能发生经济损失达到国务院《生产安全事故报告和调查处理条例》中较大事故经济损失标准； （3）环境污染，可能造成较大生态环境灾害或公共卫生事件； （4）社会影响，可能对国家或区域的社会、经济、外交、军事、政治等产生较大影响
不严重	（1）人员伤亡，可能发生人员伤亡数量达到国务院《生产安全事故报告和调查处理条例》中一般事故伤亡标准； （2）经济损失，可能发生经济损失达到国务院《生产安全事故报告和调查处理条例》中一般事故经济损失标准； （3）环境污染，可能造成一般生态环境灾害或公共卫生事件； （4）社会影响，可能对国家或区域的社会、经济、外交、军事、政治等产生较小影响

备注：表中同一等级的不同后果之间为"或"关系，即满足条件之一即可。

后果严重程度等级取值如表 4-5 所示。

表 4-5　后果严重程度等级取值表

后果严重程度等级	后果严重程度取值
特别严重	10
严重	5
较严重	2
不严重	1

（2）指标体系确定方法。

① 可能性指标确定方法。针对不同作业单元，搜集道路运输企业近年来突发事件发生情况频次数据，并根据最新辨识到的主要致险因素，结合行业实践经验，进行风险事件发生可能性评价，并通过可能性判断标准，进行突发事件发生可能性评分。

② 后果严重程度指标确定方法。针对不同作业单元，分析风险事件发生后，可能造成的最大人员伤亡、经济损失、环境污染、社会影响，综合参考历史上类似事件后果损失，根据后果严重程度判断标准，进行后果严重程度指标评分。

2. 风险等级评估标准

公路水路交通运输行业安全生产风险等级（D）由高到低统一划分为四级：重大、较大、一般、较小，具体取值区间如表4-6所示。风险等级大小（D）由风险事件发生的可能性（L）、后果严重程度（C）两个指标决定，即风险等级大小（D）=可能性（L）×严重程度（C）。

表4-6 风险等级取值区间表

风险等级	风险等级取值区间
重大	(55, 100]
较大	(20, 55]
一般	(5, 20]
较小	(0, 5]

3. 整体风险评估标准

根据宏观管理需要，结合历史风险管理经验，进行区域（领域）范围不同等级风险数量阈值设置。当区域（领域）范围内某一等级的风险数量处于阈值范围内，则认为区域（领域）整体风险等级达到一定级别。当整体风险处于"重大风险"时，应根据"4.3 道路运输企业安全风险管控措施"要求，积极加强风险管控。

4. 风险等级的调整与变更

风险管理对象初评为"重大风险"后，针对不可接受风险，道路运输企业应针对主要致险因素（人、设施设备、环境、管理），及时通过人、财、物、技术等方面的投入，以降低风险等级，经重新评估后可变更风险等级。针对因主、客观因素，不可降低的"重大风险"，应积极加强风险管控。

道路运输企业发现新的致险因素出现，或已有主要致险因素发生变化，导致发生风险事件可能性，或后果严重程度显著变化时，应及时开展风险再评估，并变更风险等级。

4.3 道路运输企业安全风险管控措施

4.3.1 道路运输企业安全风险管控的内容

（1）风险辨识。结合企业生产实际，合理划分辨识单元，对客观存在的生产工艺、设备设施、作业环境、人员行为和管理体系等方面存在的风险，进行全方位、全过程的辨识。

（2）风险分类。对辨识出的风险，综合考虑起因物、引起事故的诱导性原因、致害物、伤害方式等进行风险类别划分。

（3）风险评估。即对不同类别的风险，采用"矩阵法""LEC法"等常见的评估方法，确定其风险等级,风险等级包括重大风险、较大风险、一般风险和较小风险四个级别,相应地用红、橙、黄、蓝四种颜色标示。

(4)制定管控措施。针对风险辨识和风险评估的情况,依据相关法律、法规、规章、标准,对每一处风险制定科学的管控措施。

(5)实施风险管控。综合考虑风险类别、等级、所属区域及部门等因素,对安全风险进行分级、分层、分类、分专业管理,逐一落实企业、车间、班组和岗位的风险管控责任,按照风险管控措施定期进行检查,监测、校验管控措施是否失效,确保风险处于可控状态。

(6)风险公告警示。结合风险辨识、风险评估、风险管控措施制定等工作,制作包含主要风险、可能引发事故隐患类型、事故后果、管控措施、应急措施及事故报告方式等信息的岗位风险告知卡,并在相应区域、设备、岗位进行粘贴公告,确保所有从业人员了解所属区域、岗位的风险。

4.3.2 道路运输企业安全风险管控的具体措施

道路运输企业风险的管控应从"人、车、物、法、环"这几个方面展开,其中尤为重要的是针对人的管理。根据《国务院安委会办公室关于实施遏制重特大事故工作指南构建双重预防机制的意见》(国务院安委办〔2016〕11号)精神及道路运输行业特点,对道路旅客运输企业常见安全风险管控措施,按照人的因素、物和车辆的因素、环境的因素进行了分级管控,具体见表4-7。

表4-7 道路旅客运输企业安全风险辨识分级管控

序号	场所/环节/部位	风险辨识	可能导致的事故类型	风险分级	主要防范措施	依据
1	驾驶员心理因素	驾驶员因过于自信、麻痹大意、心存侥幸、逞强、急躁、逆反等异常心理,导致不能正确认识和判断客观事物,容易导致交通事故的发生	交通事故、其他伤害	B级/橙色	(1)客运经营者应当加强对从业人员的安全教育、职业道德教育,确保道路运输安全。道路运输从业人员应当遵守道路运输操作规程,不得违章作业。驾驶人员连续驾驶时间不得超过4小时。 (2)道路旅客运输企业应当建立客运驾驶员从业行为定期考核制度。客运驾驶员从业行为定期考核的内容主要包括:客运驾驶员违法驾驶情况、交通事故情况、服务质量、安全运营情况、安全操作规程执行情况、参加教育与培训情况以及客运驾驶员心理和生理健康状况等。考核的周期不大于3个月。客运驾驶员从业行为定期考核的结果应与企业安全生产奖惩制度挂钩。 (3)道路旅客运输企业应当根据关键岗位的特点,分类制定安全生产操作规程,并监督员工严格执行,推行安全生产标准化作业。 (4)道路旅客运输企业应当建立客运驾驶员安全告诫制度。安全生产管理人员对客运驾驶员出车前进行问询、告知,督促客运驾驶员做好车辆的日常维护和检查,防止客运驾驶员酒后、带病或者带不良情绪上岗。 (5)道路运输从业人员应当按照规定参加国家相关法规、职业道德及业务知识培训	《中华人民共和国道路运输条例》《道路旅客运输企业安全管理规范》《道路运输从业人员管理规定》

续表

序号	场所/环节/部位	风险辨识	可能导致的事故类型	风险分级	主要防范措施	依据
2	驾驶员生理因素	驾驶员因疲劳、药物不良反应、疾病、饮酒等生理异常造成的观察和判断能力减弱,对车辆失去控制能力导致的交通事故	交通事故、其他伤害	B级/橙色	(1) 道路旅客运输企业应当建立防止客运驾驶员疲劳驾驶制度。关心客运驾驶员的身心健康,定期组织客运驾驶员进行体检,为客运驾驶员创造良好的工作环境,合理安排运输任务,防止客运驾驶员疲劳驾驶。 (2) 客运经营者应当加强对从业人员的安全、职业道德教育和业务知识、操作规程培训,并采取有效措施,防止驾驶人员连续驾驶时间超过4小时。客运车辆驾驶人员应当遵守道路运输法规和道路运输驾驶员操作规程,安全驾驶,文明服务。 (3) 运输企业要积极创造条件,严格落实长途客运驾驶员停车换人、落地休息制度,确保客运驾驶员24小时累计驾驶时间原则上不超过8小时,日间连续驾驶不超过4小时,夜间连续驾驶不超过2小时,每次停车休息时间不少于20分钟。 (4) 防止疲劳驾驶。客运车辆每日运行里程超过400公里(高速公路直达客运超过600公里)的,道路旅客运输企业应当配备两名以上驾驶员。驾驶员连续驾驶不得超过4小时,或者24小时内累计驾驶不得超过8小时。道路旅客运输企业要制定更加严格的防止疲劳驾驶措施,创造条件安排长途驾驶员落地休息。 (5) 道路运输企业应当根据法律法规的相关规定以及车辆行驶道路的实际情况,按规定设置监控超速行驶和疲劳驾驶的限值,以及核定营运线路、区域及夜间行驶时间,在所属车辆运营期间对车辆和驾驶员进行实时监控和管理。设置超速行驶和疲劳驾驶的限值应当符合相应的法律法规的要求。 (6) 道路旅客运输企业应当建立客运驾驶员安全告诫制度。安全生产管理人员对客运驾驶员出车前进行问询、告知,督促客运驾驶员做好对车辆的日常维护和检查,防止客运驾驶员酒后、带病或者带不良情绪上岗。 (7) 饮酒、服用国家管制的精神药品或者麻醉药品,或者患有妨碍安全驾驶汽车的疾病,或者过度疲劳影响安全驾驶的,不得驾驶汽车。 (8) 客运车辆驾驶人员应当遵守道路运输法规和道路运输驾驶员操作规程,安全驾驶,文明服务。 (9) 车辆装备驾驶员监控和提醒系统,提高主动防御能力	《道路旅客运输企业安全管理规范》《道路旅客运输及客运站管理规定》《中华人民共和国道路交通安全法实施条例》《国务院关于加强道路交通安全工作的意见》《关于进一步加强和改进道路客运安全工作的通知》《道路运输车辆动态监督管理办法》《中华人民共和国道路交通安全法》
3	驾驶员的驾驶行为	开带病车和未经检验车上路行驶,影响车辆的安全性能,容易导致道路交通事故	交通事故、其他伤害	B级/橙色	(1) 道路旅客运输企业应当按照国家有关规定建立车辆安全技术状况检测和年度审验、检验制度,严格执行营运车辆综合性能检测和技术等级评定制度,确保车辆符合安全技术条件。逾期未年审、年检或年审、年检不合格的车辆禁止上路行驶。 (2) 道路旅客运输企业应当建立车辆维护制度,企业车辆技术管理机构应制定车辆维护计划,保证车辆按照国家有关规定、技术规范以及企业的相关规定进行维护。 (3) 车辆的日常维护由客运驾驶员或专门人员在每日出车前、行车中、收车后执行。一级维护和二级维护应由具备资质条件的车辆维修企业执行。 (4) 客运站应严格执行"三不进站、六不出站"的安全管理规定。 (5) 督促驾驶员对车辆进行日常维护,严格执行车辆例检制度。 (6) 认真填写行车日志	《道路旅客运输企业安全管理规范》

续表

序号	场所/环节/部位	风险辨识	可能导致的事故类型	风险分级	主要防范措施	依据
4	驾驶员的驾驶行为	驾驶员超员，超速，驾驶过程中接打手机，私改运营线路，违反交通规则驾驶等违规驾驶行为，增加发生事故的可能性，加重事故的后果，容易诱发群死群伤事故	交通事故、其他伤害	A级/红色	（1）按照国家相应的法律、法规和政策规定的交通规则驾驶车辆。道路运输从业人员应当遵守道路运输操作规程，不得违章作业。 （2）严禁客运车辆超载运行，在载客人数已满的情况下，允许再搭乘不超过核定载客人数10%的免票儿童。客运车辆不得违反规定载货。 （3）客运班车应当按照许可的线路、班次、站点运行，在规定的途经站点进站上下旅客，无正当理由不得改变行驶线路，不得站外上客或者沿途揽客。经许可机关同意，在农村客运班线上运营的班车可采取区域经营、循环运行、设置临时发车点等灵活的方式运营。 （4）驾驶人员应严格遵守驾驶员安全行车操作规程。驾驶汽车过程中不得有拨打接听手持电话、观看电视等妨碍安全驾驶的行为。 （5）客运经营者应当加强对从业人员的安全教育、职业道德教育，确保道路运输安全。 （6）道路旅客运输企业应当按照法律规定设置的道路通行最高车速限值以及车辆行驶道路的实际情况，合理设置相应路段的车辆行驶速度限速标准。对异常停车、超速行驶、疲劳驾驶、逆向行驶、不按规定线路行驶等违法、违规行为及时给予警告和纠正，并事后进行处理。 （7）监控人员应当实时分析、处理车辆行驶动态信息，及时提醒驾驶员纠正超速行驶、疲劳驾驶等违法行为，并记录存档至动态监控台账；对经提醒仍然继续违法驾驶的驾驶员，应当及时向企业安全管理机构报告，安全管理机构应立即采取措施制止	《中华人民共和国道路交通安全法实施条例》《中华人民共和国道路运输条例》《道路旅客运输及客运站管理规定》
5	乘车人的行为	乘客携带危险品乘车，可能导致车辆发生火灾、爆炸等事故；吸烟、与司机聊天等不安全行为，可能导致事故发生	交通事故、其他伤害	B级/橙色	（1）驾乘人员负责做好安全告知工作，讲解车载安全设施的使用方法。发车前、行驶中要督促乘客系好安全带。 （2）禁止在车辆内部吸烟和使用明火。 （3）旅客应当持有效客票乘车，遵守乘车秩序，文明礼貌，携带免票儿童的乘客应当在购票时声明。不得携带国家规定的危险物品及其他禁止携带的物品乘车。 （4）严格执行"三不进站、六不出站"的管理规定。 （5）驾驶人员应及时制止乘车人员的不当行为	《道路旅客运输企业安全管理规范》《道路旅客运输及客运站管理规定》《中华人民共和国道路交通安全法实施条例》
6	安全生产管理人员的行为	驾驶员招聘把关不严；安全培训、安全检查、应急演练、安全投入等工作不到位，可能间接引发事故	火灾、交通事故等其他事故	B级/橙色	（1）驾驶员招聘严格按照国家法律法规、政策和公司规章制度执行，不合格的人员严禁录用。 （2）按照国家法律法规、政策和公司规章制度组织安全培训、安全检查、应急演练等工作。 （3）按照公司制度对公司其他人员安全违规行为进行考核。 （4）制定公司安全生产经费投入计划和安全技术措施计划，组织实施或监督相关部门实施	《道路运输从业人员管理规定》《道路旅客运输企业安全管理规范》
7	机务人员的行为	车辆维护、检查、维修等不到位可能间接引发事故	火灾、交通事故等其他事故	B级/橙色	（1）落实车辆安全技术规定，对车辆按规定时间投保维修，进行二级维护、年检、上线检测。 （2）督促落实车辆"三检"制度，并组织对车辆进行抽检，确保车辆正常运行。 （3）参加公司组织的安全检查、培训教育等活动，提出安全技术方面的建议和措施。 （4）参与安全生产措施、制度、操作标准的制定	《道路运输车辆维护管理规定》

续表

序号	场所/环节/部位	风险辨识	可能导致的事故类型	风险分级	主要防范措施	依据
8	调度人员的行为	驾驶人员、班次安排不合理;驾驶员出车前询问、教育不到位等可能间接引发事故	交通事故等其他事故	B级/橙色	(1)根据相关法律法规、制度要求,合理安排班次和驾乘人员。 (2)了解驾驶人员的思想状态和生活情况,出车前对驾乘人员进行询问和教育,达不到出车要求的人员,及时进行调换。 (3)在"五一""十一""春运"等客流高峰期,合理安排班次、人员,保证驾乘人员休息时间,避免疲劳驾驶等情况的发生	
9	其他人员的行为	使用电器不当引发的火灾;不按操作规程作业引发的其他事故	火灾、其他伤害	C级/黄色	(1)企业制定相应的安全管理制度和安全操作规程。 (2)加强员工安全培训,提高员工安全意识	
10	停车场	车辆遇点火源引燃车辆,引起火灾。车辆保养不全面,造成车辆漏电、漏油等现象,引发火灾。无关人员进入停车场,可能引发安全事故	火灾、人员伤亡、其他伤害	C级/黄色	(1)停车场除应设室外消火栓外,还应设置适用于扑灭汽油、柴油、燃气等易燃物质燃烧的消防设施。 (2)停车场的停车数大于50辆时,其汽车疏散口不应少于两个,停车总数不超过50辆时可设一个疏散口。 (3)停车场内的车辆宜分组停放,车辆停放的横向净距不小于0.80米,每组停车数量不宜超过50辆,组与组之间防火间距不小于6米。 (4)停车场管理人员应按照相关规定对进、出停车场的车辆进行安全检查,合格后方可进、出,并认真填写检查记录。严禁无关人员进入停车场。 (5)停车场管理人员应对停车场内的车辆、设施进行巡检、点检,及时填写检查记录,发现问题及时上报处理	《交通客运站建筑设计规范》(JGJ/T 60)、《汽车客运站级别划分和建设要求》(JT/T 200)
11	维修车间	人员操作不当,物品储存不当或人员的违规行为导致事故的发生	机械伤害、火灾等事故	C级/黄色	(1)严格按相关的管理制度和操作过程进行作业。 (2)将易燃易爆的危险物品分类单独存放。 (3)保持维修场地干净整洁。 (4)人员正确穿戴劳动防护用品。 (5)危险作业按照危险作业审批程序执行,开具危险作业票	
12	公共建筑	人员使用电器不当或使用明火造成的触电或火灾事故等;登高作业安全设施不到位,可能发生高处坠落事故	触电、高处坠落、火灾等事故	B级/橙色	(1)按照国家的法律法规、标准规范和公司电气管理制度使用电器和进行电气维修。 (2)下班时按照相关规定关闭不使用的电源。 (3)临时线路敷设符合安全要求,应安装总开关控制和漏电保护装置。 (4)临时用电设备PE(保护接地线)连接可靠。 (5)电工要持证上岗,穿戴劳动防护用品。 (6)按照相关的法律法规、标准规范配置相应的消防器材,并按照规定检查维护。 (7)消防通道不得占用,应急出口不得封闭。 (8)登高作业正确佩戴劳动防护用品,安排专人监护	《低压配电设计规范》(GB 50054)、《建筑设计防火规范》(GB 50016)
13	车辆本身特点	速度差:小客车与大货车、大客车的设计车速及限制行驶车速不同,存在绝对的速度差,操作不当迫使其他车辆频繁变更车道、超车,风险加大	交通事故、其他伤害	C级/黄色	(1)确保车辆制动性能良好。 (2)注意严格控制车速,保持安全车距。 (3)禁止强行超车。 (4)同车道行驶的机动车,后车应当与前车保持足以采取紧急制动措施的安全距离。 (5)不要长时间占用超车道。 (6)不要随意变更车道。 (7)严格按照交通规则驾驶机动车	《中华人民共和国道路交通安全法实施条例》

续表

序号	场所/环节/部位	风险辨识	可能导致的事故类型	风险分级	主要防范措施	依据
14	车辆本身特点	内外轮差大：转弯时可能发生碰撞、刮擦内侧行人、其他车辆等事故	交通事故、其他伤害	D级/蓝色	（1）转弯时不要占用对方车道，尽量增大转弯半径，时刻注意车外情况，减缓车速行驶。 （2）禁止在转弯时强行超车	《中华人民共和国道路交通安全法实施条例》
15		制动、转向、照明、信号等装置故障或失效，可能引发事故	交通事故、其他伤害	B级/橙色	（1）坚持对设备进行日常维护和保养。 （2）驾驶员每日坚持"三检"制度。 （3）行驶中加强车辆状况检查，遇突发情况采取适当措施。 （4）车辆制动系统、照明、信号系统应符合《商用车辆和挂车制动系统技术要求及试验方法》（GB 12676）和《道路运输车辆综合性能要求和检验方法》（GB 18565）的相关要求。 （5）营运客车必须经车辆管理部门审验合格；保持良好的技术状况，制动、转向系统以及灯光、喇叭、刮水器齐全有效	《商用车辆和挂车制动系统技术要求及试验方法》《道路运输车辆综合性能要求和检验方法》
16	车辆技术状况	轮胎磨损严重、有裂纹或扎入异物等情况可能造成追尾、爆胎等事故	交通事故、其他伤害	B级/橙色	（1）坚持对车辆、设备、设施进行日常维护和保养。 （2）驾驶员每日坚持"三检"制度；驾驶员要认真检查轮胎，及时更换；轮胎保持正常气压，不过量充气。 （3）高温天气行车，适当停车休息、降温。 （4）轮胎的磨损，轿车和挂车胎冠上花纹深度不得小于1.6毫米；其他车辆转向轮的胎冠花纹深度不得小于3.2毫米，其余轮胎胎冠花纹深度不得小于1.6毫米。 （5）轮胎胎面不得有因局部磨损而暴露出轮胎帘布层。轮胎的胎面和胎壁上不得有长度超过25毫米或深度足以暴露出轮胎帘布层的破裂和割伤。 （6）同一轴上轮胎规格和花纹应相同，轮胎规格应符合车辆出厂时的规定，同一轴上轮胎外径的磨损程度应大体一致。 （7）汽车转向轮不得装用翻新的轮胎。 （8）汽车装用的轮胎应与其最大设计车速相适应。 （9）轮胎负荷不应超过该轮胎的额定负荷，轮胎的充气压力应符合该轮胎承受负荷时规定的压力。 （10）制定相应的安全操作规程和应急处置方案	《机动车运行安全技术条件》（GB 7258）、《道路运输车辆综合性能要求和检验方法》（GB 18565）
17		发动机等部位故障，车辆中途熄火紧急停车，影响其他车辆通行，可能发生追尾等安全事故	交通事故、其他伤害	B级/橙色	（1）因故障熄火时，立即打开转向灯，利用汽车惯性，操纵方向盘，使汽车缓慢驶向路边停车，检查排除故障，并及时上报公司。 （2）机动车在道路上发生故障或者发生交通事故，妨碍交通又难以移动的，应当按照规定开启危险报警闪光灯并在车后50~100米处设置警告标志，夜间还应当同时开启示廓灯和后位灯。 （3）制定相应的应急处置方案	《中华人民共和国道路交通安全法实施条例》
18		车辆电路老化、短路等引起的火灾	火灾、其他伤害、其他爆炸	B级/橙色	（1）加强驾驶员的安全教育，使驾驶人员具有判断和处理初期火灾的能力。 （2）驾驶员严格执行日常维护"三检"制度。 （3）保持发电机技术性能良好。蓄电池应保持常态电压。所有电气导线应捆扎成束、布置整齐、固定卡紧、接头牢固，并有绝缘套，在导线穿越孔洞时需设绝缘管	《道路运输车辆综合性能要求和检验方法》（GB 18565）

续表

序号	场所/环节/部位	风险辨识	可能导致的事故类型	风险分级	主要防范措施	依据
19	车辆技术状况	主动安全装置：如后视镜、刮水器、制动防抱死系统、喇叭等装置失效，可能引发安全事故	交通事故、其他伤害	B级/橙色	（1）道路旅客运输企业应当按照国家有关规定建立车辆安全技术状况检测和年度审验、检验制度，严格执行营运车辆综合性能检测和技术等级评定制度，确保车辆符合安全技术条件。逾期未年审、年检或年审、年检不合格的车辆禁止上路行驶。 （2）道路旅客运输企业应当建立车辆维护制度，企业车辆技术管理机构应制定车辆维护计划，保证车辆按照国家有关规定、技术规范以及企业的相关规定进行维护。 （3）车辆的日常维护由客运驾驶员或专门人员在每日出车前、行车中、收车后执行。一级维护和二级维护应由具备资质条件的车辆维修企业执行。 （4）严格执行"六不出站"的安全管理规定。 （5）驾驶员严格执行日常维护"三检"制度，认真填写行车日志	《道路旅客运输企业安全管理规范》
20		被动安全装置：安全带、保险杠、挡风玻璃、灭火器、安全锤、应急门开关等装置设施损坏或失效时，一旦发生事故，可能加重事故后果	其他伤害	B级/橙色	（1）驾驶员应严格执行"三检"制度，确保安全设施完好。 （2）严格执行"六不出站"的安全管理规定。 （3）道路旅客运输企业应当定期检查车内安全带、安全锤、灭火器是否齐全有效，确保安全出口通道畅通，应急门、应急顶窗开启装置有效，开启顺畅，并在车内明显位置设置客运行驶区间和线路、经批准的停靠站点。道路旅客运输企业应当在车厢内设置投诉举报座机、手机电话，方便旅客监督举报	《道路旅客运输企业安全管理规范》
21		乘客的行李或者货物存放不当，可能发生危险，发生事故时可能扩大事故后果	火灾、其他爆炸、其他伤害	B级/橙色	（1）载客汽车除车身外部的行李架和内置的行李箱外，不得载货。载客汽车行李架载货，从车顶起高度不得超过0.5米，从地面起高度不得超过4米。 （2）驾乘人员按照相关规定对途中站点上车的旅客进行"三品"检查，不符合要求的人员不得乘车；行李堆放区和乘客区要隔离，不得在行李堆放区内载客。 （3）鼓励使用配置下置行李舱的客车从事道路客运。没有下置行李舱或者行李舱容积不能满足需求的车辆，可在客车车厢内设立专门的行李堆放区，但行李堆放区和乘客区必须隔离，并采取相应的安全措施。严禁行李堆放区内载客。 （4）汽车客运站加强"三不进站、六不出站"管理	《道路旅客运输企业安全管理规范》《中华人民共和国道路交通安全法实施条例》
22	卫星定位装置	人为损坏或关闭设备，使车辆处于失控状态	其他伤害	B级/橙色	（1）任何单位和个人不得破坏卫星定位装置以及恶意人为干扰、屏蔽卫星定位装置信号，不得篡改卫星定位装置数据。 （2）道路运输企业应当建立健全动态监控管理相关制度，规范动态监控工作：① 系统平台的建设、维护及管理制度；② 车载终端安装、使用及维护制度；③ 监控人员岗位职责及管理制度；④ 交通违法动态信息处理和统计分析制度；⑤ 其他需要建立的制度。 （3）道路运输企业应当确保卫星定位装置正常使用，保持车辆运行实时在线。卫星定位装置出现故障不能保持在线的道路运输车辆，道路运输企业不得安排其从事道路运输经营活动。 （4）道路旅客运输企业应当配备专职监控人员。专职监控人员配置原则上按照监控平台每接入100辆车设1人的标准配备，最低不少于2人。 （5）监控人员按照相关规定认真填写交接班记录、监控记录；发现车辆出现违规、违章问题时，及时汇报处理。 （6）及时对卫星定位装置进行维护和保养，使设备处于良好状态，并及时填写维护保养记录。 （7）加强监控人员的安全教育培训和考核	《道路运输车辆动态监督管理办法》
23		监控人员不负责任或人员配备不足，使车辆处于失控状态	其他伤害	B级/橙色		
24		设备损坏，未及时维修，使车辆处于失控状态	其他伤害	B级/橙色		

第4章 道路运输企业安全风险分级管控

续表

序号	场所/环节/部位	风险辨识	可能导致的事故类型	风险分级	主要防范措施	依据
25	连续上下坡路段	车辆连续上下坡、频繁制动,易导致制动失效;使发动机温度过高,或换挡不当,引起发动机熄火、溜车等现象,可能发生安全事故;空挡、熄火滑行易发生追尾、翻车事故	交通事故、其他伤害	A级/红色	(1)驾驶人员应提前观察好路段情况,保持注意力高度集中。 (2)严禁下陡坡时熄火或者空挡滑行。 (3)避免长时间使用制动减速。 (4)在狭窄的坡路,上坡的一方先行;但下坡的一方已行至中途而上坡的一方未上坡时,下坡的一方先行。 (5)提前更换至合适挡位,保持车辆足够动力,切不可等车辆惯性小时候再换挡,以防停车或后溜。 (6)下陡坡时最高行驶速度不得超过每小时30公里。 (7)企业应对路段进行风险分析,制定相应的安全操作规程和应急处置措施。 (8)加强驾驶人员的培训教育	《中华人民共和国道路交通安全法实施条例》
26	路窄弯急路段	山体遮挡,无法全面观察对面来车情况;控制不当,车辆驶出路外;弯道超车等因素,可能发生车辆碰撞事故	交通事故、其他伤害	A级/红色	(1)急弯路时最高行驶速度不得超过每小时30公里。 (2)机动车在夜间通过急弯时,应当交替使用远近光灯示意。机动车驶近急弯、坡道顶端等影响安全视距的路段以及超车或者遇有紧急情况时,应当减速慢行,并鸣喇叭示意。 (3)企业应对路段进行风险分析,制定相应的安全操作规程和应急处置措施。 (4)加强驾驶人员的安全培训教育和考核	《中华人民共和国道路交通安全法实施条例》
27	山体滑坡、泥石流易发路段	阻挡道路或掩埋车辆,造成人员伤亡	交通事故、其他伤害	A级/红色	(1)集中注意力,仔细观察路况和提前预防,必要时在安全地点停车等待。 (2)卫星定位监控人员应时刻注意各地天气及地质灾害情况,并通知驾乘人员。 (3)企业应对路段进行风险分析,制定相应的安全操作规程和应急处置措施。 (4)加强驾驶人员的安全培训教育和考核	《中华人民共和国道路交通安全法实施条例》
28	施工路段	行车道减少,通行车辆增多,通行速度突然减慢,处理不当可能发生事故	交通事故、其他伤害	B级/橙色	(1)机动车通过施工作业路段时,应当注意警示标志,减速行驶,必要时停车等待。 (2)遵从指挥人员指挥,在施工路段不得故意停车	《中华人民共和国道路交通安全法实施条例》
29	冰雪路面	阳光反射率高,路面摩擦系数低等情况,处理不当可能发生事故	交通事故、其他伤害	A级/红色	(1)在雪地长时间行车时,需佩戴有色眼镜,以防造成眩目而影响安全行车。 (2)严格控制车速,适当地增加行车的横向间距或采用预见性制动的方法。 (3)配备必要的防滑链条和工具;轮胎磨损严重的应提前更换。 (4)转弯时不能急转方向,避免紧急制动。 (5)要减速慢行,礼让行车。 (6)出车前应检查气压制动系统排污装置,并进行排污,防止行车中因制动系统中的水结冰,造成刹车失灵。 (7)机动车行驶中遇有下列情形之一的,最高行驶速度不得超过每小时30公里:遇雾、雨、雪、沙尘、冰雹,能见度在50米以内时;在冰雪、泥泞的道路上行驶时。 (8)制定相应的安全操作规程和应急处置措施。 (9)加强驾驶人员的安全培训教育和考核	《中华人民共和国道路交通安全法实施条例》

续表

序号	场所/环节/部位	风险辨识	可能导致的事故类型	风险分级	主要防范措施	依据
30	涉水路面	未查清水的深浅即涉水行驶，易使车辆熄火，导致人员受困；车辆打滑或陷入水中；水中有尖锐物刺破轮胎，导致人员困于水中	淹溺、其他伤害	B级/橙色	（1）机动车行经漫水路或者漫水桥时，应当停车察明水情，确认安全后，低速通过。水情不明的情况下禁止通过。 （2）企业应对路段进行风险分析，制定相应的安全操作规程和应急处置措施。 （3）加强驾驶人员的安全培训教育和考核	《中华人民共和国道路交通安全法实施条例》
31	邻水、邻崖路段	驾驶疏忽或车辆发生故障时处置不当，引发的坠崖、落水事故	交通事故、其他伤害	B级/橙色	（1）行到邻水、邻崖路段时，应减速慢行，高度集中注意力，遇到突发状况时，采取预判措施。 （2）在邻水、邻崖路段，禁止超车。 （3）企业应对路段进行风险分析，制定相应的安全操作规程和应急处置措施。 （4）加强驾驶人员的安全培训教育和考核	《中华人民共和国道路交通安全法实施条例》
32	隧道	隧道存在照明较差；较窄、限制高度；出入口明暗变化；出口瞬时横风等特殊情况，操作不当可能发生事故	交通事故、其他伤害	B级/橙色	（1）隧道内不得超车、掉头、倒车。 （2）按照规定速度行驶，与前车预留足够的安全距离。 （3）注意观察隧道标识，按规定线路行驶。 （4）进入隧道前和出隧道时，减速慢行注意灯光使用方法。 （5）交叉路口、铁路道口、急弯路、宽度不足4米的窄路、桥梁、陡坡、隧道以及距离上述地点50米以内的路段，不得停车。 （6）驶出隧道前，通过车速表确认车速，到达出口时，握稳转向盘，以防隧道口处的横向风引起车辆偏离行驶路线。 （7）企业应对路段进行风险分析，制定相应的安全操作规程和应急处置措施。 （8）加强驾驶人员的安全培训教育和考核	《中华人民共和国道路交通安全法实施条例》
33	陌生线路	人员对路况不熟悉，行车过程中出现紧急情况处置不当，可能发生安全事故	交通事故、其他伤害	A级/红色	（1）企业应组织人员对线路进行考察，对线路进行风险分析。 （2）特殊路段制定相应的控制措施和安全操作规程，并组织驾驶人员进行学习	
34	大雨或暴雨天气	雨天存在光线昏暗、能见度低；路面湿滑、泥泞；水网地区路面积水反光等情况，驾驶人员操作不当，可能引发事故	交通事故、其他伤害	B级/橙色	（1）雨天行驶要提高警惕，注意前方情况，靠右侧行驶，严禁盲目超车。 （2）要严格控制车速，泥泞道路要避免紧急制动，防止滑溜。 （3）要保持雨刮器正常工作。 （4）涉水后应轻踩制动踏板，检查车辆的制动效应。 （5）适当增加车距，必要情况下打开防雾灯和示廓灯，鸣喇叭，提示车辆和行人。 （6）雨天在山区行车要注意山体滑坡和路基塌陷。 （7）及时清除挡风玻璃上的雨水，保证视线清晰。 （8）卫星定位装置专职监控人员应及时提醒驾驶员注意特殊天气，必要时寻找安全地带停车休息。 （9）机动车行驶中遇有下列情形之一的，最高行驶速度不得超过每小时30公里：① 遇雾、雨、雪、沙尘、冰雹，能见度在50米以内时；② 在冰雪、泥泞的道路上行驶时。 （10）机动车在夜间没有路灯、照明不良或者遇有雾、雨、雪、沙尘、冰雹等低能见度情况下行驶时，应当开启前照灯、示廓灯和后位灯，但同方向行驶的后车与前车近距离行驶时，不得使用远光灯。机动车雾天行驶应当开启雾灯和危险报警闪光灯。 （11）制定相应的安全操作规程和应急处置措施。 （12）加强驾驶人员的安全培训教育和考核	《中华人民共和国道路交通安全法实施条例》

第 4 章
道路运输企业安全风险分级管控

续表

序号	场所/环节/部位	风险辨识	可能导致的事故类型	风险分级	主要防范措施	依据
35	大雪天气	雪天存在视线不足；路面被积雪覆盖；能见度低；路面湿滑等情况，操作不当可能发生安全事故	交通事故、其他伤害	A级/红色	（1）严格控制车速，适当地增加行车的横向间距或采用预见性制动的方法。 （2）配备必要的防滑链和工具。 （3）转弯时不能急转方向，避免紧急制动。 （4）要减速慢行，礼让行车。 （5）出车前应检查气压制动系统排污装置，并进行排污，防止在行车中因制动系统中的水结冰，造成刹车失灵。 （6）及时清除挡风玻璃上的积雪，保证视线清晰。 （7）卫星定位装置专职监控人员应及时提醒驾驶人员注意特殊天气。必要时寻找安全地带停车休息。 （8）机动车行驶中遇有下列情形之一的，最高行驶速度不得超过每小时 30 公里：① 遇雾、雨、雪、沙尘、冰雹，能见度在 50 米以内时；② 在冰雪、泥泞的道路上行驶时。 （9）机动车在夜间没有路灯、照明不良或者遇有雾、雨、雪、沙尘、冰雹等低能见度情况下行驶时，应当开启前照灯、示廓灯和后位灯，但同方向行驶的后车与前车近距离行驶时，不得使用远光灯。机动车雾天行驶应当开启雾灯和危险报警闪光灯。 （10）制定相应的安全操作规程和应急处置措施。 （11）加强驾驶人员的安全培训教育和考核	《中华人民共和国道路交通安全法实施条例》
36	大雾天气	能见度低，看不清路况，驾驶员长时间雾中驾驶，注意力持续集中，易疲劳等情况，容易发生安全事故	交通事故、其他伤害	A级/红色	（1）雾天行驶要提高警惕，注意前方情况，靠右侧行驶，严禁盲目超车。 （2）要严格控制车速、车距，防止视线受阻，突发状况不能采取有效制动措施。 （3）机动车在夜间没有路灯、照明不良或者遇有雾、雨、雪、沙尘、冰雹等低能见度情况下行驶时，应当开启前照灯、示廓灯和后位灯，但同方向行驶的后车与前车近距离行驶时，不得使用远光灯。机动车雾天行驶应当开启雾灯和危险报警闪光灯。 （4）卫星定位装置专职监控人员应及时提醒驾驶人员注意特殊天气，必要时停车等待。 （5）机动车行驶中遇有下列情形之一的，最高行驶速度不得超过每小时 30 公里：遇雾、雨、雪、沙尘、冰雹，能见度在 50 米以内时。 （6）机动车在高速公路上行驶，遇有雾天及能见度差气象条件时，应当遵守下列规定：① 能见度小于 200 米时，开启雾灯、近光灯、示廓灯和前后位灯，车速不得超过每小时 60 公里，与同车道前车保持 100 米以上的距离；② 能见度小于 100 米时，开启雾灯、近光灯、示廓灯、前后位灯和危险报警闪光灯，车速不得超过每小时 40 公里，与同车道前车保持 50 米以上的距离；③ 能见度小于 50 米时，开启雾灯、近光灯、示廓灯、前后位灯和危险报警闪光灯，车速不得超过每小时 20 公里，并从最近的出口尽快驶离高速公路。 （7）制定相应的安全操作规程和应急处置措施。 （8）加强驾驶人员的安全培训教育和考核	《中华人民共和国道路交通安全法实施条例》
37	高温天气	驾驶人员易疲劳；电器元件、货物易自燃；轮胎易发生爆胎；制动易失效等情况发生，易引发事故	交通事故、火灾、其他伤害	B级/橙色	（1）驾驶人员注意休息，保持旺盛精力。必要时使用防暑降温物品进行降温。 （2）出车前应查看驾驶人员的精神状态，合理安排驾驶人员的休息时间。 （3）及时检查轮胎，损废或老化的及时更换；注意胎压监测，发现异常及时进行检查。 （4）车辆修理保养时应对电气线路进行检查和维护；加大出车前、行车中安全检查力度。 （5）驾驶员严格执行日常维护和"三检"制度。 （6）清除车辆上的易燃易爆物品	《道路运输车辆综合性能要求和检验方法》（GB 18565）

续表

序号	场所/环节/部位	风险辨识	可能导致的事故类型	风险分级	主要防范措施	依据
38	沙尘暴天气	存在能见度低、风力大、路面摩擦系数低等情况，操作不当可能发生安全事故	交通事故、其他伤害	B级/橙色	（1）风力过大时，应在合理位置停车避让。 （2）大风天行车要控制车速，加强瞭望，特别注意道路上突然出现横穿人员。 （3）关闭驾驶室门窗，防止沙尘刮入。 （4）及时清除挡风玻璃上的尘土，保证视线清晰。 （5）卫星定位装置专职监控人员应及时提醒驾驶人员注意特殊天气。 （6）遇雾、雨、雪、沙尘、冰雹，能见度在50米以内时，最高行驶速度不得超过每小时30公里。 （7）机动车在夜间没有路灯、照明不良或者遇有雾、雨、雪、沙尘等低能见度情况下行驶时，应当开启前照灯、示廓灯和后位灯，但同方向行驶的后车与前车近距离行驶时，不得使用远光灯。制定相应的安全操作规程和应急处置措施。 （8）加强驾驶人员的安全培训教育和考核	《中华人民共和国道路交通安全法实施条例》

第 5 章

隐患排查治理

5.1 隐患排查治理原则与内容

5.1.1 隐患排查治理原则与分工

依据《公路水路行业安全生产事故隐患治理暂行办法》（交安监发〔2017〕60 号）的规定，隐患排查治理工作应坚持"单位负责、行业监管、分级管理、社会监督"的原则。企业是隐患治理的责任主体，企业主要负责人对本单位隐患治理工作全面负责，应当部署、督促、检查本单位或本单位职责范围内的隐患治理工作，及时消除隐患。交通运输部指导全国公路水路行业安全生产隐患治理管理工作。地方交通运输主管部门和有关部属单位指导管辖范围内安全生产隐患治理管理工作。属地负有安全生产监督管理职责的交通运输管理部门具体负责管辖范围内企业安全生产隐患治理的监督，督促企业落实重大隐患治理和报备。

5.1.2 隐患排查治理内容

隐患分为重大隐患和一般隐患两个等级。重大隐患是指极易导致重特大安全生产事故，且整改难度较大，需要全部或者局部停产停业，并经过一定时间整改治理方能消除的隐患，或者因外部因素影响致使企业自身难以消除的隐患。一般隐患是指除重大隐患外，可能导致安全生产事故发生的隐患。

根据交通运输行业安全生产标准化相关规范，营运客车、货车技术条件相关标准规范及其他规范，结合隐患排查实际工作情况，从现场操作方面对隐患进行分类，可将隐患划分为基础管理类隐患和现场管理类隐患两部分，其中基础管理类隐患又可根据管理的内容再进行细致分类。具体隐患排查与治理的内容如下。

1. 基础管理类隐患

基础管理类隐患主要包括企业资质证照、安全生产管理机构及人员、安全生产责任制、安全生产管理制度、安全操作规程、安全教育培训、安全生产管理档案、安全生产投入、应急管理、特种设备基础管理、职业卫生基础管理、相关方基础管理、其他基础管理等方面存在的隐患。

（1）企业资质证照类隐患。

企业资质证照类隐患主要是指企业在安全生产许可证、消防验收报告、安全评价报告、环境影响报告等方面存在的不符合法律法规的问题和缺陷。

（2）安全生产管理机构及人员类隐患。

安全生产管理机构及人员类隐患主要是指企业未根据自身生产经营的特点，依据相关法律法规或标准要求，设置安全生产管理机构或者配备专（兼）职安全生产管理人员。

（3）安全生产责任制类隐患。

根据企业的规模，安全生产责任制涵盖单位主要负责人、安全生产负责人、安全生产管理人员、车间主任、班组长、岗位员工等层级的安全生产职责，至少应包括单位主要负责人、安全生产管理人员和岗位员工三级人员的安全生产责任制。未建立安全生产责任制或责任制建立不完善的，属于此类隐患。

（4）安全生产管理制度类隐患。

根据企业的特点，安全生产管理制度主要包括：安全生产教育和培训制度，安全生产检查制度，具有致险因素的生产经营场所、设备和设施的安全管理制度，危险作业管理制度，劳动防护用品配备和管理制度，安全生产奖励和惩罚制度，生产安全事故报告和处理制度，隐患排查制度，其他保障安全生产和职业健康的规章制度。企业缺少某类安全生产管理制度或是某类制度制定不完善时，则称其为安全生产管理制度类隐患。

（5）安全操作规程类隐患。

安全操作规程类隐患是指企业缺少岗位、设备操作规程或岗位、设备操作规程制定不完善带来的隐患。

（6）安全教育培训类隐患。

企业安全教育培训主要包括对单位主要负责人、安全生产管理人员、从业人员，以及特殊作业人员的教育培训、新进员工三级安全教育培训、转岗人员安全教育培训、"四新"安全教育培训等内容。企业应根据相关法律法规，满足培训时间、培训内容的要求。企业未开展安全生产教育培训或是在培训时间、培训内容不达标的，称其为教育培训类隐患。

（7）安全生产管理档案类隐患。

安全生产记录档案主要包括：教育培训记录档案、安全检查记录档案、危险场所、设备、设施安全管理记录档案；危险作业管理记录档案、劳动防护用品配备和管理记录档案、安全生产奖惩记录档案、安全生产会议记录档案、事故管理记录档案、变配电室值班记录、检查及巡查记录、职业危害申报档案、职业危害因素检测与评价档案、工伤社会保险缴费记录、安全生产费用台账等。企业未建立安全生产管理档案或档案建立不完善的，属于安全生产管理档案类隐患。

（8）安全生产投入类隐患。

企业应结合本单位实际情况，建立安全生产资金保障制度。安全生产资金投入（或称安全生产费用）应当专项用于下列安全生产事项：安全技术措施工程建设，安全设备、设施的更新和维护，安全生产宣传、教育和培训，劳动防护用品配备等。企业在安全生产投入方面存在的问题和缺陷，称为安全生产投入类隐患。

（9）应急管理类隐患。

应急管理包括应急机构和队伍、应急预案和演练、应急设施设备及物资、事故救援等方面的内容。应急机构和队伍内容主要包括：制定应急管理制度，按要求和标准建立应急救援队伍，未建立专职救援队伍的要与邻近相关专业专职应急救援队伍签订救援协议，建立救援协作关系，规范开展救援队伍培训、训练和演练。应急预案和演练方面的内容应包括：按规定编制安全生产应急预案，重点作业岗位有应急处置方案或措施，并按规定报当地主管部门备案、通报相关应急协作单位，定期与不定期相结合组织开展应急演练，演练后进行评估总结，根据评估总结对应急预案等工作进行改进。应急设施装备和物资方面的内容应包括：按相关规定和要求建设应急设施、配备应急装备、储备应急物资，并进行经常性检查、维护保养，确保其完好可靠。事故救援方面的内容应包括：事故发生后，立即启动相应应急预案，积极开展救援工作，当事故救援结束后进行分析总结，编制救援报告，并对应急工作进行改进。企业在应急管理方面存在的问题和缺陷，称为应急管理类隐患。

（10）特种设备基础管理类隐患。

特种设备属于专项管理，在安全生产事故隐患分类中，为了将专项加以区分，将专项分别分为基础管理和现场管理两部分。凡涉及企业在特种设备相关管理方面不符合法律法规的内容，均归于特种设备基础管理类隐患。特种设备基础管理类隐患主要包括特种设备管理机构和人员、特种设备管理制度、特种设备事故应急救援、特种设备档案记录、特种设备的检验报告、特种设备保养记录、特种作业人员证件、特种作业人员培训等方面存在的问题和缺陷。

（11）职业卫生基础管理类隐患。

与特种设备类似，职业卫生也属于专项管理。凡涉及企业在职业卫生相关管理方面不符合法律法规的内容，均归于职业卫生基础管理类隐患。这类隐患主要包括职业危害申报、变更申报、职业病防治计划及实施方案、职业卫生管理制度或操作规程、危害因素检测报告、职业危害因素监测及评价、危害告知、设备、化学品材料中文说明书、职业健康监护档案、职业卫生档案、职业卫生机构及人员、职业卫生教育培训、职业卫生应急救援预案等方面存在的问题和缺陷。

（12）相关方基础管理类隐患。

相关方是指本单位将生产经营项目、场所、设备发包或者出租给其他企业及经营者。企业涉及相关方方面的管理问题，属于相关方基础管理类隐患。

（13）其他基础管理类隐患。

不属于上述十二种隐患分类的安全生产基础管理类的隐患，属于其他基础管理类隐患。

2. 现场管理类隐患

现场管理类隐患主要是针对特种设备现场管理、生产设备设施、场所环境、从业人员操作行为、消防安全、用电安全、职业卫生现场安全、有限空间现场安全、辅助动力系统、相关方现场管理、其他现场管理等方面存在的问题和缺陷。

企业可根据隐患排查治理的工作任务和目标，对照企业实际生产经营类型和情况，从上述隐患类型中选取适合的排查内容，制作隐患排查治理表或其他形式的文件，供企业开展隐患排查治理工作使用。

5.2　隐患排查与治理常用程序

根据《公路水路行业安全生产事故隐患治理暂行办法》（交安监发〔2017〕60号）规定，道路运输企业应当建立健全隐患排查、告知（预警）、整改、评估验收、报备、奖惩考核、建档等制度,逐级明确隐患治理责任,落实到具体岗位和人员。隐患排查与治理常用程序如下。

1. 编制年度计划

企业应按照自然年度或生产年度编制年度隐患排查治理计划,计划的主要内容应至少包括以下六个方面。

(1)隐患排查治理工作领导机构和人员;
(2)隐患排查治理工作目标;
(3)隐患排查治理工作原则;
(4)隐患排查治理工作范围;
(5)隐患排查治理时间安排;
(6)隐患排查治理重点内容。

2. 编制排查项目清单

(1)基本要求。

企业应依据确定的各类风险的全部控制措施和基础安全管理要求,编制包含全部应该排查的项目清单。隐患排查项目清单包括基础管理类隐患排查清单和现场管理类隐患排查清单。

(2)基础管理类隐患排查清单。

基础管理类隐患应依据基础管理内容要求,逐项编制排查清单,至少应包括:
① 基础管理名称;
② 排查内容;
③ 排查标准;
④ 排查方法。

(3)现场管理类隐患排查清单。

现场管理类隐患应以各类风险点为基本单元,依据风险分级管控体系中各风险点的控制措施和标准、规程要求,编制排查单元的排查清单,至少应包括:
① 与风险点对应的设备设施和作业名称;
② 排查内容;
③ 排查标准;
④ 排查方法。

3. 确定排查项目与实施

实施隐患排查前,应根据排查类型、人员数量、时间安排和季节特点,在排查项目清单中选择确定具有针对性的具体排查项目,作为隐患排查的内容。基础管理类隐患和现场管理类隐患两类隐患排查可同时进行。

(1)排查类型。

企业应当建立隐患日常排查、定期排查和专项排查工作机制,明确隐患排查的责任部门和人员、排查范围、程序、频次、统计分析、效果评价和评估改进等要求,及时发现并消除隐患。

(2)排查要求。

隐患排查应做到全面覆盖、责任到人,做到定期排查与日常管理相结合,专业排查与综合排查相结合，一般排查与重点排查相结合。

（3）组织级别。

企业应根据自身组织架构确定不同的排查组织级别和频次。排查组织级别一般包括公司级、部门级、车间级、班组级。

（4）治理建议。

按照隐患排查治理要求，各相关层级的部门和单位对照隐患排查清单进行隐患排查，填写隐患排查记录。

根据排查出的隐患类别，提出治理建议，一般应包含：

① 针对排查出的每项隐患，明确治理责任单位和主要责任人；

② 经排查评估后，提出初步整改或处置建议；

③ 依据隐患治理难易程度或严重程度，确定隐患治理期限。

（5）重大隐患报备。

企业应按照"及时报备、动态更新、真实准确"的原则，通过隐患治理信息系统向属地负有安全生产监督管理职责的管理部门及时报备重大隐患信息，负有直接监督管理责任的交通运输管理部门应审查报备信息的完整性。

重大隐患报备信息应包括以下内容：

① 隐患名称、类型类别、所属企业及所在行政区划、属地负有安全生产监督管理职责的管理部门；

② 隐患现状描述及产生原因；

③ 可能导致发生的安全生产事故及后果；

④ 整改方案或已经采取的治理措施，治理效果和可能存在的遗留问题；

⑤ 隐患整改验收情况、责任人处理结果；

⑥ 整改期间发生安全生产事故的，还应报送事故及处理结果等信息。

上述第④、⑤、⑥款信息在相关工作完成后报备。

重大隐患报备包括首次报备、定期报备和不定期报备三种方式。

① 首次报备：应在重大隐患确定后进行报备；

② 定期报备：报送重大隐患整改的进展情况；

③ 不定期报备：当重大隐患状态发生新的重大变化时，应及时报备相关情况。

重大隐患首次报备应在重大隐患确定后 5 个工作日内报备，定期报备应在每季度结束后次月前 10 个工作日内报备，不定期报备应在重大隐患状态发生重大变化后 5 个工作日内进行报备。

4. 隐患治理

（1）隐患治理要求。

隐患治理实行分级治理、分类实施的原则。隐患治理主要包括岗位纠正、班组治理、车间治理、部门治理、公司治理等内容。

隐患治理应做到方法科学、资金到位、治理及时有效、责任到人、按时完成。能立即整改的隐患必须立即整改，无法立即整改的隐患，治理前要研究制定防范措施，落实监控责任，防止隐患发展为事故。

（2）隐患治理流程。

隐患治理流程包括：通报隐患信息、下发隐患整改通知、实施隐患治理、治理情况反馈、验收等环节。

隐患排查结束后，将隐患名称、存在位置、不符合状况、隐患等级、治理期限及治理措施要求等信息向从业人员进行通报；企业应认真填写隐患排查记录，形成隐患排查工作台账，包括排查对象或范围、时间、人员、安全技术状况、处理意见等内容，经隐患排查主要责任人签字后妥善保存。隐患排查组织部门应印发隐患整改通知书，对隐患整改责任单位、措施建议、完成期限等提出要求。隐患存在单位在实施隐患治理前应当对隐患存在的原因进行分析，并制定可靠的治理措施。隐患整改通知印发部门应当对隐患整改效果组织验收。

（3）一般隐患整改。

对于一般事故隐患，根据隐患治理的分级，由企业各级（公司、车间、部门、班组等）负责人或者有关人员负责组织整改。

（4）重大隐患整改。

经判定或评估属于重大隐患的，企业应当及时组织评估，并编制事故隐患评估报告书。评估报告书应当包括事故隐患的类别、影响范围和风险程度以及对事故隐患的监控措施、治理方式、治理期限的建议等内容。

企业应根据评估报告书制定重大隐患整改方案。重大隐患整改方案应当包括下列主要内容：

① 整改的目标和任务；
② 整改技术方案和整改期的安全保障措施；
③ 经费和物资保障措施；
④ 整改责任部门和人员；
⑤ 整改时限及节点要求；
⑥ 应急处置措施；
⑦ 跟踪督办及验收部门和人员。

（5）隐患治理验收。

《公路水路行业安全生产事故隐患治理暂行办法》（交安监发〔2017〕60号）规定一般隐患整改完成后，应由企业组织验收，出具整改验收结论，并由验收主要负责人签字确认。重大隐患整改完成后，企业应委托第三方服务机构或成立隐患整改验收组进行专项验收。企业成立的隐患整改验收组成员应包括企业负责人、安全管理部门负责人、相关业务部门负责人和2名以上相关专业领域具有一定从业经历的专业技术人员。整改验收应根据隐患暴露出的问题，全面评估，出具整改验收结论。

重大隐患整改验收通过的，企业应将验收结论向属地负有安全生产监督管理职责的交通运输管理部门报备，并申请销号。报备申请材料包括：

① 重大隐患基本情况及整改方案；
② 重大隐患整改过程；
③ 验收机构或验收组基本情况；
④ 验收报告及结论；
⑤ 下一步改进措施。

重大隐患整改验收完成后，企业应对隐患形成原因及整改工作进行分析评估，及时完善相关制度和措施，依据有关规定和制度对相关责任人进行处理，并开展有针对性的培训教育。

5. 隐患排查周期

隐患日常排查每周应不少于 1 次，隐患定期排查每半年应不少于 1 次，隐患专项排查应根据法律、法规要求，结合企业生产特点，确定综合、专业、专项、季节等隐患排查类型的周期。

6. 文件管理

企业在隐患排查治理体系策划、实施及持续改进过程中，应完整保存体现隐患排查全过程的记录资料，并分类建档管理。隐患排查治理文件至少应包括下列内容。
① 隐患排查治理制度；
② 隐患排查治理台账；
③ 隐患排查项目清单等内容的文件成果；
④ 重大隐患排查、评估记录，隐患整改复查验收记录等内容，应单独建档管理。

7. 隐患排查的效果

通过隐患排查治理体系的建设，企业应至少在以下方面有所改进。
① 风险控制措施全面持续有效；
② 风险管控能力得到加强和提升；
③ 隐患排查治理制度进一步完善；
④ 各级排查责任得到进一步落实；
⑤ 员工隐患排查水平进一步提高；
⑥ 对隐患频率较高的风险重新进行评价、分级，并制定完善控制措施；
⑦ 生产安全事故明显减少；
⑧ 职业健康管理水平进一步提升。

8. 持续改进

（1）评审。

企业应适时和定期对隐患排查治理体系运行情况进行评审，以确保其持续适宜性、充分性和有效性。评审应包括体系改进的可能性和对体系进行修改的需求。评审每年应不少于一次，当发生更新时应及时组织评审，并保存评审记录。

（2）更新。

企业应主动根据以下情况对隐患排查治理体系的影响，及时更新隐患排查治理的范围、隐患等级和类别、隐患信息等内容，主要包括：
① 法律法规及标准规程变化或更新；
② 政府规范性文件提出新要求；
③ 企业组织机构及安全管理机制发生变化；
④ 企业生产工艺发生变化、设备设施增减、使用原辅材料变化等；
⑤ 企业自身提出更高要求；

⑥ 事故事件、紧急情况或应急预案演练结果反馈的需求；
⑦ 其他情形出现应当进行评审。
（3）沟通。

企业应建立不同职能和层级间的内部沟通和用于与相关方的外部沟通机制，及时有效传递隐患信息，提高隐患排查治理的效果和效率。

企业应主动识别内部各级人员隐患排查治理相关培训需求，并纳入企业培训计划，组织相关培训。企业应不断增强从业人员的安全意识和能力，使其熟悉、掌握隐患排查的方法，消除各类隐患，有效控制岗位风险，减少和杜绝安全生产事故发生，保证安全生产。

5.3　道路旅客运输企业隐患排查与治理

5.3.1　道路旅客运输企业隐患排查

隐患排查是隐患治理的前提，根据《公路水路行业安全生产事故隐患治理暂行办法》（交安监发〔2017〕60号）及道路旅客运输企业生产经营特点，隐患的日常排查、定期排查、专项排查主要内容应结合道路旅客运输企业的实际情况，从"5.1.2 隐患排查治理内容"所列的基础管理类隐患和现场管理类隐患中进行选择。

（1）日常排查。

隐患日常排查是道路旅客运输企业结合日常工作组织开展的经常性隐患排查，排查范围应覆盖日常生产作业环节，日常排查每周应不少于1次。日常排查的主要内容至少应包括：

① 基础管理类隐患：主要包括安全生产管理人员对驾驶员的问询、告诫执行情况及驾驶员的身心健康情况等；车辆相关安全器具的配备，车辆的日常维护及安全检查情况；卫星定位动态监控系统的运行情况，卫星定位动态监控系统的监控记录；乘务员、驾驶员操作规程执行情况，安全检查操作规程及制度的执行情况等内容。

② 现场管理类隐患：主要包括线路沿途有关行车安全信息的收集、记录及传递，双驾的配备情况；疲劳驾驶情况；禁行时段的管理情况；旅客携带物品的安全检查情况；车辆卫生及消毒情况；车辆行驶记录等内容。

（2）定期排查。

隐患定期排查是由道路旅客运输企业根据生产经营活动特点，组织开展涵盖全部生产经营领域、环节的隐患排查。定期排查每半年应不少于1次。定期排查的主要内容至少应包括：

① 基础管理类隐患：主要包括驾驶员的从业资格审查、驾驶员的教育培训、驾驶员违章及处理等情况；车辆维护保养、车辆技术等级鉴定等情况；安全生产管理人员配备情况；安全生产费用投入情况；安全检查操作规程及制度的执行情况等；卫星定位动态监控的使用情况及相关规章制度、操作规程的落实情况；车辆事故及处理情况；运输的组织情况等内容。

② 现场管理类隐患：主要包括旅客安全检查执行情况；停车场安全卫生情况等内容。

（3）专项排查。

隐患专项排查是道路旅客运输企业在一定范围、领域组织开展的针对特定隐患的排查，专项排查一般包括：

① 根据政府及有关管理部门安全工作专项部署，开展针对性的隐患排查，如安全逃生专项排查、消防专项排查。

② 根据季节性、规律性安全生产条件变化，开展针对性的隐患排查，如冬季安全行车专项排查，"春运"安全专项排查等。

③ 根据新技术、新设备投入使用对安全生产条件形成的变化，开展针对性的隐患排查，如新能源汽车使用专项排查等。

④ 根据安全生产事故情况，开展针对性的隐患排查。

5.3.2 道路旅客运输企业隐患治理

道路旅客运输企业隐患治理与"5.2 隐患排查与治理常用程序"中所述的隐患治理常用程序一致，按照一般隐患和重大隐患分别处置，在此不再赘述。

5.4 道路危险货物运输企业隐患排查治理

5.4.1 道路危险货物运输企业隐患排查

根据《公路水路行业安全生产事故隐患治理暂行办法》（交安监发〔2017〕60 号）及道路危险货物运输企业生产经营特点，隐患的日常排查、定期排查、专项排查主要内容应结合道路危险货物运输企业的实际情况，从"5.1.2 隐患排查治理内容"所列的基础管理类隐患和现场管理类隐患中进行选择。

（1）日常排查。

隐患日常排查是道路危险货物运输企业结合日常工作组织开展的经常性隐患排查，排查范围应覆盖日常生产作业环节，日常排查每周应不少于 1 次。日常排查的主要内容至少应包括：

① 基础管理类隐患：主要包括驾驶员、押运员的身心健康情况等；车辆相关安全器具的配备，车辆的日常维护及安全检查情况；卫星定位动态监控系统的运行情况，卫星定位动态监控系统的监控记录；押运员、驾驶员操作规程执行情况，安全检查操作规程及制度的执行情况等内容。

② 现场管理类隐患：主要包括线路沿途有关行车安全信息的收集、记录及传递，押运员的配备情况；禁行时段、禁行路段的管理情况；运输物品的安全检查情况；车辆行驶记录，疲劳驾驶情况；车辆清洗、消毒情况；停车场现场管理情况等内容。

（2）定期排查。

隐患定期排查是由道路危险货物运输企业根据生产经营活动特点，组织开展涵盖全部交通运输生产经营领域、环节的隐患排查。定期排查每半年应不少于 1 次。定期排查的主要内容至少应包括：

① 基础管理类隐患：主要包括驾驶员、押运员的从业资格审查，驾驶员、押运员的教育培训情况；驾驶员违章及处理情况，车辆事故及处理情况；车辆维护保养情况，车辆技术等级鉴定，车辆技术档案管理等；停车场配备及管理情况；安全生产管理人员配备情况；安全

生产费用投入情况；安全检查操作规程及制度的执行情况等；卫星定位动态监控的使用情况及相关规章制度、操作规程的落实情况；运输的组织情况等内容。

② 现场管理类隐患：主要包括停车场现场管理情况；车辆运行管理等内容。

（3）专项排查。

隐患专项排查是道路危险货物运输企业在一定范围、领域组织开展的针对特定隐患的排查，一般包括：

① 根据政府及有关管理部门安全工作专项部署，开展针对性的隐患排查，如罐体专用车辆安全排查、易燃易爆专用车辆安全排查等。

② 根据季节性、规律性安全生产条件变化，开展针对性的隐患排查，如夏季易燃易爆运输安全排查、冬季安全行车排查等。

③ 根据新技术、新设备投入使用对安全生产条件形成的变化，开展针对性的隐患排查，如DPF（尾气排放处理技术）使用安全排查、盘式制动和空气悬架安全排查等。

④ 根据安全生产事故情况，开展针对性的隐患排查。

5.4.2　道路危险货物运输企业隐患治理

道路危险货物运输企业隐患治理与"5.2 隐患排查与治理常用程序"中所述的隐患治理的常用程序一致，按照一般隐患和重大隐患分别处置，在此不再赘述。

5.5　其他道路运输企业隐患排查治理

除道路旅客运输和危险货物运输以外的其他道路运输企业隐患排查治理，应根据"5.1.2 隐患排查与治理内容"中列举的基础管理类隐患及现场管理类隐患内容，结合本单位实际情况进行选择排查。其他道路运输企业开展隐患日常排查、定期排查和专项排查时，需要重点注意的内容有以下几个方面。

1. 普通货物运输企业

普通货物运输企业隐患排查要点可参考《道路交通普通货运企业安全生产达标考评指标》，制定隐患排查表，实施隐患治理。

2. 货运站

（1）场地和设备设施情况。

按国家有关规定配足有效的安全和消防设施、设备及器材，并按要求进行定期维护保养，确保齐全有效；应设有覆盖安全重点部位的视频监控设备，并保持实时监控；应设有应急通道，按规定设置宣传告示设备、安全警告标志、指示牌，应急通道、安全出口、消防车通道保证畅通。

（2）特种设备管理情况。

特种设备按照规定进行定期检验和维护保养，检验证书合法有效，按规定指定专人对特种设备进行管理，特种设备维护保养良好，按要求建立特种设备台账；按照国家相关法律法规规范场站电气安全管理。

（3）安全生产作业情况。

按照国家相关法律法规，规范场站货物装卸及储存安全管理；从业人员具有相关资质条件；指定专人对危险作业进行现场管理；停车场内有专人指挥，调度车辆进站发车，停车整齐规范；货物堆放和存储符合相关安全规范和技术要求，按照货物性质、保管要求进行分类存放，危险货物存放符合相关规定，装卸作业符合规定并有专人负责。

具体排查要点可参考《道路货物运输场站安全生产达标考评指标》，制定隐患排查表，实施隐患治理。

3. 汽车客运站

（1）场地及设备设施情况。

具备与《汽车客运站级别划分和建设要求》相适应的场地和设施设备；按国家有关规定设置旅客疏散紧急通道，并配足有效的安全消防设备及器材；按要求配置行包安全检查设备台套数，并保持正常运行；设置专门的车辆安全检查场地，配备汽车安全检验台及必要的仪器、设备；设有覆盖安全重点部位的视频监控设备，并保持实时监控；设有专用应急通道，并规范标识。

（2）"三品"检查情况。

制定并落实"三品"（易燃、易爆、易腐蚀的物品）查堵制度、防止"三品"进出站上车的有效措施。制定"三品"检查工作程序，设立专门的"三品"查堵岗位，配有"三品"检查员，检查员应经过教育培训，合格上岗，对进站旅客携带的行李物品和托运行包进行安全检查，对查获的"三品"要进行登记并按有关规定妥善处理，确保"三品"不进站。

（3）车辆进、出站检查情况制定并落实车辆出站检查制度。

确保"三不进站"和"六不出站"。按要求填写"汽车客运站车辆出站登记表"。车辆出站前进行检查主要内容包括：安全例检合格通知单、驾驶证、从业资格证件、行驶证、道路运输证、线路标志牌、核载人数及实载人数等，车辆出站门检必须核查实际载客人数，并签字确认；制定并落实车辆进站管理制度；汽车客运站实行封闭式管理，停车场内区间划分明确，有导航及警示图标，实行车辆进出分道、人车分道，发车区、停车区、上下客区分区管理；停车场内有专人指挥，调度车辆进站发车，疏导旅客，停车整齐规范，人流、车流有序，安全通道畅通。

"三不进站"是指：危险品不进站，无关人员不进站（发车区），无关车辆不进站。

"六不出站"是指：超载客车不出站，安全例检不合格客车不出站，驾驶员资格不符合要求不出站，客车证件不齐全不出站，出站登记表未经审核签字不出站，乘客和驾驶员不系安全带不出站。

（4）对道路旅客运输企业的管理情况。

与道路旅客运输企业签订"安全责任协议"，依法明确双方的安全责任；严格按照客车核定人数售票、检票；制定并落实车辆报班制度，调度部门在调度客车发班时，对其"安全例检合格通知单"进行检查；因天气、路况等原因影响行车安全时，视情况发车或要求停班；对行经三级以下道路的客运班线，合理安排发车时间，避免夜间通行，客车班次安排科学合理，往返车次有足够的途中作业时间和休息时间；班车单程运行里程超过400公里（高速公路直达客运超过600公里）的，按规定要求车辆配备两名以上驾驶员。

具体排查要点可参考《汽车客运站安全生产达标考评指标》，制定隐患排查表，实施隐患治理。

4. 机动车维修企业

（1）场地及设备管理情况。

具备与满足生产需要的场地和设施设备；按规定配足有效的安全防护、环境保护、消防设备及器材，并按要求定期维护保养；从事危险货物运输车辆维修必须有与其作业内容相适应的专用维修车间、设备设施，并设置明显指示标识；公司有专人负责安全设施、器材的管理，且管理规范；设有覆盖安全重点部位视频监控设备，并保持实时监控；应急通道、安全出口、消防车通道保证畅通。

（2）特种设备及电器管理情况。

按要求建立严格的举升机操作规程和操作流程，定期对举升机进行例检，并按要求进行检查维护，保证技术状态良好；应按照《特种设备安全监察条例》《特种设备质量监督与安全监察规定》及特种设备相关的检验规程，对特种设备及其安全附件进行定期检验和维护保养，指定专人对特种设备进行管理，规范建立特种设备台账；按照国家相关法律法规规范电气安全管理，电气装置周围应留有足够的安全通道和工作空间，应远离易燃、易爆和腐蚀性物品，不得被其他杂物遮盖。

（3）喷涂作业管理情况。

在室内进行喷涂作业，设置独立的调漆间，涂漆作业区应设有专用的废水排放及处理措施，并设有通风设备，及时清理汽车喷烤漆房内的杂物，并定期清理汽车喷烤漆房烟道；按规定指定专人对汽车喷烤漆房进行管理，并在醒目位置安装负责人基本信息及永久性安全操作、保养文字标志；调试工位设置汽车尾气收集净化装置；动用明火作业时，必须办理动火证，并做好动火记录；气瓶不得置于受阳光暴晒、热源辐射及可能受到电击的地方，必须距离实际焊接或切割作业点足够远（一般为5米以上）；乙炔瓶和氧气瓶必须分开存放。

具体排查要点可参考《机动车维修企业安全生产标准化考评实施细则》，制定隐患排查表，实施隐患治理。

5.6 典型案例分析

某年3月某日早上，一辆中型普通客车，沿某市乡道行驶至某村集贸市场附近时，因制动失效，先后与一辆小货车、两辆面包车发生碰撞，并冲到赶集群众中，造成9人死亡、14人受伤，直接经济损失约490余万元。

事故发生后，党中央、国务院和省委、省政府高度重视，各级领导分别做出批示，要求全力救治伤员，妥善处理好善后。国家安监总局、公安部派员赶赴现场，该省副省长带领省有关部门负责同志赶赴现场指导现场救援和善后救治工作。

根据《生产安全事故报告和调查处理条例》、某省《生产安全事故报告和调查处理办法》和某市政府《关于较大道路交通事故责任调查处理工作意见（试行）》等有关规定，市政府决定成立由市安监局牵头,市公安局、市监察局、市交通运输局、市总工会和市政府组成的较大道路交通事故责任调查组,并邀请市检察院参加调查。

事故调查组按照"科学严谨、依法依规、实事求是、注重实效"的原则和"四不放过""一案六查"的要求,通过现场勘察、检验测试、技术鉴定、调查取证、综合分析和专家论证,查明了事故发生的经过、原因、应急处置、人员伤亡和直接经济损失情况,认定了事故性质和责任,提出了对有关责任人员和责任单位的处理建议,针对事故原因及暴露的问题,提出了事故防范和整改措施。

1. 肇事中型普通客车及其所有人、驾驶员情况

(1) 肇事车情况:该车于同年1月6日在某机动车辆检测有限公司进行机动车安全技术检验合格,核定载客19人,事故发生时实载12人。

(2) 肇事车驾驶员情况:中型普通客车驾驶员张某,驾驶证准驾车型A2,驾驶证在有效期内,状态正常。事故前一年的12月,由某交通服务中心进行上岗前培训,从业资格类别为道路客运、普货运输驾驶员,2月2日开始跑县内班车。

(3) 检验检测情况:某交通事故司法鉴定中心出具的道路交通事故司法鉴定意见书证实:中型普通客车制动性能不合格,驻车制动失效;在连续下坡路段短时间多次采取制动措施,制动气压值过低,致使制动失效。中型普通客车事故发生时(东风牌小型面包车发生碰撞时)的行驶速度约为58千米/时,该路面设计速度为40千米/时,因事故发生时,肇事车辆制动已失效,车速不受人为控制,故在事故认定中不认定超速是造成事故的原因。某市公安局交通物证鉴定所乙醇检验鉴定报告结论证实:驾驶员静脉血中未检测出乙醇成分,尿样检测结果呈甲基安非他明阴性。

2. 事故原因和性质

1)直接原因

肇事车辆实际所有人杨某某、实际管理人傅某未及时对肇事车辆故障进行检修,致使该中型普通客车制动性能不合格,驻车制动失效;在连续下坡路段短时间多次采取制动措施,制动气压值过低,致使制动失效,车辆失控;赶集村民无序散乱或集聚在交通道路上,造成安全隐患,致使事故伤亡扩大。

2)间接原因

(1) 道路旅客运输企业安全生产主体责任不落实。

① 某交通服务中心安全科虚设,未按规定配备专职安全生产管理人员,日常安全管理严重缺失,致使未能及时消除肇事车辆存在的安全隐患;安全教育培训流于形式,致使肇事车辆驾驶员安全意识差,在明知车辆存在安全隐患的情况下,冒险驾驶车辆上路运营。

② 某市长途汽车运输有限公司受某市汽车站委托对营运客车安全例检,所建检测线检测能力达不到实际检测要求,致使营运客车漏检、不检问题存在;例检人员违反例检工作规章制度和操作规程,在未对肇事车辆进行例检的情况下,违规出具合格报告,致使肇事车辆存在安全隐患上路运营。

③ 某市汽车站明知受委托方检测能力达不到客车安全运营要求,未有效制止和采取措施;未与受委托方签订专门的安全管理协议,未对其进行统一协调、管理;对受委托方例检

行为监督、检查不严格,致使肇事车辆未经实际安全检查,存在安全隐患就上路运营。

(2)肇事车辆所有人、实际管理人和驾驶员安全意识差。

肇事车辆实际所有人杨某某、实际管理人傅某及驾驶员张某安全意识差,存在侥幸心理,不遵守道路交通安全法规,致使车辆带病冒险上路运行,造成事故隐患。事故发生前 3～4 天,驾驶员张某便发现肇事车辆存在油门供油不足问题,打电话告诉了傅某,傅某没有足够重视,没有及时安排对车辆进行检修。事发当天早上,肇事车辆油门供油不足问题已经非常严重,张某再次向傅某汇报,傅某因家中有事且存在侥幸心理,答复张某说"可能是柴油滤芯出问题,今天没空,明天再处理"。傅某将车辆的情况告知实际所有人杨某某,杨某某也因家中有事没有及时安排对车辆进行检修。张某在明知肇事车辆存在安全隐患的情况下,冒险上路运行,致使事故发生。

(3)交通运输和道路交通主管部门监管责任不落实。

① 某市交通运输局未认真履行道路旅客运输企业安全管理工作职责。对某市交通服务中心履行客运车辆安全生产主体责任中存在问题失察;对某市长途汽车运输有限公司违规出具客运车辆安全例检合格报告行为失察,对某市汽车站落实客运车辆安全运营管理不力失察。

② 某市公安局交通警察大队工作失职,未认真履行对农村公路交通安全巡查管控职责,在开展"道路交通隐患大排查快整治严执法"集中行动中未发现事故隐患,对集市附近公路人员秩序混乱、少数小摊小贩在事发路段公路上经营未采取有效的管控措施。

③ 某市交通运输管理处未认真按照安全生产"三个必须"(即管行业必须管安全、管业务必须管安全、管生产经营必须管安全)工作要求,督促道路旅客运输企业落实安全生产主体责任,隐患排查集中行动中未发现事故隐患,对某市交通运输部门客运安全工作不力失察。

3. 事故性质

经调查认定,某市较大道路交通事故是一起生产安全责任事故。

第 6 章

应急管理

6.1 应急体系的构成和响应程序

6.1.1 应急体系的构成

由于潜在的重大事故风险多种多样,所以每一类事故灾难的相应应急措施可能千差万别,但其基本应急模式是一致的。构建应急体系应贯彻顶层设计和系统论的思想,以事件为中心,以功能为基础,分析和明确应急工作的各项需求,在应急能力评估和应急资源统筹安排的基础上,科学地建立规范化、标准化的应急体系,保障各级应急体系的统一和协调。

一个完整的应急体系应由组织体制、运作机制、法制基础和保障系统四部分构成。

1. 组织体制

应急体系组织体制建设中的管理机构是指维持应急日常管理的负责部门;功能部门包括与应急活动有关的各类组织机构,如消防、医疗机构等;应急指挥是在应急预案启动后,负责应急活动场外与场内指挥的系统;而救援队伍则由专业人员和志愿人员组成。

2. 运作机制

应急活动一般划分为应急准备、初级响应、扩大应急和应急恢复四个阶段,应急运作机制与这四个阶段的应急活动密切相关。应急运作机制主要由统一指挥、分级响应、属地为主和公众动员这四个基本机制组成。

统一指挥是应急活动的最基本原则。应急指挥一般可分为集中指挥与现场指挥,或场外指挥与场内指挥等。无论采用哪一种指挥系统,都必须实行统一指挥的模式;无论应急活动涉及单位的行政级别高低和隶属关系如何,都必须在应急指挥部的统一组织协调下行动,有令则行,有禁则止,统一号令,步调一致。

分级响应是指在初级响应到扩大应急的过程中实行的分级响应的机制。扩大或提高应急级别的主要依据是事故灾难的危害程度、影响范围和控制事态能力。影响范围和控制事态能力是"升级"的最基本条件。扩大应急主要是提高指挥级别,扩大应急范围等。

根据《国家突发公共事件总体应急预案》(国发〔2005〕第 11 号)规定,各类突发公共事件按照其性质、严重程度、可控性和影响范围等因素,一般分为四级:Ⅰ级(特别重大)、Ⅱ级(重大)、Ⅲ级(较大)和Ⅳ级(一般)。

属地为主强调"第一反应"的思想和以现场应急、现场指挥为主的原则。

公众动员机制是应急机制的基础,也是整个应急体系的基础。

3. 法制基础

法制建设是应急体系的基础和保障,也是开展各项应急活动的依据,与应急有关的法规可分为四个层次:由立法机关通过的法律,如突发事件应对法等;由政府颁布的规章;包括预案在内的以政府令形式颁布的政府法令、规定等;与应急活动直接有关的标准或管理办法等。

4. 保障系统

信息与通信系统列于应急保障系统第一位,而构筑集中管理的信息通信平台是应急体系最重要的基础建设。应急信息通信系统要保证所有预警、报警、警报、报告、指挥等活动的信息交流快速、顺畅、准确,以及信息资源共享;物资与装备不但要保证有足够的资源,而且还要实现快速、及时供应到位;人力资源保障包括专业队伍的加强、志愿人员及其他有关人员的培训教育;应急财务保障应建立专项应急科目,如应急基金等,以保障应急管理运行和应急反应中各项活动的开支。

6.1.2 事故应急体系响应程序

事故应急体系响应程序按过程包括:接警与响应级别确定、应急启动、救援行动、应急恢复和应急结束五个步骤。

1. 接警与响应级别确定

接到事故报警后,按照工作程序,对警情做出判断,初步确定相应的响应级别。如果事故不足以启动应急体系的最低响应级别,响应关闭。由自然灾害、道路运输生产事故等原因引发的突发事件,企业应根据其造成或者可能造成的重要客运枢纽运行中断时间、人员伤亡情况、生态环境破坏和社会危害严重程度等情况综合确定突发事件响应级别。

2. 应急启动

应急响应级别确定后,按所确定的响应级别启动应急程序,如通知应急中心有关人员到位、开通信息与通信网络、通知调配救援所需的应急资源(包括应急队伍和物资、装备等)、成立现场指挥部等。

3. 救援行动

相关应急队伍进入事故现场后,迅速开展事故侦测、警戒、疏散、人员救助、工程抢险等有关应急工作,专家组为救援决策提供建议和技术支持。当事态超出响应级别无法得到有效控制时,向应急中心请求实施更高级别的响应。

4. 应急恢复

救援行动结束后,进入临时应急恢复阶段。该阶段主要包括现场清理、人员清点和撤离、警戒解除、善后处理和事故调查等。

5. 应急结束

突发事件的威胁和危害得到控制或者消除，经有关单位或组织发出突发事件应急响应终止，执行应急关闭程序，由应急总指挥宣布应急结束。

6.2 应急预案的编制

6.2.1 应急预案的基本内容

事故应急预案的基本结构通常采用"1+4"预案编制结构，即由一个基本预案加上应急功能设置、特殊风险管理、标准操作程序和支持附件构成。

1. 基本预案

基本预案是应急预案的总体描述，主要阐述应急预案所要解决的紧急情况、应急的组织体系、方针、应急资源、应急的总体思路，并明确各应急组织在应急准备和应急行动中的职责以及应急预案的演练和管理等规定。

2. 应急功能设置

应急功能是指针对各类重大事故应急救援中通常采取的一系列的基本应急行动和任务，如指挥和控制、警报、通信、人群疏散与安置、医疗、现场管制等。因此，设置应急功能时，应针对潜在重大事故的特点综合分析并将其分配给相关部门。对每一项应急功能都应明确其针对的形势、目标、负责机构和支持机构、任务要求、应急准备和操作程序等。

3. 特殊风险管理

特殊风险指根据某类事故灾难、灾害的典型特征，需要对其应急功能做出针对性安排的风险。应说明处置此类风险应该设置的专有应急功能或有关应急功能所需的特殊要求，明确这些应急功能的责任部门、支持部门、有限介入部门以及它们的职责和任务，为制定该类风险的专项预案提出特殊要求和指导。

4. 标准操作程序

由于基本预案、应急功能设置并不说明各项应急功能的实施细节，因此各应急功能的主要责任部门必须组织制定相应的标准操作程序，为应急组织或个人提供履行应急预案中的规定职责和任务的详细指导。

5. 支持附件

支持附件主要包括应急救援的有关支持保障系统的描述及有关的附图表，如危险分析附件，通信联络附件，法律法规附件，机构和应急资源附件，教育、培训、训练和演习附件，技术支持附件，协议附件，其他支持附件等。

6.2.2 道路运输企业应急预案的内容

企业应急预案体系主要由综合应急预案、专项应急预案和现场处置方案构成。企业应根据本单位组织管理体系、生产规模、危险源的性质以及可能发生的事故类型确定应急预案体系；并可根据本单位的实际情况，确定是否编制专项应急预案。风险因素单一的小微企业可只编写现场方案。

综合应急预案是企业应急预案体系的总纲，主要从总体上阐述事故的应急工作原则，包括企业的应急组织机构及职责、应急预案体系、事故风险描述、预警及信息报告、应急响应、保障措施、应急预案管理等内容。

专项应急预案是企业为应对某一类型或某几种类型事故，或者针对重要生产设施、重大危险源、重大活动等内容而制订的应急预案。专项应急预案主要包括事故风险分析、应急指挥机构及职责、处置程序措施等内容。

现场处置方案是企业根据不同事故类型，针对具体的场所、装置或设施所制订的应急处置措施，主要包括事故风险分析、应急工作职责、应急处置和注意事项等内容。企业应根据风险评估、岗位操作规程以及危险性控制措施，组织本单位现场作业人员及安全管理等专业人员共同编制现场处置方案。

道路运输企业应当针对本单位可能发生的生产安全事故的特点和危害，进行风险辨识和评估，制定相应的生产安全事故应急预案，并向本单位从业人员公布；道路运输事故应急救援预案应当符合有关法律、法规、规章和标准的规定，具有科学性、针对性和可操作性，明确规定企业应急组织体系、职责分工以及应急救援程序和措施。

道路运输事故应急预案可参考交通运输部《交通运输突发事件应急管理规定》《道路运输突发事件应急预案》《危险货物道路运输企业运输事故应急预案编制要求》等内容进行编制。

危险货物道路运输企业运输事故应急预案一般包含以下内容。

1. 企业概况

企业基本情况，至少应包括企业地址、从业人数、运输车辆车型、运量、起始地、目的地、行驶路线图、企业应急资源等内容。

2. 应急组织设置

设置应急组织，至少包括应急领导组、技术指导组和现场工作组，明确各组职责。

3. 事故及其灾害后果预测

确定可能引起的事故、预测灾害后果，形成事故及其灾害后果预测表。预测表可参考《危险货物道路运输企业运输事故应急预案编制要求》（JT/T 911）附录内容编制。

4. 驾驶人员和押运人员应急处置

（1）停车处置。

停车处置至少应明确以下内容：

① 立即停车，明确停车后将发动机熄火并切断所有电源的规定；对于无法立即停车的，明确移动后停车的条件以及停车位置的要求；

② 如果是危险货物运输，撤离驾驶室时需要携带安全卡等重要资料清单。

（2）事故发生时的信息报告。

信息报告内容至少应明确以下方面：事故发生地报警电话；事故发生地交通运输主管部门、本企业 24 小时有效的联络方式、手段；事故信息报告的流程和时限；事故信息报告的内容和方式。

（3）事故信息报告的内容。

道路运输事故信息报告至少应包括以下内容：

① 报告人姓名、联系方式；
② 发生的事故及部位；
③ 发生时间、具体地点（如，×公路×公里处）、行驶方向；
④ 车辆牌照、载客人数、荷载吨位、车辆类型、罐车罐体容积、当前状况；
⑤ 如果是危险货物运输，还应包括 UN 编号、危险货物品名、数量，当前状况；
⑥ 人员伤亡及危害情况；
⑦ 已采取或拟采取的应急处置措施。

（4）现场处置。

现场处置至少应明确以下内容：

① 个体防护措施；
② 初期应急处理措施；
③ 放置警告标志，设置警戒、协助疏散人员方案；
④ 现场保护方案；
⑤ 配合政府部门开展应急的要求。

5. 企业应急处置

（1）信息报送与通信联络。

信息报送与通信联络至少应明确以下内容：

① 当地安全生产监督管理部门、环境保护、公安、卫生主管部门有效的联络方式和手段；
② 本企业和托运人 24 小时有效的应急通信联络方式；
③ 事故信息接收和通报程序、内容、时限。

（2）响应分级。

依据事故等级，确定应急响应级别。

（3）应急响应和行动。

依据应急响应级别，应急响应和行动至少应明确以下内容：

① 应急指挥；
② 分析、评估事态及发展；
③ 对现场应急处置的技术指导；
④ 应急资源调配；
⑤ 接受主管部门的组织、调度和指挥，协助应急救援；
⑥ 扩大应急。

（4）应急结束。

应急结束至少应明确以下内容：
① 应急终止条件；
② 事故情况上报事项；
③ 需向事故调查处理小组移交的相关事项。

6. 信息发布

明确事故信息发布的条件、部门、范围和内容等。

7. 后期处置

恢复和重建等后期处置措施，至少应明确以下内容：
① 污染物处理；
② 受伤人员处理；
③ 事故后果影响消除和生产运输秩序恢复；
④ 善后赔偿；
⑤ 事故经过、原因和应急处置工作应验教训报告；
⑥ 应急预案的更新。

8. 应急保障

应急保障至少应明确以下内容：
① 与应急工作相关联的单位或人员通信联系方式和方法，并提供备用方案；
② 本企业和托运人的应急队伍；
③ 应急装备、物资和储备运力，主要包括名称、型号、数量、性能、存放地点、管理者及其通信联系方式等；
④ 应急专项经费，主要包括来源、使用范围、额度和监督管理措施；
⑤ 其他相关保障，如运输保障、治安保障、技术保障、医疗保障、后勤保障等保障内容。

9. 应急培训和演练

（1）道路运输企业应当按照交通运输主管部门制定的应急预案的有关要求，制订年度应急培训计划，组织开展应急培训工作。

应急培训至少应明确以下内容：
① 培训对象；
② 培训内容；
③ 培训方式；
④ 培训频率和时间。

（2）道路运输企业应当根据本地区、本单位交通运输突发事件的类型和特点，制订应急演练计划，定期组织开展道路运输突发事件应急演练。

应急演练至少应明确以下内容：
① 演练目标、内容、规模；
② 参加演练的部门及人员；

③ 演练频次;
④ 评估、总结。

10. 附件

应急预案相关附件,主要包括以下内容:
① 危险货物安全技术说明书;
② 相关部门和单位通信录;
③ 本企业应急通信录;
④ 应急装备、物资和储备运力的名称、型号、存放地点、管理者及其通信联系方式;
⑤ 信息接收、处理、上报等规范化格式文本;
⑥ 事故及其灾害后果预测表;
⑦ 本企业与周边应急队伍签订的协议。

6.2.3 应急预案的编制程序

应急预案的编制一般可以分为六个步骤,具体步骤如下。

1. 成立工作组

结合本单位部门职能分工,成立以单位主要负责人为领导的应急预案编制工作组,明确编制队伍、职责分工,制定工作计划。

2. 资料收集

收集应急预案编制所需的各种资料。

3. 危险源与风险分析

在危险因素分析及事故隐患排查、治理的基础上,确定本单位的危险源、可能发生事故的类型和后果,进行事故风险分析并指出事故可能产生的次生事故以便形成分析报告,分析结果作为应急预案的编制依据。

4. 应急能力评估

对本单位应急装备、应急队伍等应急能力进行评估,并结合本单位实际,加强应急能力建设。

5. 应急预案编制

针对可能发生的事故,按照有关规定和要求编制应急预案。应急预案编制过程中,应注重全体人员的参与和培训,使所有与事故有关人员均掌握危险源的危险性、应急处置方案和技能。应急预案应充分利用社会应急资源,与地方政府预案、上级主管单位以及相关部门的预案相衔接。

6. 应急预案的评审与发布

评审由企业主要负责人组织有关部门和人员进行。外部评审由上级主管部门或地方政府负责安全管理的部门组织审查。评审后，按规定报有关部门备案，并经企业主要负责人签署发布。

道路运输企业事故应急预案编制程序可借鉴参考《交通运输突发事件应急管理规定》《道路运输突发事件应急预案》《危险货物道路运输企业运输事故应急预案编制要求》内容进行编制。

1）编制准备

（1）成立由管理人员、专业人员组成的应急预案编制小组，制定负责人。

（2）制定应急预案编制计划，至少应包括以下内容：

① 评估应急预案编制必要性；

② 明确编制人员职责；

③ 确定工作方案、进度；

④ 制定应急预案编制计划。

（3）收集、调查应急预案编制所需的各种资料，至少应包括以下内容：

① 相关法律法规和技术标准；

② 国内外同行业事故案例分析；

③ 车辆技术档案，车辆和从业人员事故违章处理记录；

④ 运输线路及沿线的地质环境、交通状况等。

（4）事故及其灾害后果预测。

危险货物道路运输事故预测表可参考《危险货物道路运输企业运输事故应急预案编制要求》（JT/T 911）附录内容编制。

（5）分析本企业和托运人的应急资源。

2）应急预案编制

根据应急预案种类，可按照《生产经营单位生产安全事故应急预案编制导则》（GB/T 29639）内容、格式及要求进行编制。

3）应急预案评审和上报

应急预案编写完成后，组织有关人员、机构和专家进行评审。评审通过后，按规定备案，并经企业主要负责人签署后发布。

4）应急预案更新

当有下列情形之一的，应进行应急预案更新。

① 原则上每两年组织修订、完善应急预案；

② 制定预案所依据的法律、法规、规章、标准发生重大变化；

③ 应急指挥机构及其职责发生调整；

④ 在预案演练或者应急救援中发现需要修订预案的重大问题；

⑤ 安全生产面临的风险发生重大变化；

⑥ 重要应急资源发生重大变化；

⑦ 其他应当修订的情形。

易燃易爆物品、危险化学品等危险物品的运输单位等人员密集场所经营单位，应当将其制定的生产安全事故应急救援预案按照国家有关规定报送县级以上人民政府负有安全生产监督管理职责的部门备案，并依法向社会公布。

道路运输企业可以通过国家建立的生产安全事故应急救援信息系统办理生产安全事故应急救援预案备案手续，报送应急救援预案演练情况和应急救援队伍建设情况。

6.3 应急人员及装备

6.3.1 应急人员和经费配备

根据《安全生产法》规定，国家加强生产安全事故应急能力建设，在重点行业、领域建立应急救援基地和应急救援队伍，鼓励企业和其他社会力量建立应急救援队伍。

道路运输企业应当对从业人员进行应急教育和培训，保证从业人员具备必要的应急知识，掌握风险防范技能和事故应急措施。

应急救援队伍的应急救援人员应当具备必要的专业知识、技能、身体素质和心理素质。应急救援队伍建立单位或者兼职应急救援人员所在单位应当按照国家有关规定对应急救援人员进行培训；应急救援人员经培训合格后，方可参加应急救援工作。

应急救援队伍应当配备必要的应急救援装备和物资，并定期组织训练。

道路运输企业应当及时将本单位应急救援队伍建设情况按照国家有关规定报送县级以上人民政府负有安全生产监督管理职责的部门，并依法向社会公布。

易燃易爆物品、危险化学品等危险物品运输单位企业，应当建立应急救援队伍；其中，小型企业或者微型企业等规模较小的生产经营单位，可以不建立应急救援队伍，但应当指定兼职的应急救援人员，并且可以与邻近的应急救援队伍签订应急救援协议。

危险物品的运输单位、城市轨道交通运营应当建立应急值班制度，配备应急值班人员；规模较大、危险性较高的易燃易爆物品、危险化学品等危险物品的运输单位应当成立应急处置技术组，实行 24 小时应急值班。

危险物品的生产、经营、储存、运输单位以及城市轨道交通运营单位应当配备必要的应急救援器材、设备和物资，并进行经常性维护、保养，保证正常运转。

根据《交通运输突发事件应急管理规定》（交通运输部令 2011 年第 9 号）相关规定，道路运输企业应当根据实际需要，建立由本单位职工组成的专职或者兼职应急队伍。所有列入应急队伍的应急人员，其所属单位应当为其购买人身意外伤害保险，配备必要的防护装备和器材，减少应急人员的人身风险。道路运输企业应当安排应急专项经费，保障道路运输突发事件应急工作的需要。应急专项资金和经费主要用于应急预案编制及修订、应急培训演练、应急装备和队伍建设、日常应急管理、应急宣传以及应急处置措施等。

6.3.2 应急装备

事故应急的装备一般可分为基本装备和专用救援装备两大类。

基本装备包括通信装备、交通工具、照明装置及个人防护装备。专用救援装备主要指各专业救援队伍所用的专用工具（物品）。医疗急救器械和急救药品的选配应根据需要，有针对性地加以配置。

通常情况下，事故现场常用应急装备和资料包括以下几类。

（1）消防设备，包括输水装置、软管、喷头、自用呼吸器、便携式灭火器等；

（2）危险物质泄漏控制设备，包括泄漏控制工具、探测设备、封堵设备、解除封堵设备等；

（3）个人防护装备，包括防护服、手套、安全靴、呼吸保护装置等；

（4）通信联络设备，包括对讲机、移动电话、电话、传真机等；

（5）医疗支持设备，包括救护车、担架、夹板、氧气、急救包等；

（6）应急电力设备，主要是指备用的发电机；

（7）资料，主要是指计算机及有关数据库和软件包、参考书、工艺文件、行动计划、材料清单等。

危险货物运输应急物资的配备可借鉴参考《危险化学品单位应急救援物资配备要求》（GB 30077）执行。

道路运输企业应当按照有关规划和应急预案的要求，根据应急工作的实际需要，建立健全应急装备和应急物资储备、维护、管理和调拨制度；储备必需的应急物资和运力，配备必要的专用应急指挥交通工具和应急通信装备，并定期对应急物资装备进行检查和维护，确保其处于正常使用状态。

道路运输企业应当将本单位应急装备、应急物资、运力储备和应急队伍的实时情况及时报所在地交通运输主管部门备案。

6.4 应急预案的实施与演练

企业发生事故后，应及时启动应急预案，组织有关力量进行救援，采取相应应急措施对现场进行处置，以减少人员伤亡和财产损失，并按照规定将事故信息及应急预案启动情况报告有关部门。对于在道路旅客运输过程中发生的生产安全事故，事故现场客运驾乘人员首先应当及时向事发地的公安部门及所属企业报告，并迅速按企业应急处置程序规定进行现场处置。其次，事故发生企业应当按规定的时间、程序、内容向事故发生地和企业所属地县级以上的应急管理、公安、交通运输等相关部门报告事故情况，并启动事故应急处置预案。

企业应当制订本单位的应急预案演练计划，根据事故预防重点，每年至少组织一次专项应急预案演练，每半年至少组织一次现场处置方案演练。应急预案演练结束后，应急预案演练组织单位应当对应急预案演练效果进行评估，撰写应急预案演练评估报告，分析存在的问题，并对应急预案提出修订意见。

易燃易爆物品、危险化学品等危险物品的运输单位等人员密集场所经营单位，应当至少每半年组织 1 次生产安全事故应急救援预案演练，并将演练情况报送所在地县级以上地方人民政府负有安全生产监督管理职责的部门。

6.4.1 应急预案演练的分类

应急演练指针对情景事件，按照应急预案而组织实施的预警、应急响应、指挥与协调、现场处置与救援、评估总结的一系列活动。情景事件指针对生产经营过程中存在的危险源或危险、有害因素而设定的突发事件。

应急演练是对实际突发事件应急过程的模拟，其目的是检验应急预案、应急装备、应急基础设施、后勤保障等内容是否真实、可靠、有效。通过演练，一可以检验预案的实用性、可用性、可靠性；二可以取得实战经验以修改应急预案的缺陷与不足，提高预案可操作性；

三可以检验员工是否明确自己的职责和应急行动程序，以及反映应急队伍的协同反应水平和实战能力；四可以提高人们避免事故、防止事故、抵抗事故的能力，提高对事故的警惕性。

按照应急演练的内容不同，应急演练可分为综合演练和专项演练；按照应急演练的形式不同，应急演练可分为现场演练和桌面演练；按照应急演练的目的不同，应急演练可分为检验性演练和研究性演练。

1. 综合演练

综合演练是指根据情景事件要素，按照应急预案开展检验预警、应急响应、指挥与协调、现场处置与救援、保障与恢复等应急行动和应对措施的全部应急功能的演练活动。

2. 专项演练

专项演练是指根据情景事件要素，按照应急预案开展检验某项或数项应对措施或应急行动的部分应急功能的演练活动。

3. 现场演练

现场演练是指选择（或模拟）生产建设某个工艺流程或场所，现场设置情景事件要素，并按照应急预案开展预警、应急响应、指挥与协调、现场处置与救援等应急行动和应对措施的演练活动。

4. 桌面演练

桌面演练是指设置情景事件要素，在室内会议桌面（图纸、沙盘、计算机系统）上，按照应急预案模拟实施预警、应急响应、指挥与协调、现场处置与救援等应急行动和应对措施的演练活动。

5. 检验性演练

检验性演练是指不预先告知情景事件，由应急演练的组织者随机控制，参演人员根据演练设置的突发事件信息，按照应急预案组织实施预警、应急响应、指挥与协调、现场处置与救援等应急行动和应对措施的演练活动。

6. 研究性演练

研究性演练是指为验证突发事件发生的可能性、波及范围、风险水平，以及检验应急预案的可操作性、实用性等而开展的预警、应急响应、指挥与协调、现场处置与救援等应急行动和应对措施的演练活动。

6.4.2 应急预案培训及演练

1. 应急预案培训

道路运输企业应采取多种形式开展应急预案的宣传教育，普及生产安全事故避险、自救和互救知识，提高从业人员的安全意识与应急处置技能。通过组织开展本企业的应急预案、应急知识、自救互救和避险逃生技能的培训活动，使有关人员了解应急预案内容，熟悉应急职责、应急处置程序和措施。应急预案培训的时间、地点、内容、师资、参加人员和考核结果等情况应当如实记入本企业的安全生产教育和培训档案。

2. 应急预案演练

（1）预警与报告。

根据事故情景，向相关部门或人员发出预警信息，并向有关部门和人员报告事故信息。

（2）指挥与协调。

根据事故情景，成立应急指挥部，调集应急队伍等相关资源，开展应急行动。

（3）应急通信。

根据事故情景，在应急相关部门或人员之间进行音频、视频信号或数据信息互通。

（4）事故监测。

根据事故情景，对事故现场进行观察、分析或测定，确定事故严重程度、影响范围和变化趋势等。

（5）警戒与管制。

根据事故情景，建立应急处置现场警戒区域，实行交通管制，维护现场秩序。

（6）疏散与安置。

根据事故情景，对事故可能波及范围内的相关人员进行疏散、转移和安置。

（7）医疗卫生。

根据事故情景，调集医疗卫生专家和卫生应急队伍开展紧急医学救援，并开展卫生监测和防疫工作。

（8）现场处置。

根据事故情景，按照应急预案和现场指挥部要求对事故现场进行控制和处理。

（9）社会沟通。

根据事故情景，召开新闻发布会或事故情况通报会，通报事故有关情况。

（10）后期处置。

根据事故情景，应急处置结束后，开展事故损失评估、事故原因调查、事故现场清理和相关善后工作。

（11）其他。

根据相关行业（领域）安全生产特点所包含的其他应急功能。

6.4.3 应急预案演练的组织与实施

1. 应急预案演练的组织

1）演练计划

演练计划应包括演练目的、类型（形式）、时间、地点、演练主要内容、参加单位和经费预算等。

2）演练准备

（1）成立演练组织机构。综合演练通常成立演练领导小组，下设策划组、执行组、保障组、评估组等专业工作组。根据演练规模大小，其组织机构可进行调整。

（2）编制演练文件。

① 演练工作方案内容主要包括：应急演练目的及要求，应急演练事故情景设计，应急演练规模及时间，参演单位和人员主要任务及职责，应急演练筹备工作内容，应急演练主要步骤，应急演练技术支撑及保障条件，应急演练评估与总结。

② 根据需要，可编制演练脚本。演练脚本是应急演练工作方案具体操作实施的文件，帮助参演人员全面掌握演练进程和内容。演练脚本一般采用表格形式，主要内容包括：演练模拟事故情景；处置行动与执行人员；指令与对白、步骤及时间安排；视频背景与字幕；演练解说词等。

③ 演练评估方案通常包括演练信息、评估内容、评估标准、评估程序、附件五个部分。

④ 演练保障方案。针对应急演练活动可能发生的意外情况制定演练保障方案，并进行演练，做到相关人员应知应会，熟练掌握。演练保障方案应包括应急演练可能发生的意外情况、应急处置措施及责任部门、应急演练意外情况中止条件与程序等内容。

⑤ 演练观摩手册。根据演练规模和观摩需要，可编制演练观摩手册。演练观摩手册通常包括应急演练时间、地点、情景描述、主要环节及演练内容、安全注意事项等内容。

（3）演练工作保障。

① 人员保障。按照演练方案和有关规定，要求策划、执行、保障、评估、参演等人员参加演练活动，必要时还可设置替补人员。

② 经费保障。根据演练工作需要，明确演练工作经费及承担单位。

③ 物资和器材保障。根据演练工作需要，明确各参演单位所准备的演练物资和器材等。

④ 场地保障。根据演练方式和内容，选择合适的演练场地。演练场地应满足演练活动需要，避免影响企业和公众正常生产、生活。

⑤ 安全保障。根据演练工作需要，采取必要安全防护措施，确保参演、观摩等人员以及生产运行系统安全。

⑥ 通信保障。根据演练工作需要，采用多种公用或专用通信系统，保证演练通信信息通畅。

⑦ 其他保障。根据演练工作需要，提供其他保障措施。

2. 应急预案演练的实施

（1）熟悉演练任务和角色。

组织各参演单位和参演人员熟悉各自参演任务和角色，并按照演练方案要求组织开展相应的演练准备工作。

（2）组织预演。

在综合应急演练前，演练组织单位或策划人员可按照演练方案或脚本组织桌面推演或合成预演，熟悉演练实施过程的各个环节。

（3）安全检查。

确认演练所需的工具、设备、设施、技术资料以及参演人员到位。对应急演练安全保障方案以及设备、设施进行检查确认，确保安全保障方案可行、设备及设施完好。

（4）应急演练。

应急演练总指挥下达演练开始指令后，参演单位和人员按照设定的事故情景，实施相应的应急响应行动，直至完成全部演练工作。演练实施过程中如出现特殊或意外情况，演练总指挥可决定中止演练。

（5）演练记录。

演练实施过程中，安排专门人员采用文字、照片和音像等手段记录演练过程。

（6）评估准备。

演练评估人员根据演练事故情景设计以及具体分工，在演练现场实施过程中展开演练评估工作，记录演练中发现的问题或不足，收集演练评估需要的各种信息和资料。

（7）演练结束。

演练总指挥宣布演练结束，参演人员按预定方案集中进行现场讲评或者有序疏散。

3. 应急预案演练的评估

（1）现场点评。

应急演练结束后，评估人员或评估组负责人在演练现场对演练中发现的问题、不足及取得的成效进行口头点评。

（2）书面评估。

评估人员针对演练中观察、记录以及收集的各种信息资料，依据评估标准对应急演练活动全过程进行科学分析和客观评价，并撰写书面评估报告。评估报告应重点对演练活动的组织和实施、演练目标的实现、参演人员的表现以及演练中暴露的问题进行评估。

4. 应急预案演练的总结

应急演练结束后，演练组织单位应根据演练记录、演练评估报告、应急预案、现场总结等材料，对演练进行全面总结，并形成演练书面总结报告。演练书面总结报告对应急演练准备、策划等工作进行简要总结分析。演练书面总结报告的内容主要包括：演练基本概要，演练发现的问题和取得的经验和教训，应急管理工作建议。参与单位也可对本单位的演练情况进行总结。

5. 应急预案演练的资料归档

（1）应急演练活动结束后，演练组织单位应将应急演练工作方案、应急演练书面评估报告、应急演练总结报告等文字资料，以及记录演练实施过程的相关图片、视频、音频等资料归档保存。

（2）对主管部门要求备案的应急演练资料，演练组织单位应及时将相关资料报主管部门备案。

6. 应急预案演练的持续改进

（1）应急预案修订完善。

根据演练评估报告中对应急预案的改进建议，由应急预案编制部门按程序对预案进行修订完善。

（2）应急管理工作改进。

① 应急演练结束后，演练组织单位应根据应急演练评估报告、总结报告提出的问题和建

议,对应急管理工作(含应急演练工作)进行持续改进。

② 演练组织单位应督促相关部门和人员,制定整改计划,明确整改目标,制定整改措施,落实整改资金,并跟踪督查整改情况。

6.5 道路运输企业突发事件应急处置流程与措施

当道路运输企业突发事件发生后,发生地道路运输主管部门应当立即启动相应的应急预案,在本级人民政府的统一领导下,组织、部署道路运输突发事件的应急处置工作。一般情况下,道路运输突发事件的处置流程如图6-1所示。

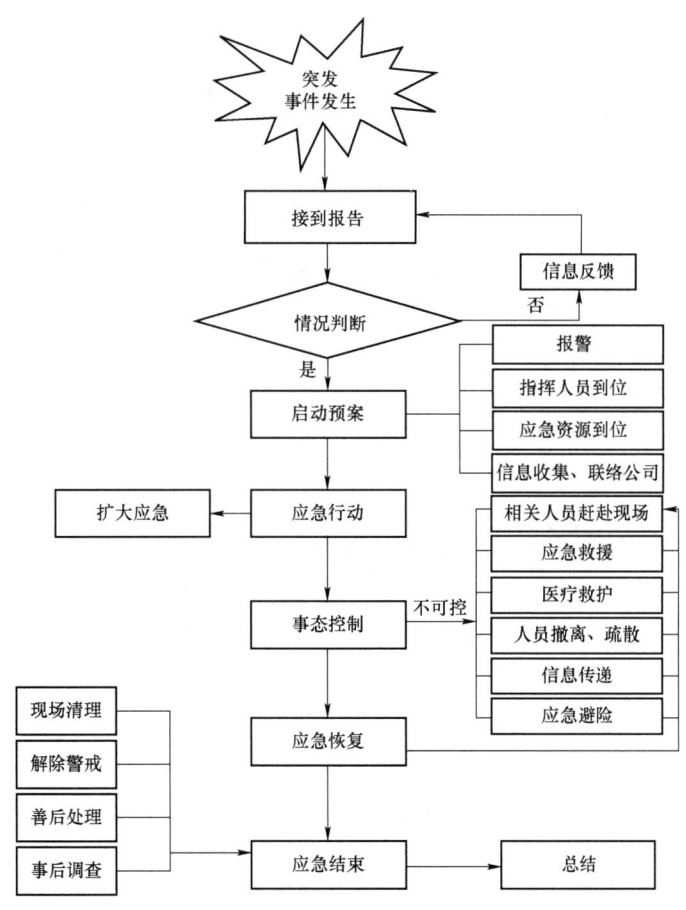

图6-1 道路运输突发事件处置流程图

道路运输突发事件发生后,负责或者参与应急处置的道路运输主管部门应当根据有关规定和实际需要,采取以下措施:

① 组织运力疏散、撤离受困人员,组织搜救突发事件中的遇险人员,组织应急物资运输;

② 调集人员、物资、设备、工具,对受损的道路基础设施进行抢修、抢通或搭建临时性设施;

③ 对危险源和危险区域进行控制，设立警示标志；

④ 采取必要措施，防止次生、衍生灾害发生；

⑤ 必要时请求本级人民政府和上级道路运输主管部门协调有关部门，启动联合机制，开展联合应急行动；

⑥ 按照应急预案规定的程序报告突发事件信息以及应急处置的进展情况；

⑦ 建立新闻发言人制度，按照本级人民政府的委托或者授权及相关规定，统一、及时、准确地向社会和媒体发布应急处置信息；

⑧ 其他有利于控制、减轻和消除危害的必要措施。

道路运输突发事件超出本级道路运输主管部门处置能力或管辖范围的，道路运输主管部门可以采取以下措施：

① 根据应急处置需要请求上级道路运输主管部门在资金、物资、设备设施、应急队伍等方面给予支持；

② 请求上级道路运输主管部门协调突发事件发生地周边道路运输主管部门给予支持；

③ 请求上级道路运输主管部门派出现场工作组及有关专业技术人员给予指导；

④ 按照建立的应急协作机制，协调有关部门参与应急处置。

在需要组织开展大规模人员疏散、物资疏运的情况下，道路运输主管部门应当根据本级人民政府或者上级道路运输主管部门的指令，及时组织运力参与应急运输。

道路运输企业应当加强对本单位应急设备、设施、队伍的日常管理，保证应急处置工作及时、有效开展；道路运输突发事件应急处置过程中，道路运输企业应当接受道路运输主管部门的组织、调度和指挥；道路运输主管部门根据应急处置工作的需要，可以征用有关单位和个人的道路运输工具、相关设备和其他物资，有关单位和个人应当予以配合。

6.6 道路运输常见突发事件应急处置方法

1. 车辆火灾

车辆发动机舱、车厢、行李舱、轮胎等部位出现冒烟、火苗时，通常按照以下要求进行应急处置。

（1）立即选择安全区域（远离周围易燃物）停车，打开车门，迅速熄火、关闭电源总开关。

（2）组织现场人员安全疏散。遇车门电气开关发生故障无法打开车门时，可通过操作设置在车门附近的应急阀手动开启车门或使用安全锤破窗，组织现场人员逃生。将现场人员疏散到来车方向距事故发生地点100米以外道路或护栏外侧的安全区域；有人员受伤时，及时采取自救和互救措施。

（3）设置警戒并拨打119或122交通报警电话，并向所属单位报告。

（4）起火初期，可采取适当措施控制火势：迅速取下灭火器，拔出保险销，站在上风位置，将灭火器喷管对准火焰根部喷射，由近及远，左右扫射，快速推进。遇发动机舱内冒烟或出现火苗，尽量不要打开发动机罩，从车身通气孔、散热器或车底进行灭火。遇车厢内冒烟或出现火苗，对准起火部位采取灭火措施。

（5）如果火势较大，蔓延迅速，短时间无法控制，应迅速撤离，并采取合适的方式迅速通知往来及周围人员应远离着火车辆（须保证自身安全，同时注意防范发生二次事故），等待专业救援队伍救援。

2. 爆胎（高速爆胎）

（1）车辆发生爆胎时，应保持镇静，分情况处置：① 前轮爆胎，立即握稳方向盘，尽量控制车辆直线滑行，不可猛踩制动踏板，挂低挡，松开油门踏板并反复轻踩刹车，将汽车缓慢停下来。若已有方向偏离时，控制行驶方向时不可过度矫正，待车速明显降低后，就近选择安全区域停车。② 后轮爆胎，此时应该立即握稳方向盘，反复轻踩踏板，采用收油减挡的方式将汽车缓慢停靠。

（2）车辆靠边停好后，马上打开车辆的危险报警闪光灯，熄火并拉上手刹（迫不得已在坡道停靠时，轮胎下方应垫塞三角木，以保证停车可靠）。

（3）从后视镜观察后方确保没有来车时，方可下车检查车辆情况，并尽快在车辆后方150米处放置三角反光板。驾驶员根据车辆的实际情况选择自行更换备胎或拨打报警电话122寻求道路救援服务。

3. 高速公路交通事故

当车辆在高速公路上发生交通事故时，驾驶员立即开启危险报警闪光灯，并在来车方向距事故车辆150米处摆放危险警告标志，不得妨碍后方车辆行驶；若在坡道、弯道、隧道等视线不良的高速公路路段，危险警告标志应摆放在入坡道、入弯道、入隧道或能更早提醒来车注意的位置；在夜间或雨雾等视线不良条件下，若车辆的示廓灯和前后位灯仍有效，立即同时开启。

转移现场人员至来车方向距车辆100米以外的道路或护栏外侧的安全区域，不应让现场人员滞留在行车道上。如有人员伤亡，应对伤员的处境和伤情进行判断，选择正确的急救方式。及时拨打122道路交通事故报警电话和车辆保险电话，同时报告车属单位。如有伤亡，拨打120急救电话。

4. 危险货物道路运输事故

危险货物运输事故发生后，现场人员应快速、准确地报告事故信息，多方寻求专业机构的帮助，有助于缩短应急反应时间、科学开展事故救援。

（1）驾驶员、押运员。

在危险货物运输过程中发生燃烧、爆炸、污染、中毒或者被盗、丢失、流散、泄漏等事故时，危险货物运输驾驶员、押运员应当立即采取应急处置措施，并向事故发生地公安部门、交通运输主管部门和本运输企业报告。有关救援人员到达事故现场后，驾驶员、押运员应将事故全部详细信息报告给救援人员。

（2）危险货物运输企业。

危险货物运输企业接到事故报告后，企业主要负责人应按照本企业危险货物应急预案组织救援，并向事故发生地安全生产监督管理部门和环境保护、卫生主管部门，以及车籍地交通运输主管部门报告。

（3）到达事故现场的人员。

有关人员到达事发现场后，首先应该辨认危险货物的状态，保护自身和公众，确保周围的安全。如果条件允许，应尽快地向受过训练的专业人员求助。到达事故现场的人员应按照标准操作程序或当地应急预案开展救援工作。一般情况下，报告程序以及获取技术信息时应按照以下方法进行。

① 报告有关的组织或机构：必须报告当地的公安消防部门。

② 拨打应急电话：拨打当地的应急电话。

③ 国家层面的支持：如果找不到当地的应急电话，可以与一些应急机构联系，尽可能地向其提供危险物质和事故的信息。

到达事故现场的人员如果能够安全获取下列信息，要尽快汇总并提供给事故处理小组和负责技术指导的专家。

① 求助者姓名，电话号码和传真号码；

② 事发位置和现场状况（泄漏、着火等）；

③ 事故现场危险货物的名称和 UN 号；

④ 货主/收货人/发货地点；

⑤ 承运人名称和车牌号；

⑥ 包装类型及其大小；

⑦ 货物的运输量/泄漏量；

⑧ 当地环境（天气、地形、是否邻近学校、医院、下水道等）；

⑨ 伤亡和接触状况；

⑩ 已经报告或联系过的当地应急服务机构。

救援人员在开展危险货物运输事故应急过程中，应采取有效的安全防护措施，科学施救，在保证自身安全的前提下开展应急工作。

危险货物道路运输事故现场个体防护及处置流程一般如下。

（1）进入事故现场之前。

① 对现场状况进行评估。进入事故现场前，必须要进行全面的事故状况评估。对事故现场进行评估需要考虑事故性质、天气情况、事故发生位置的地形特点、事故危害程度、车辆能否移开、应急资源需求（人员和设备）、可实施的应急措施等因素。

② 确认事故危害。通过标志牌、外包装标签、危险货物运输单据、化学品安全技术说明书以及事故现场的专家提供的信息，确认事故可能造成的危害。

③ 确保事故现场的安全。在直接进入事故现场之前，应先对其进行隔离，保证人员在危险范围之外，以确保人群和周围环境的安全，并有足够的空间来调动必需的设备。

④ 做好进入事故现场之前的准备。在进行人员的营救、财产和环境的保护时，必须考虑到应急人员可能会有危险。因此，应急救援人员进入危险区域之前必须做好个体防护措施。

（2）进入事故现场。

开展应急处置，应当从上风向、上坡或上游缓慢接近事故现场，并注意：

① 远离气化物、火苗、烟雾和溢出物等；

② 实施交通管制，使其他车辆与事故现场保持安全距离。

（3）事故现场的应急。

应急最重要的是保证危险区内人员的安全，包括救援人员本身。救援人员应采取必要的个体防护措施，相互之间建立通信联系。选择合适的方式实施救援，如果条件允许，可立即进行伤亡抢救；否则，则应迅速撤离，保持对险情的控制，并根据现场情况变化，及时调整救援措施。

救援过程中严禁接触各种泄漏物质。在进行现场危险货物空箱处理时也要高度谨慎。很多无气味的烟雾和蒸气也可能存在毒性。因此，所有现场人员要避免吸入现场烟雾和蒸气。

5. 不法人员在站（场）内实施暴力或抢劫事件

站（场）内发现不法分子袭扰、行凶、行窃、斗殴、抢劫、劫持人质、放火、破坏公私财物等违法行为时，站（场）工作人员通常采取以下处置方法：

① 迅速报警，拨打110请求援助；
② 迅速报告公司领导；
③ 安保人员对歹徒进行劝阻或制服，保护现场人员安全；
④ 为防止不法分子逃跑，在制止、制服其前关闭站门，警戒现场；
⑤ 立即将受伤人员送往医院救治；
⑥ 记录不法分子的体貌特征和其他犯罪情节，收缴不法分子施暴凶器，保护好案发现场；
⑦ 组织相关人员配合上级有关部门做好善后工作。

6. 汽车客运站危险物品安全事故

严禁易燃、易爆、易腐蚀等危险物品进站上车。在汽车客运站范围内发生危险物品安全事故时，汽车客运站工作人员通常可以采取以下处置方法。

（1）及时将旅客疏散至安全地段，迅速将事故信息报告交通主管部门和当地政府。事故信息报告一般包括以下内容：报告人姓名、联系方式，发生的事故及部位，发生时间、具体地点，易燃、易爆、易腐蚀等危险物品种类、数量，携带人信息，人员伤亡及危害情况，已采取或拟采取的应急处置措施。

（2）在最短的时间内将受伤的旅客送至医院抢救，及时拨打110、119、120请求救助。

（3）保护好现场，防止无关人员进入现场，避免再次造成人员伤亡。

（4）采取有效措施，做好善后处置工作。

7. 暴雨

暴雨天气，能见度低，视线不佳，可打开近光灯和示廓灯，并将雨刷调到最快。当靠刮水器难以改善视线时，要选择安全地点停车，并开启示廓灯，待雨量减小或雨停后方可继续上路行驶。

暴雨天气行车时，应降低车速，尽量避免通过积水路段。如果一定要通过积水处时，特别是较大积水路段时，如立交桥下、深槽隧道等，首先停车观察水的实际深度，在保证安全的前提下，挂低挡，稳住油门，缓慢通过。车速不宜过快，不得采取猛踩刹车、中途停车、换挡或急转方向等操作。

8. 大雪

当积雪覆盖道路、沟壑，道路轮廓难以辨别时，行车时可根据道路两旁树木、电线杆等参照物判断行驶路线，低速行驶，并与前车保持更大的安全间距。在有车辙的路段可循车辙行驶，一般情况下不要超车、急打方向盘或紧急制动，以防偏离道路。在弯道、坡道及临崖临水路段，更应注意选择好行车路线，如遇可疑情况，应停车查看，确认安全后换入低速挡，匀速通过，中途避免换挡、停车或熄火。路面结冰时，应将车辆立即驶到服务区或停车场，及时安装轮胎防滑链或换用雪地轮胎。在穿越有可能结冰的山顶和隧道时，驾驶员应注意观察和询问对方来车情况，开启当地的交通广播电台，预知路况信息，并给车辆提前安装轮胎防滑链。在车辆完全驶离结冰路段后驾乘人员方可取下轮胎防滑链。长时间在雪区行车时，驾驶员可佩戴有色眼镜，防止雪盲。

9. 大雾

雾天能见度降低，视线模糊，方向难辨，很难看清周围环境和前方障碍，因此极易发生交通事故。雾天行车要开启雾灯、示廓灯，必要时开启近光灯，严格控制车速，根据能见度选择不同的车速和安全距离。雾天跟车，要密切关注前车动态，适当增大与前车的安全距离，以防追尾。雾天会车，要选择较宽阔的路段，低速交会，并适当鸣笛，车辆与车辆之间、车辆与行人之间保持安全距离，以免发生刮擦和碰撞。

遇大雾天气，能见度降低已严重影响行车安全时，应将车开到路边安全地带或停车场。在高速公路遇浓雾时，要及时打开雾灯和近光灯，降低车速，将车驶向最近的服务区或停车场暂避，来不及驶向服务区或停车场时，应把车驶向路肩或紧急停车带停下，开启危险报警闪光灯、示廓灯，当视距恢复到一定程度后，尽快驶离路肩或紧急停车带。在高速公路遇到交通严重堵塞或事故，不能继续行驶时，驾乘人员应视情况组织乘客下车撤离到防护栏外的安全地方等候（在组织乘客撤离时，应注意防范发生二次事故）。

10. 山区泥石流

雨季在山区行驶时，应提高警惕，发现前方公路边坡是否有异动迹象，如有滚石、溜土、树木歪斜或倾倒等，应立即减速或停车检查，确认安全后加速通过，车辆要尽量靠外侧行驶，避免山体滑坡砸伤车辆，并及时报告 110。如确认山体滑坡并判断可能威胁车辆安全时，应尽快退让。来不及或无条件退让时应果断弃车，驾驶员应组织乘客向滚石或泥石流倾泻方向的两侧基底稳固的高处躲避，不要在土质松软、土体不稳定的斜坡停留，以免斜坡失衡下滑。驾乘人员及时拨打报警电话并将情况向车属企业汇报，等待救援。滑坡停止后，在道路被滑坡或泥石流损坏比较严重，车辆无法继续通行的情况下，车辆应原路返回。

如车辆开到隧道内恰遇山体滑坡，车辆被堵在隧道内。此时，驾驶员应驶入就近的紧急停车带停放或者靠右安全停车，及时打开危险报警闪光灯，避免后车追尾，并及时报告 110 请求救助。隧道内一般每隔 250 米设置有连接左右洞的通道，在特别紧急情况下，驾驶员在确保安全的情况下，可以有序组织乘客向另一个隧道撤离。在乘客撤离后，驾驶员在保证安全的前提下，可即时通知后方尚未进入隧道的车辆，防范二次事故的发生。

6.7　道路运输企业应急管理相关法律责任

　　道路运输企业未制定生产安全事故应急救援预案、未定期组织应急救援预案演练、未对从业人员进行应急教育和培训，道路运输企业的主要负责人在本单位发生生产安全事故时不立即组织抢救的，由县级以上人民政府负有安全生产监督管理职责的部门依照《中华人民共和国安全生产法》有关规定追究法律责任。

　　道路运输企业未对应急救援器材、设备和物资进行经常性维护、保养，导致发生严重生产安全事故或者生产安全事故危害扩大，或者在本单位发生生产安全事故后未立即采取相应的应急救援措施，造成严重后果的，由县级以上人民政府负有安全生产监督管理职责的部门依照《中华人民共和国突发事件应对法》有关规定追究法律责任。

　　道路运输企业未将生产安全事故应急救援预案报送备案、未建立应急值班制度或者配备应急值班人员的，由县级以上人民政府负有安全生产监督管理职责的部门责令限期改正；逾期未改正的，处 3 万元以上 5 万元以下的罚款，对直接负责的主管人员和其他直接责任人员处 1 万元以上 2 万元以下的罚款。

第 7 章

事故报告与数据分析

7.1 生产安全事故等级与报告

7.1.1 生产安全事故等级划分

我国生产安全事故等级的划分是根据人员死亡、重伤、直接经济损失情况进行认定，如表 7-1 所示。

表 7-1 生产安全事故等级划分

事故等级	死亡人数	重伤人数	直接经济损失	条 件
一般事故	3 人以下	10 人以下	1 000 万元以下	死亡、重伤人数及经济损失满足任意一项即为一般事故
较大事故	3 人以上 10 人以下	10 人以上 50 人以下	1 000 万元以上 5 000 万元以下	死亡、重伤人数及经济损失满足任意一项即为较大事故
重大事故	10 人以上 30 人以下	50 人以上 100 人以下	5 000 万元以上 1 亿元以下	死亡、重伤人数及经济损失满足任意一项即为重大事故
特别重大事故	30 人以上	100 人以上	1 亿元以上	死亡、重伤人数及经济损失满足任意一项即为特大事故

注："以上"包括本数，"以下"不包括本数；重伤包括急性工业中毒。

7.1.2 事故报告流程

根据《生产安全事故报告和调查处理条例》（国务院令第 493 号）第四条、第九条、第十三条的相关规定，企业事故报告要求及时、准确、完整，不得迟报、漏报、谎报或者瞒报。企业安全事故报告流程如图 7-1 所示。

对于在道路运输过程中发生的生产安全事故，驾乘人员应当及时向事发地的公安部门及所属企业报告，并迅速按本企业应急处置程序规定进行现场处置。道路运输企业应当按规定的时间、程序、内容向事故发生地和企业所属地县级以上的应急管理、公安、交通运输等相关部门报告事故情况，并启动生产安全事故应急处置预案。

7.1.3 事故报告内容

道路运输企业事故报告应当包括的内容如下：
(1) 事故发生单位概况；

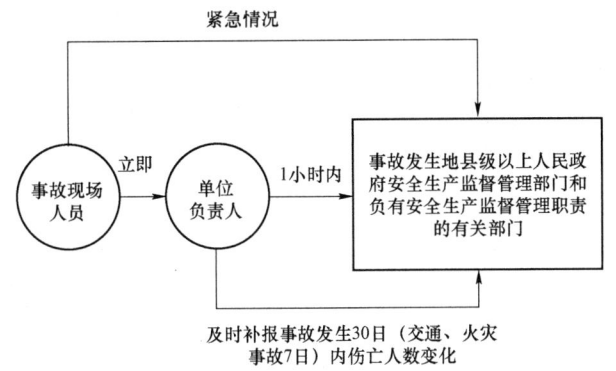

图 7-1　企业安全事故报告流程

（2）事故发生的时间、地点以及事故现场情况；
（3）事故的简要经过；
（4）事故已经造成或者可能造成的伤亡人数（包括下落不明的人数）和初步估计的直接经济损失；
（5）已经采取的措施；
（6）事故发生的初步原因；
（7）其他应当报告的情况。

7.1.4　应对措施

事故发生单位负责人应启动如下应对措施：
（1）启动事故相应应急预案，或采取有效措施，组织抢救；
（2）防止事故扩大；
（3）减少人员伤亡和财产损失。

根据《生产安全事故报告和调查处理条例》（国务院令第493号）第十六条规定，事故有关单位和人员应当采取下列措施：
（1）妥善保护事故现场以及相关证据，任何单位和个人不得破坏事故现场、毁灭相关证据。
（2）因抢救人员、防止事故扩大以及疏通交通等原因，需要移动事故现场物件的，应当做出标志，绘制现场简图并做出书面记录，妥善保存现场重要痕迹、物证。

7.2　事故调查

7.2.1　事故调查原则

事故调查应坚持实事求是、尊重科学、依法依规、注重实效原则。

7.2.2　事故调查要求

依据《生产安全事故报告和调查处理条例》（国务院令第493号）第四条规定，事故调查要求如下：
(1) 及时、准确地查清事故经过、事故原因和事故损失；
(2) 查明事故性质，认定事故责任；
(3) 总结事故教训，提出整改措施；
(4) 对事故责任者依法追究责任。

企业应建立内部事故调查和处理制度，按照有关规定、行业标准，将造成人员伤亡（轻伤、重伤、死亡等人身伤害和急性中毒）和财产损失的事故纳入事故调查和处理范畴。

7.2.3 调查组人员构成规定

事故调查组的人员构成应遵循精简、效能原则。事故调查组的人员组成可根据具体情况由以下成员构成：
(1) 有关人民政府；
(2) 应急管理部门；
(3) 负有安全生产监督管理职责的有关部门；
(4) 监察机关；
(5) 公安机关；
(6) 工会；
(7) 人民检察院；
(8) 可以聘请有关专家参与调查。

7.2.4 调查组的职责

事故调查组的职责包括以下内容：
(1) 查明事故发生的经过、原因、人员伤亡情况及直接经济损失；
(2) 认定事故的性质和事故责任；
(3) 提出对事故责任者的处理建议；
(4) 总结事故教训，提出防范和整改措施；
(5) 提交事故调查报告。

7.2.5 事故调查报告的要求

根据《生产安全事故报告和调查处理条例》（国务院令第493号）第二十九条和第三十条规定，事故调查报告对内容时间等要求如下。

1. 内容要求

事故调查报告应当包括如下内容：
(1) 事故发生单位概况；
(2) 事故发生经过和事故救援情况；
(3) 事故造成的人员伤亡和直接经济损失；
(4) 事故发生的原因和事故性质；
(5) 事故责任的认定以及对事故责任者的处理建议；

（6）事故防范和整改措施。

2. 时间要求

一般情况下，事故调查组应当自事故发生之日起 60 日内提交事故调查报告；特殊情况下，经负责事故调查的人民政府批准，提交事故调查报告的期限可以适当延长，但延长的期限最长不超过 60 日。

3. 其他要求

（1）事故调查报告应当附具有关证据材料。
（2）事故调查组成员应当在事故调查报告上签名。

7.3 事故处理

7.3.1 事故处理原则

依据《安全生产法》第八十三条，事故处理的原则为：科学严谨、依法依规、实事求是、注重实效。同时事故处理还应坚持"四不放过"原则，即：事故原因未查清不放过、责任人员未处理不放过、责任人和群众未受教育不放过、整改措施未落实不放过。事故处理的"四不放过"原则要求对安全生产事故必须进行严肃认真的调查处理，接受教训，防止同类事故重复发生。企业应开展事故案例警示教育活动，落实防范和整改措施。

7.3.2 事故处理过程

根据《生产安全事故报告和调查处理条例》（国务院令第 493 号）第三十二、三十三条，企业事故单位的处理过程一般如下：

（1）按照负责事故调查的人民政府的批复，对本单位负有事故责任的人员进行处理。负有事故责任的人员涉嫌犯罪的，依法追究刑事责任。
（2）应当认真吸取事故教训，落实防范和整改措施，防止事故再次发生。防范和整改措施的落实情况应当接受工会和职工的监督。

7.3.3 事故报告和处理过程中违反规定应承担的法律责任

按照《安全生产法》《生产安全事故罚款处罚规定（试行）》规定，主要负责人及相关责任人、事故发生单位在事故报告和处理过程中违反规定应承担的法律责任如下。

1. 主要负责人及相关责任人的罚款规定

（1）事故发生单位主要负责人有下列行为之一的，依照下列规定处以罚款：
① 事故发生单位主要负责人在事故发生后不立即组织事故抢救的，处上一年年收入 100% 的罚款；
② 事故发生单位主要负责人迟报事故的，处上一年年收入 60% 至 80% 的罚款；漏报事

故的,处上一年年收入40%至60%的罚款;

③ 事故发生单位主要负责人在事故调查处理期间擅离职守的,处上一年年收入80%至100%的罚款。

(2) 事故发生单位的主要负责人、直接负责的主管人员和其他直接责任人员有下列行为之一的,依照下列规定处以罚款:

① 伪造、故意破坏事故现场,或者转移、隐匿资金、财产、销毁有关证据、资料,或者拒绝接受调查,或者拒绝提供有关情况和资料,或者在事故调查中作伪证,或者指使他人作伪证的,处上一年年收入80%至90%的罚款;

② 谎报、瞒报事故或者事故发生后逃匿的,处上一年年收入100%的罚款。

(3) 事故发生单位主要负责人未依法履行安全生产管理职责,导致事故发生的,依照下列规定处以罚款:

① 发生一般事故的,处上一年年收入30%的罚款;

② 发生较大事故的,处上一年年收入40%的罚款;

③ 发生重大事故的,处上一年年收入60%的罚款;

④ 发生特别重大事故的,处上一年年收入80%的罚款。

2. 事故发生单位的罚款规定

(1) 事故发生单位对一般事故发生负有责任的,依照下列规定处以罚款:

① 事故发生单位对造成3人以下死亡,或者3人以上10人以下重伤(包括急性工业中毒,下同),或者300万元以上1000万元以下直接经济损失的一般事故负有责任的,处20万元以上50万元以下的罚款。

② 事故发生单位有上述的行为且有谎报或者瞒报事故情节的,处50万元的罚款。

(2) 事故发生单位对较大事故发生负有责任的,依照下列规定处以罚款:

① 造成3人以上6人以下死亡,或者10人以上30人以下重伤,或者1000万元以上3000万元以下直接经济损失的,处50万元以上70万元以下的罚款;

② 造成6人以上10人以下死亡,或者30人以上50人以下重伤,或者3000万元以上5000万元以下直接经济损失的,处70万元以上100万元以下的罚款;

③ 事故发生单位对较大事故发生负有责任且有谎报或者瞒报情节的,处100万元的罚款。

(3) 事故发生单位对重大事故发生负有责任的,依照下列规定处以罚款:

① 造成10人以上15人以下死亡,或者50人以上70人以下重伤,或者5000万元以上7000万元以下直接经济损失的,处100万元以上300万元以下的罚款;

② 造成15人以上30人以下死亡,或者70人以上100人以下重伤,或者7000万元以上1亿元以下直接经济损失的,处300万元以上500万元以下的罚款;

③ 事故发生单位对重大事故发生负有责任且有谎报或者瞒报情节的,处500万元的罚款。

(4) 事故发生单位对特别重大事故发生负有责任的,依照下列规定处以罚款:

① 造成30人以上40人以下死亡,或者100人以上120人以下重伤,或者1亿元以上1.2亿元以下直接经济损失的,处500万元以上1000万元以下的罚款;

② 造成40人以上50人以下死亡,或者120人以上150人以下重伤,或者1.2亿元以上1.5亿元以下直接经济损失的,处1000万元以上1500万元以下的罚款;

③ 造成50人以上死亡，或者150人以上重伤，或者1.5亿元以上直接经济损失的，处1 500万元以上2 000万元以下的罚款。

(5) 事故发生单位对特别重大事故发生负有责任且有下列情形之一的，处2 000万元的罚款：

① 谎报特别重大事故的；
② 瞒报特别重大事故的；
③ 未依法取得有关行政审批或者证照擅自从事生产经营活动的；
④ 拒绝、阻碍行政执法的；
⑤ 拒不执行有关停产停业、停止施工、停止使用相关设备或者设施的行政执法指令的；
⑥ 明知存在事故隐患，仍然进行生产经营活动的；
⑦ 一年内已经发生2起以上较大事故，或者1起重大以上事故，再次发生特别重大事故的。

3. 事故发生单位及主要负责人的其他处罚规定

根据《安全生产法》第一百零六条规定，企业的主要负责人在本单位发生生产安全事故时，不立即组织抢救或者在事故调查处理期间擅离职守或者逃匿的，给予降级、撤职的处分，并由安全生产监督管理部门处上一年年收入60%至100%的罚款，对逃匿的处十五日以下拘留；构成犯罪的，依照刑法有关规定追究刑事责任。

企业的主要负责人对生产安全事故隐瞒不报、谎报或者迟报的，给予降级、撤职的处分，构成犯罪的，依照刑法有关规定追究刑事责任。

7.4 事故统计及分析报告

7.4.1 事故统计和报表

依据《道路运输行业行车事故统计报表制度》（交运发〔2015〕95号）的相关规定，事故统计和报表要求如下。

(1) 运输企业发生运输行业行车事故后，应当迅速报告事故发生地和运输企业所属地交通运输主管部门或道路运输管理机构。

(2) 事故发生地和运输企业所属地交通运输主管部门或道路运输管理机构接到报告后应当及时报告省级交通运输主管部门或道路运输管理机构。

(3) 道路运输行业行车事故快报。道路运输行业发生的一次死亡3人及以上的行车事故、涉及外籍人员死亡的行车事故、造成重大污染的危险化学品运输事故需要填写《道路运输行业行车事故快报》，内容包括：事故分类、事故形态、事故发生时间、事故发生地点、天气情况、事发路段公路技术等级、事发路段公路行政等级、事发路段线性状况、事发路段路面状况、事故直接原因、运行线路、线路类别、发生事故单位、企业资质等级、始发站（地）、客运站等级、车牌号、运营证号、车型、核定人（吨）数、实载人（吨）数、危险化学品品名、驾驶员姓名、从业资格类别、从业资格证号、人员伤亡情况、事故概况、事故初步原因及责任分析。

（4）各省级交通运输主管部门或道路运输管理机构对辖区内所属运输企业所发生的一次死亡 3 人及以上 10 人以下的行车事故、涉及外籍人员死亡的行车事故、造成重大污染的危险化学品运输事故，应当在接到报告后 12 小时之内按照《道路运输行业行车事故快报》的表式报交通运输部，并及时续报事故伤亡人数变化、事故调查和处理情况。

（5）各省级交通运输主管部门或道路运输管理机构对辖区内及所属运输企业所发生的一次死亡 10 人及以上的行车事故，应当在接到报告后 2 小时之内按照《道路运输行业行车事故快报》的表式报交通运输部，并及时续报事故伤亡人数变化、事故调查和处理情况。

7.4.2 事故统计分析报告常用分析方法

道路运输企业撰写事故统计分析报告，按照有关规定和国家、行业确定的事故统计指标开展，统计分析报告中常用同比分析、环比分析、构成比分析、排名分析、预测分析五种分析方法。

（1）同比分析法：分析数据与历史同期数据相比，如今年 2 月数据与去年的 2 月数据的比较。

（2）环比分析法：分析数据与上一个统计周期（月度、季度或年度，下同）数据相比，如今年 2 月数据与今年 1 月数据的比较。

（3）构成比分析法：某类数据占总数据的比例，如一般事故数量占总事故数量的比例。

（4）排名分析法：对相同类型的数据量进行排名，如某地区事故数量的排名，可用事故绝对数排名，也可用事故相对数进行排名，排名也可以进行同比和环比分析。

（5）预测分析法：根据历史数据预测下一个统计周期的数据，如根据历史 15 个月的事故数量预测下一个月的事故数量范围，常用的数学预测方法包括季节指数法、趋势外推法、指数平滑法等。

7.4.3 事故统计分析报告内容

（1）事故总体情况分析。

事故数据分析报告应该对统计周期内安全形势进行总结，并对事故数量及造成的死亡人数、受伤人数、经济损失等指标情况进行同比分析和环比分析。

（2）事故详细情况分析。

① 从事故车籍所在地分析。对统计周期内事故涉及地区的事故数量及造成的死亡人数、受伤人数、经济损失等指标进行统计分析。

② 从事故发生路段等级分析。计算不同道路等级发生的事故数量及造成的死亡人数、受伤人数、经济损失等指标占统计周期内所有事故的比例，并进行同比分析和环比分析。

③ 从事故形态分析。计算不同事故形态的事故数量及造成的死亡人数、受伤人数、经济损失等指标占统计周期内所有事故的比例，并进行同比和环比分析。

④ 从时间分布分析。计算不同时间周期（小时、天、星期）的事故数量及造成的死亡人数、受伤人数、经济损失等指标占统计周期内所有事故的比例，并进行同比分析和环比分析。

⑤ 从车辆类型分析。计算不同车型的事故数量及造成的死亡人数、受伤人数、经济损失等指标占统计周期内所有事故的比例，并进行同比分析和环比分析。

⑥ 从运输线路类型分析。计算不同运输线路类型的事故数量及造成的死亡人数、受伤人数、经济损失等指标占统计周期内所有事故的比例,并进行同比分析和环比分析。

(3) 原因分析。

计算不同事故原因造成的事故数量及造成的死亡人数、受伤人数、经济损失等指标占统计周期内所有事故的比例,并进行同比分析和环比分析。

(4) 事故走势动态分析。

根据历史统计数据的走势,选择合适的数学方法,对下一个统计周期的事故数量及造成的死亡人数、受伤人数、经济损失等指标进行预测。

(5) 对策和建议。

根据数据分析结果提出针对性的安全措施和建议,为下一个统计周期将实施的安全防范措施提供研判支撑。

大型道路运输企业撰写以上事故统计分析报告,需要企业长期翔实记录各类事故数据资料。

7.4.4 事故统计分析报告要求

(1) 数据统计准确无误,格式统一;
(2) 行业术语用词规范;
(3) 逻辑清晰;
(4) 事故预测方法科学合理;
(5) 对策和建议要有针对性和实用性。

第 8 章

道路旅客运输安全生产实务

8.1 道路客运驾驶员全过程安全管理

8.1.1 驾驶员的聘用

1. 建立客运驾驶员聘用制度

客运驾驶员聘用制度是指道路旅客运输企业按照规定的条件、规范的程序选拔驾驶员,并以劳动合同的形式确定用人单位与客运驾驶员之间基本人事关系的一种用人制度。道路旅客运输企业在驾驶员招聘环节中,对于满足基本技能素质条件的驾驶员采用择优聘用的原则,选择安全意识强、驾驶技能高的驾驶员从事客运经营活动,为道路客运安全提供从业人员的源头保障。道路旅客运输企业应当建立客运驾驶员聘用制度,包括企业相关部门在驾驶员聘用工作中的具体职责,驾驶员聘用(解聘)条件及程序,驾驶员劳动报酬、福利和社会保险,驾驶员岗前培训与考核,驾驶员信息档案建立等内容。道路旅客运输企业应实施统一的驾驶员录用程序和录用条件。

签订劳动合同是保障用人单位和驾驶员双方合法权益的一种有效方法。驾驶员与用人单位建立劳动关系时,应当签订书面劳动合同,在劳动合同中明确有关保障驾驶员劳动安全、防止职业危害、依法为驾驶员办理工伤社会保险等事项。

2. 客运驾驶员的录用条件

根据《道路运输从业人员管理规定》(交通运输部令 2016 年第 52 号)和《道路旅客运输及客运站管理规定》(交通运输部令 2016 年第 82 号)的规定,客运驾驶员应当符合下列条件:
(1)取得相应的机动车驾驶证 1 年以上;
(2)年龄不超过 60 周岁;
(3)3 年内无重大以上交通责任事故记录(交通责任事故,是指该驾驶员在事故责任认定中负有同等或者以上责任的交通事故);
(4)掌握相关道路旅客运输法规、机动车维修和旅客急救基本知识;
(5)经考试合格,取得相应的从业资格证件。

《国务院关于加强道路交通安全工作的意见》《道路运输驾驶员诚信考核办法(试行)》等规定,在招聘驾驶员时,应聘人员即使满足上述规定的条件,如存在诚信考核不合格、有严重违法驾驶行为记录和吸食毒品行为记录等具有重大安全隐患或不符合资格条件的情形时，道路旅客运输企业不得聘用其驾驶客运车辆。

道路旅客运输企业不得聘用如下情形的驾驶人员：

（1）无有效的、适用的机动车驾驶证和从业资格证件，以及诚信考核不合格或被列入黑名单的（被列入黑名单包括三种情形：① 在考核周期内累计计分达到 20 分，且未按照规定参加继续教育培训的；② 无正当理由超过规定时间，未签注诚信考核等级的；③ 从业资格证件被吊销的）；

（2）36 个月内发生道路交通事故致人死亡且负同等以上责任的；

（3）最近 3 个完整记分周期内有在 1 个记分周期交通违法记满 12 分的；

（4）36 个月内有酒后驾驶、超员 20%以上、超速 50%（高速公路超速 20%）以上或 12 个月内有 3 次以上超速违法记录的；

（5）有吸食、注射毒品行为记录，或者长期服用依赖性精神药品成瘾尚未戒除的，以及发现其他职业禁忌的。

对在岗的客运驾驶员，若其存在上述情形之一时，道路旅客运输企业应及时依照劳动合同的约定将其调离驾驶员岗位。

3. 驾驶适宜性检测

驾驶适宜性检测是指运用科学的手段对驾驶员的心理、生理状态进行检测，判断其是否适宜驾驶车辆。通过驾驶适宜性检测，一方面可以避免不具备驾驶适宜性的人员进入职业驾驶员队伍，消除安全隐患；另一方面，可以开展有针对性的再教育和训练，指出他们存在的问题和今后驾驶车辆应注意的事项，降低事故发生率。

根据新修订的《道路运输驾驶员适宜性检测评价方法》（JT/T 442），驾驶适宜性检测主要包括动体视力、暗适应、夜间视力、深度知觉、速度估计、周边风险感知、选择反应、紧急/连续紧急反应、处置判断九个指标检测。

8.1.2 驾驶员的岗前培训

《安全生产法》规定，未经安全生产教育和培训合格的从业人员，不得上岗作业。

《道路旅客运输企业安全管理规范》（交运发〔2018〕55 号）规定："客运企业应当建立客运驾驶员岗前培训制度，培训合格方可上岗。岗前培训的主要内容包括：道路交通安全和安全生产相关法律法规、安全行车知识和技能、交通事故案例警示教育、职业道德、安全告知知识、交通事故法律责任规定、防御性驾驶技术、伤员急救常识等安全与应急处置知识、企业有关安全运营管理的规定等。客运驾驶员岗前培训不少于 24 学时，并应在此基础上实际跟车实习，提前熟悉客运车辆性能和客运线路情况。"道路旅客运输企业可以根据自身的业务需求和培训要求，适当增加岗前理论培训学时，并确定实际跟车实习时长或里程。岗前培训结束后，道路旅客运输企业应对参加培训人员组织统一的考核，考核合格的人员方可安排上岗。理论培训中应尽可能采用图像、动画、录像等多媒体教学方法，使教学内容形象、生动，增强教学的趣味性。

8.1.3 驾驶员的安全教育培训及考核

1. 对客运驾驶员的安全教育、培训的必要性

对驾驶员进行安全教育、培训是道路客运安全管理的一项重要内容和基础工作。通过安全教育和培训，保持安全知识的更新，可以使客运驾驶员持续不断地加强安全意识，充分认识和把握道路运输中事故因素及其发生规律，正确理解和掌握有关安全制度，掌握安全操作规程和事故应急处置知识和方法，严格执行安全操作规程，及时发现事故隐患，保证道路运输安全。《道路运输从业人员管理规定》（交通运输部令2016年第52号）中规定，道路运输从业人员应当按照规定参加国家相关法规、职业道德及业务知识培训。《道路旅客运输及客运站管理规定》（交通运输部令2016年第82号）中规定，道路旅客运输企业应当加强对从业人员的安全、职业道德教育和业务知识、操作规程培训。

2. 安全教育培训的内容与频次

道路旅客运输企业应定期对客运驾驶员开展统一安全教育培训，客运驾驶员每月应接受不少于1次、每次不少于2学时的安全教育培训。安全教育培训内容包括法律法规、典型交通事故案例、技能训练、突发事件应急处置训练等。

在客运驾驶员接受安全教育培训后，道路旅客运输企业应对教育培训的效果进行考核。通过考核一方面可以充分调动客运驾驶员参与教育培训的积极性和主动性，另一方面可以通过考核对驾驶员学习情况、接受程度进行评估，发现培训过程中存在的问题，及时改进培训内容和方法。

3. 客运驾驶员继续教育

《道路运输驾驶员继续教育办法》（交运发〔2011〕106号）第八条规定："道路运输驾驶员继续教育周期为2年。道路运输驾驶员在每个周期接受继续教育的时间累计应不少于24学时。"

道路运输驾驶员继续教育以接受道路运输企业组织并经县级以上道路运输管理机构备案的培训为主。不具备条件的运输企业和个体运输驾驶员的继续教育工作，由其他继续教育机构承担，主要包括以下形式：

（1）经许可的道路运输驾驶员从业资格培训机构组织的继续教育；

（2）交通运输部或省级交通运输主管部门备案的网络远程继续教育；

（3）经省级道路运输管理机构认定的其他继续教育形式。

道路旅客运输企业应当组织和督促本单位的客运驾驶员参加继续教育，提供必要的学习条件，并保证客运驾驶员参加继续教育的时间。根据《中华人民共和国道路客货运输驾驶员继续教育大纲》（交运发〔2011〕475号）要求，客运驾驶员的继续教育包括九个单元模块的培训内容，分别是道路运输法规政策、社会责任与职业道德、道路旅客运输驾驶员职业心理和生理健康、道路旅客运输车辆、道路旅客运输行车危险源辨识、道路旅客运输防御性驾驶方法及不安全驾驶习惯纠正、紧急情况及应急处置、道路旅客运输知识和道路旅客运输节能减排。

8.1.4 驾驶员的信息档案管理

《道路旅客运输企业安全管理规范》（交运发〔2018〕55号）规定，道路旅客运输企业应当建立客运驾驶员信息档案管理制度，实行一人一档，及时更新。客运驾驶员信息档案记录了客运驾驶员基本信息和从业历史记录，是道路旅客运输企业进行驾驶员管理的重要基础资料。道路旅客运输企业建立客运驾驶员信息档案，便于企业对客运驾驶员进行管理，有效保护道路旅客运输企业和客运驾驶员的合法权益。客运驾驶员信息档案应当包括：客运驾驶员基本信息、体检表、安全驾驶信息、交通事故信息、交通违法信息、教育培训信息、内部奖惩、诚信考核信息等。其中，客运驾驶员基本信息包括驾驶员登记表、身份证、驾驶证、从业资格证等证件的复印件。体检表包括岗前职业健康检查结果和定期体检结果。安全驾驶信息主要包括服务单位出具的安全驾驶经历证明（或本人出具的说明）材料、公安交通管理部门出具的驾驶证信息查询记录、安全行驶里程统计资料等材料。教育培训信息主要包括培训内容、培训时间、培训地点、授课人、参加培训人员签名等。考核信息主要包括考核人员和安全生产管理人员签名、培训考试情况等信息。内部奖惩包括道路旅客运输企业根据考核结果或投诉处理结果，对驾驶员做出奖惩的文件材料。

8.1.5 驾驶员的驾驶资格审验

《中华人民共和国道路交通安全法实施条例》（以下简称《道路交通安全法实施条例》）第二十六条规定："机动车驾驶人在机动车驾驶证的6年有效期内，每个记分周期均未达到12分的，换发10年有效期的机动车驾驶证；在机动车驾驶证的10年有效期内，每个记分周期均未达到12分的，换发长期有效的机动车驾驶证。换发机动车驾驶证时，公安机关交通管理部门应当对机动车驾驶证进行审验。"

《机动车驾驶证申领和使用规定》（公安部令第139号）规定：机动车驾驶人应当按照法律、行政法规的规定，定期到公安机关交通管理部门接受审验。持有大型客车、牵引车、城市公交车、中型客车、大型货车驾驶证的驾驶人，应当在每个记分周期结束后三十日内到公安机关交通管理部门接受审验。但在一个记分周期内没有记分记录的，免予本记分周期审验。

机动车驾驶证审验内容包括：
（1）道路交通安全违法行为、交通事故处理情况；
（2）身体条件情况；
（3）道路交通安全违法行为记分及记满12分后参加学习和考试情况。

持有大型客车、牵引车、城市公交车、中型客车、大型货车驾驶证一个记分周期内有记分的，以及持有其他准驾车型驾驶证发生交通事故造成人员死亡承担同等以上责任未被吊销机动车驾驶证的驾驶人，审验时应当参加不少于三小时的道路交通安全法律法规、交通安全文明驾驶、应急处置等知识学习，并接受交通事故案例警示教育。

对交通违法行为或者交通事故未处理完毕的、身体条件不符合驾驶许可条件的、未按照规定参加学习、教育和考试的，不予通过审验。

8.1.6 驾驶员的定期考核

1. 建立客运驾驶员从业行为定期考核制度

《道路旅客运输企业安全管理规范》（交运发〔2018〕55号）第二十三条规定："客运企业应当建立客运驾驶员从业行为定期考核制度。"客运驾驶员从业行为定期考核是指道路旅客运输企业运用特定的标准和指标，按一定的周期和固定的程序、方法，对客运驾驶员的从业行为做出评价。

开展客运驾驶员从业行为定期考核，是企业加强源头安全管理的重要手段，有利于道路旅客运输企业建立客运驾驶员优胜劣汰的竞争机制，充分调动广大客运驾驶员安全生产的积极性和主动性，有利于驾驶员自觉提升安全生产意识、服务意识和服务水平，提高驾驶员的整体素质。

客运驾驶员定期考核制度内容主要包括：考核计划、考核对象、考核内容、考核形式、考核周期、考核结果的使用，公司各部门的具体工作职责，经费保障措施等。考核结果应与企业安全生产奖惩制度挂钩。

2. 客运驾驶员定期考核内容和周期

客运驾驶员从业行为定期考核的内容主要包括：客运驾驶员违法违规情况、交通事故情况、道路运输车辆动态监控平台和视频监控系统发现的违规驾驶情况、服务质量、安全运营情况、安全操作规程执行情况以及参加教育与培训情况等。

考核周期对于客观有效地评价客运驾驶员具有非常重要的影响。如果考核周期过长，考核结果会带来严重的"近因效应"，驾驶员也会失去对考核的关注，最终影响考核的效果；如果考核周期过短，将增加考核成本，可能会影响正常的运营工作。《道路旅客运输企业安全管理规范》（交运发〔2018〕55号）规定，道路旅客运输企业对客运驾驶员考核的周期不大于3个月，即企业至少应该在一个季度内对客运驾驶员组织一次考核。

8.1.7 驾驶员的调离和辞退

1. 建立客运驾驶员调离和辞退制度

建立客运驾驶员调离和辞退制度，是对客运驾驶员从业不良行为过程监督结果的应用，从而促使驾驶员自觉遵守国家相关法律、行政法规及规章，做到牢记责任、诚守信用、文明从业，为社会提供安全、优质的运输服务。调离是指因客运驾驶员不符合岗位要求或用人单位业务需要，将驾驶员调离现有岗位的行为。辞退是指用人单位由于职工违反法律规定或者劳动合同约定，与其解除劳动关系的一种强制措施。道路旅客运输企业建立客运驾驶员调离和辞退制度，应明确调离、辞退的条件和程序，以及相关部门的具体工作职责。

2. 调离和辞退客运驾驶员的条件

（1）驾驶员的驾驶证或从业资格证被降级、撤销或吊销，不能适应岗位要求，道路旅客运输企业需要及时将其调离岗位或依法予以辞退。

《道路交通安全法》规定，吊销机动车驾驶证的违法行为包括以下情形：

① 饮酒后驾驶机动车被处罚，再次饮酒后驾驶机动车的；
② 醉酒驾驶机动车的；
③ 饮酒后驾驶营运机动车的；
④ 机动车行驶超过规定时速百分之五十的；
⑤ 将机动车交由未取得机动车驾驶证或者机动车驾驶证被吊销、暂扣的人驾驶的；
⑥ 驾驶拼装的机动车或者已达到报废标准的机动车上道路行驶的；
⑦ 违反道路交通安全法律、法规的规定，发生重大交通事故，构成犯罪的；
⑧ 造成交通事故后逃逸的。

《机动车驾驶证申领和使用规定》（公安部令第139号）第七十八条规定，持有大型客车、牵引车、城市公交车、中型客车、大型货车驾驶证的驾驶人有下列情形之一的，车辆管理所应当注销其最高准驾车型驾驶资格，并通知机动车驾驶人在三十日内办理降级换证业务：

① 发生交通事故造成人员死亡，承担同等以上责任，未构成犯罪的；
② 在一个记分周期内有记满12分记录的；
③ 连续三个记分周期不参加审验的。

《道路运输从业人员管理规定》（交通运输部令2016年第52号）第四十七条规定，道路运输从业人员有下列不具备安全条件情形之一的，由发证机关吊销其从业资格证件：

① 经营性道路客货运输驾驶员、道路危险货物运输从业人员身体健康状况不符合有关机动车驾驶和相关从业要求且没有主动申请注销从业资格的；
② 经营性道路客货运输驾驶员、道路危险货物运输驾驶员发生重大以上交通事故，且负主要责任的；
③ 发现重大事故隐患，不立即采取消除措施，继续作业的。

被吊销的从业资格证件应当由发证机关公告作废并登记归档。

《道路运输驾驶员诚信考核办法（试行）》（交公路发〔2008〕280号）第二十八条规定，道路运输驾驶员存在以下情形之一的，道路运输管理机构应当根据《国务院关于特大安全事故行政责任追究的规定》，按照其不具备安全生产条件，依法撤销其从业资格证件：

① 连续3个考核周期诚信考核等级均为B级的；
② 在一个考核周期内累计计分有3次以上达到20分的。

（2）对于在考核周期内，累计计分超过规定的，诚信考核等级为不合格的驾驶员，道路旅客运输企业要及时将其调离驾驶岗位或限制其运输任务。

《道路运输驾驶员诚信考核办法（试行）》（交公路发〔2008〕280号）第二十四条规定："道路运输经营者应当加强对诚信考核等级为B级的道路运输驾驶员的教育和管理。对存在重大安全隐患的，应当及时调离驾驶员工作岗位。"第二十六条规定："道路运输经营者不得安排诚信考核等级为B级的道路运输驾驶员，承担具有重大政治和国防战备意义、社会影响大、安全风险高的运输生产任务；不得安排其承担黄金周和春运期间的道路旅客运输任务。"

（3）对于列入黑名单的驾驶员，道路旅客运输企业应当及时将其调离驾驶岗位或依法予以辞退。

《道路运输驾驶员诚信考核办法（试行）》（交公路发〔2008〕280号）第二十七条规定，道路运输驾驶员有下列情形之一的，道路运输管理机构应当将其列入黑名单，并向社会公告：

① 在考核周期内累计计分达到 20 分，且未按照规定参加继续教育培训的；
② 无正当理由超过规定时间，未签注诚信考核等级的；
③ 从业资格证件被吊销。

（4）《机动车驾驶证申领和使用规定》（公安部令第 139 号）规定：驾驶员被查获有吸食、注射毒品后驾驶机动车行为，正在执行社区戒毒、强制隔离戒毒、社区康复措施，或者长期服用依赖性精神药品成瘾尚未戒除的；有器质性心脏病、癫痫病、美尼尔氏症、眩晕症、癔病、震颤麻痹、精神病、痴呆以及影响肢体活动的神经系统疾病等妨碍安全驾驶疾病的，其驾驶证将被注销。道路旅客运输企业需要及时将其调离驾驶岗位或依法予以辞退。

（5）《劳动合同法》第三十九条规定，劳动者有下列情形之一的，用人单位可以解除劳动合同：
① 在试用期间被证明不符合录用条件的；
② 严重违反用人单位的规章制度的；
③ 严重失职，营私舞弊，给用人单位造成重大损害的；
④ 劳动者同时与其他用人单位建立劳动关系，对完成本单位的工作任务造成严重影响，或者经用人单位提出，拒不改正的；
⑤ 因劳动者以欺诈、胁迫的手段或者乘人之危，使对方在违背真实意思的情况下订立或者变更劳动合同致使劳动合同无效的；
⑥ 被依法追究刑事责任的。

（6）违反《中华人民共和国刑法》相关规定的，道路旅客运输企业应依据相关法律法规和企业相关规定进行处理。

8.2　道路运输企业相关保险

《中共中央国务院关于推进安全生产领域改革发展的意见》中提出，取消安全生产风险抵押金制度，建立健全安全生产责任保险制度，在矿山、危险化学品、烟花爆竹、交通运输、建筑施工、民用爆炸物品、金属冶炼、渔业生产等高危行业领域强制实施，切实发挥保险机构参与风险评估管控和事故预防功能。

根据 2017 年原国家安全监管总局、保监会、财政部联合印发的《安全生产责任保险实施办法》，安全生产责任保险是指保险机构对投保的企业发生的生产安全事故造成的人员伤亡和有关经济损失等予以赔偿，并且为投保的企业提供生产安全事故预防服务的商业保险。

1. 道路客运承运人责任险

《中华人民共和国道路运输条例》（国务院令 2019 年第 709 号）规定："客运经营者、危险货物运输经营者应当分别为旅客或危险货物投保承运人责任险。"承运人责任险是指道路旅客运输企业根据有关法律法规的规定，在运输过程中发生交通事故或其他事故，致使遭受人身伤亡和直接财产损失，依法应当由被保险人对旅客或者货主承担的赔偿责任，由保险公司在保险责任限额内给予赔偿的制度。

道路旅客运输企业应按照客运车辆道路运输证、车辆行驶证载明的车辆号牌、核定座位数、运输类型、经营范围等内容办理保险，保险时间一般为一年，到期后应及时办理续保。道路客运承运人责任险每座责任限额应不低于40万元，每车每次事故责任限额等于每座责任限额与该客车核定座位数（不含驾乘人员）的乘积。

2. 工伤保险

工伤保险，又称职业伤害保险。工伤保险是通过社会统筹的办法，集中用人单位缴纳的工伤保险费，建立工伤保险基金，对劳动者在生产经营活动中遭受意外伤害或职业病，并由此造成死亡、暂时或永久丧失劳动能力时，给予劳动者及其实用性法定的医疗救治以及必要的经济补偿的一种社会保障制度。这种补偿既包括医疗、康复所需费用，也包括保障基本生活的费用。

工伤是指职工在工作过程中因工作原因受到事故伤害或者患职业病。根据《工伤保险条例》（国务院令第586号）规定，职工有下列情形之一的，应当认定为工伤：

（1）在工作时间和工作场所内，因工作原因受到事故伤害的；

（2）工作时间前后在工作场所内，从事与工作有关的预备性或者收尾性工作受到事故伤害的；

（3）在工作时间和工作场所内，因履行工作职责受到暴力等意外伤害的；

（4）患职业病的；

（5）因工外出期间，由于工作原因受到伤害或者发生事故下落不明的；

（6）在上下班途中，受到非本人主要责任的交通事故或者城市轨道交通、客运轮渡、火车事故伤害的；

（7）法律、行政法规规定应当认定为工伤的其他情形。

同时，根据该条例规定：职工有下列情形之一的，视同工伤：

（1）在工作时间和工作岗位，突发疾病死亡或者在48小时之内经抢救无效死亡的；

（2）在抢险救灾等维护国家利益、公共利益活动中受到伤害的；

（3）职工原在军队服役，因战、因公负伤致残，已取得革命伤残军人证，到用人单位后旧伤复发的。

3. 机动车交通事故责任强制保险

机动车交通事故责任强制保险简称交强险，是由保险公司对被保险机动车发生道路交通事故造成受害人（不包括本车人员和被保险人）的人身伤亡、财产损失，在责任限额内予以赔偿的强制性责任保险。交强险是中国首个由国家法律规定实行的强制保险制度。

被保险人在使用被保险机动车过程中发生交通事故，致使受害人遭受人身伤亡或者财产损失，由被保险人承担的损害赔偿责任，保险人按照交强险合同的约定负责赔偿，以下为其赔偿限额值：

（1）死亡伤残赔偿限额为110 000元；

（2）医疗费用赔偿限额为10 000元；

（3）财产损失赔偿限额为2 000元；

（4）被保险人无责任时，无责任死亡伤残赔偿限额为11 000元；

无责任医疗费用赔偿限额为1 000元；无责任财产损失赔偿限额为100元。

有下列情形之一的，保险公司在机动车交通事故责任强制保险责任限额范围内垫付抢救费用，并有权向致害人追偿。在下列情形下，发生道路交通事故的，造成受害人的财产损失，保险公司不承担赔偿责任：

（1）驾驶员未取得驾驶资格或者醉酒的；

（2）被保险机动车被盗抢期间肇事的；

（3）被保险人故意制造道路交通事故的。

8.3 客运车辆管理

8.3.1 车辆选用管理

1. 建立车辆选用管理制度

车辆选用关系到企业成本和运输效率，同时也关系到车辆运行安全和节能环保。车辆选用受当地社会运力、运量、运距、车辆技术、维修保障、燃料供给和道路、气候等多种因素影响。道路旅客运输企业应当遵守有关法律法规、标准和规范，认真履行车辆技术管理的主体责任，建立健全管理制度，加强车辆技术管理。通常车辆选用管理制度内容应包括车辆采购责任部门及职责、选用原则与流程、采购（或更新）计划与实施、车辆选型与技术论证、合同管理与交付验收等内容，以确保道路旅客运输企业车辆采购有计划、有组织，并满足国家法律法规和标准规范的要求。车辆选用应遵循生产适用、技术先进、经济合理、维修方便和统一选型、购置、标识的原则。

2. 客运车辆技术要求

为进一步加强营运客车安全和节能管理，有效遏制和减少因客车本质安全性能不足导致的道路交通安全生产事故，申请从事道路旅客运输的车辆应符合下列技术要求：

（1）外廓尺寸、轴荷和最大允许总质量应当符合《汽车、挂车及汽车列车外廓尺寸、轴荷及质量限值》（GB 1589）的要求；

（2）燃料消耗量限值应当符合《营运客车燃料消耗量限值及测量方法》（JT/T 711）的要求；

（3）客车安全技术条件应当符合《营运客车安全技术条件》（JT/T 1094）的要求；

（4）技术性能应当符合《道路运输车辆综合性能要求和检验方法》（GB 18565）的要求；

（5）车辆技术等级应当达到二级以上。国际道路运输车辆、从事高速公路客运以及营运线路长度在 800 公里以上的客车，技术等级应当达到《道路运输车辆技术等级划分和评定要求》（JT/T 198）规定的一级；

（6）从事高速公路客运、旅游客运、国际道路旅客运输，以及营运线路长度在 800 公里以上客车的类型等级应当达到《营运客车类型划分及等级评定》（JT/T 325）规定的中级以上。其中，高速公路客运，是指营运线路中高速公路里程在 200 公里以上或高速公路里程占总里程 70% 以上的道路客运。

8.3.2 车辆技术管理机构设置与人员配备

1. 车辆技术管理机构的重要性和主要职责

设立车辆技术管理机构，配备专业技术管理人员，有助于有效实现车辆技术管理，明确管理人员的职责和权限，及时发现问题和解决问题，保证车辆技术状况良好。《道路运输车辆技术管理规定》（交通运输部令 2016 年第 1 号）规定："道路运输经营者是道路运输车辆技术管理的责任主体，负责对道路运输车辆实行择优选配、正确使用、周期维护、视情修理、定期检测和适时更新，保证投入道路运输经营的车辆符合技术要求。"

车辆技术管理机构的主要职责为：

（1）贯彻执行国家及地方道路运输有关法律法规、方针政策和标准规范；
（2）制定本单位的车辆技术管理规章制度、标准规范和操作规程；
（3）建立车辆技术管理岗位责任制，明确车辆技术管理人员的职责和权限；
（4）建立车辆技术管理考核体系，制定各类定额标准和技术质量指标；
（5）制订车辆技术管理计划（包括人员培训计划、车辆维护计划等），并定期组织实施；
（6）建立车辆技术管理档案，实时更新档案信息和数据记录；
（7）制作管理台账、原始记录及统计报表，定期统计分析车辆技术管理状况；
（8）推广应用信息化技术以及新产品、新材料、新技术和新工艺；
（9）组织开展各种技术协作、技术交流、技术培训、技能竞赛等活动；
（10）做好运输生产和技术管理的衔接，解决生产过程中出现的车辆技术问题。

2. 车辆技术管理机构的设置条件和人员配备要求

《道路旅客运输企业安全管理规范》（交运发〔2018〕55 号）规定：拥有 20 辆（含）以上客运车辆的道路旅客运输企业应当设置车辆技术管理机构，配备专业车辆技术管理人员，提供必要的工作条件。拥有 20 辆以下客运车辆的道路旅客运输企业应当配备专业车辆技术管理人员，提供必要的工作条件。专业车辆技术管理人员原则上按照每 50 辆车 1 人的标准配备，最低不少于 1 人。

车辆技术负责人应熟悉与道路运输生产相关的政策法规、标准规范、车辆技术及管理知识，并具备以下条件之一：

（1）大专及以上学历；
（2）工程师及以上专业技术职称或技师及以上职业技能等级；
（3）3 年以上道路运输行业从业经历。

车辆技术管理人员应熟悉与道路运输生产相关的政策法规、标准规范和汽车构造、使用与维修等知识，并具备以下条件之一：

（1）中专及以上学历；
（2）助理工程师及以上专业技术职称或中级工及以上职业技能等级；
（3）2 年以上道路运输行业从业经历。

8.3.3 车辆等级评定与审验

道路旅客运输企业应在规定的时间内，到符合国家相关标准的机动车综合性能检测机构，对道路运输车辆进行综合性能检测。道路运输车辆自首次取得"道路运输证"当月起，按照一定的周期频次，委托汽车综合性能检测机构进行综合性能检测和技术等级评定。具体检测和评定周期为：客车自首次经国家机动车辆注册登记主管部门等级注册不满 60 个月的，每 12 个月进行 1 次检测和评定；超过 60 个月的，每 6 个月进行 1 次检测和评定。

道路运输企业应当选择通过质量技术监督部门的计量认证、取得计量认证证书并符合《汽车综合性能检测机构能力的通用要求》（GB 17993）等国家相关标准的检测机构进行车辆的综合性能检测。机动车综合性能检测机构对新进入道路运输市场车辆应当按照《道路运输车辆燃料消耗量达标车型表》进行比对。对达标的新车和在用车辆，按照《道路运输车辆综合性能要求和检验方法》（GB 18565）和《汽车、挂车及汽车列车外廓尺寸、轴荷及质量限值》（GB 1589）的规定进行检测，并依据检测结果，并对照行业标准《道路运输车辆技术等级划分和评定要求》（JT/T 198）进行技术等级评定，出具全国统一式样的道路运输车辆综合性能检测报告和车辆技术等级证明。车辆技术等级由车籍所在地县级以上道路运输管理机构在"道路运输证"上标明。

道路运输管理机构和受其委托承担客车类型等级评定工作的汽车综合性能检测机构按照《营运客车类型划分及等级评定》（JT/T 325）进行营运客车类型等级评定或者年度类型等级评定复核，出具统一式样的客车类型等级评定报告。

《道路旅客运输及客运站管理规定》（交通运输部令 2016 年第 82 号）第七十一条规定：县级以上道路运输管理机构应当定期对客运车辆进行审验，每年审验一次。审验内容包括：

（1）车辆违章记录；
（2）车辆技术等级评定情况；
（3）客车类型等级评定情况；
（4）按规定安装、使用符合标准的具有行驶记录功能的卫星定位装置情况；
（5）客运经营者为客运车辆投保承运人责任险情况。

审验符合要求的，道路运输管理机构在《道路运输证》审验记录栏中或者 IC 卡注明；不符合要求的，应当责令限期改正或者办理变更手续。

8.3.4 客运车辆安全设施管理

1. 安全带

车辆发生碰撞或紧急制动时，惯性力会使乘客与车内物体发生二次碰撞，甚至会将乘客抛离座位或抛出车外。而安全带可以将乘客有效束缚在座椅上，防止发生二次碰撞，降低乘客受伤害的程度。据美国高速公路安全管理局的统计，安全带的使用减少了 45%~65%的死亡和严重受伤情况，在美国每年有超过 1 万名驾驶员因为使用安全带而保住生命。在所有可能致命的交通事故中，如果正确使用安全带，生还的概率约为 45%。

《机动车运行安全技术条件》（GB 7258）规定，乘用车、旅居车、未设置乘客站立区的客车、货车（三轮汽车除外）、专项作业车的所有座椅，设有乘客站立区的客车的驾驶员座椅和前排乘员座椅均应装备汽车安全带。营运客车所有座椅均应符合《机动车乘员用安全带、约束系统、儿童约束系统和 ISOFIX 儿童约束系统》（GB 14166）的规定，其固定点应符合《汽车安全带安装固定点、ISOFIX 固定点系统及上拉带固定点》（GB 14167）的规定。驾驶员座椅、前排乘客座椅、驾驶员和乘客门后第一排座椅、最后一排中间座椅及应急门引道后方座椅，装备的安全带应为三点式。

2. 灭火器

客车应装备灭火器，灭火器在车上应安装牢靠并便于取用。仅有一个灭火器时，应设置在驾驶员附近；当有多个灭火器时，应在客厢内按前、后或前、中、后分布，其中一个应靠近驾驶员座椅。

《客车灭火装备配置要求》（GB 34655）规定，灭火器装备应作为车辆的日常例行检查项目并定期更换。手提式灭火器的灭火剂更换周期应不超过 2 年，灭火装置的更换周期应按生产商提供的产品使用说明书的规定进行。

3. 应急门

《机动车运行安全技术条件》（GB 7258）要求，车长大于或等于 6 米的客车（乘坐人数小于 20 的专用客车除外），如车身右侧仅有一个乘客门且在车身左侧未设置驾驶员门，应在车身左侧或后部设置应急门。车长大于 7 米的客车（乘坐人数小于 20 的专用客车除外）应设置撤离舱口。卧铺客车的卧铺布置为上、下双层时，侧窗洞口应为上下两层。应急门的净高应大于或等于 1 250 毫米，净宽应大于或等于 550 毫米；但车长小于或等于 7 米的客车，应急门的净高应大于或等于 1 100 毫米，若自门洞最低处向上 400 毫米以内有轮罩凸出，则在轮罩凸出处应急门净宽可减至 300 毫米。通向应急门的引道宽度应大于或等于 300 毫米，不足 300 毫米时允许采用迅速翻转座椅的方法加宽引道。专用校车沿引道侧面设有折叠座椅时，在折叠座椅打开的情况下（对在不使用时能自动折叠的座椅，在座椅处于折叠位置时），引道宽度仍应大于或等于 300 毫米。应急门应有锁止机构且锁止可靠。应急门关闭时应能锁止，且在车辆正常行驶情况下不会因车辆振动、颠簸、冲撞而自行开启。

《客车结构安全要求》（GB 13094）规定，当客车停止时，应急门不用工具应能从车内外方便打开，即使从车外将门锁住，也能用正常开启装置从车内打开。客车应急门的车外开启装置应距地面 1 000～1 800 毫米，且距该门小于 500 毫米。所有应急门都应提供声响装置，在应急门未完全关门时提醒驾驶员。

《营运客车安全技术条件》（JT/T 1094）规定，车长大于 9 米的营运客车右侧应至少配置两个乘客门。后置发动机的营运客车后轮后方不应设置乘客门。车长大于 9 米的营运客车，无论车身左侧是否设置驾驶员门，均应在车身左侧设置符合 GB 13094 要求的应急门。在紧急情况下，当营运客车静止或以小于或等于 5 千米/时的速度运行时，每扇动力控制乘客门无论是否有动力供应，都应能从车内打开，当车门未锁住时，也能通过应急控制器从车外打开。应急控制器应符合 GB 13094 的要求。操作乘客门应急控制器 8 秒内应使乘客门自动打开或用手轻易打开到相应的乘客门引道量规能通过的宽度。

4. 应急窗

《机动车运行安全技术条件》(GB 7258)规定,应急窗应采用易于迅速从车内、外开启的装置；或采用自动破窗装置；或在车窗玻璃上方中部或右角标记有直径不小于 50 毫米的圆心击破点标志,并在每个应急窗的邻近处提供一个应急锤,以方便地击碎车窗玻璃,且应急锤取下时应能通过声响信号实现报警。公路客车、旅游客车和未设置乘客站立区的公共汽车,车长大于 9 米时车身左右两侧应至少各配置 2 个外推式应急窗并应在车身左侧设置 1 个应急门；车长大于 7 米且小于或等于 9 米时车身左右两侧应至少各配置 1 个外推式应急窗；外推式应急窗玻璃的上方中部或右角应标记有击破点标志,邻近处应配置应急锤。其他车长大于 9 米的未设置乘客站立区的客车,车身左右两侧至少各有 2 个击碎玻璃式的应急窗(车身两侧击碎玻璃式的应急窗总数小于或等于 4 个时为所有击碎玻璃式的应急窗)具有自动破窗功能的,应视为满足要求。安全顶窗应易于从车内、外开启或移开或用应急锤击碎。安全顶窗开启后,应保证从车内外进出的畅通。弹射式安全顶窗应能防止误操作。

《客车结构安全要求》(GB 13094)规定,应急窗应易于从车内和车外迅速打开,或采用易击碎的安全玻璃,并在车内每扇应急窗上或邻近处提供一个方便用来击碎应急窗玻璃的装置。每个应急出口应进行标示,其安全标志和位置应符合《客车用安全标志和信息符号》(GB 30678)的规定,并在车内可见。乘客门和所有应急出口的应急控制器均应用清晰可见的符号或文字标示,并且有操作方法的清晰说明或图示。

《营运客车安全技术条件》(JT/T 1094)规定,车长大于 9 米的营运客车,左右两侧应至少各配置 2 个外推式应急窗；车长大于 7 米且小于或等于 9 米的营运客车,左右两侧应至少各配置 1 个外推式应急窗。外推式应急窗应符合《客车外推式应急窗》(QC/T 1030)的要求,其安全标志颜色应符合 GB 30678 的规定。未配置内外开启式尾门的营运客车后围,应配置 1 个外推式应急窗或击碎玻璃式应急窗。当配置击碎玻璃式应急窗时,其附近应配置具有自动破窗功能的装置,该装置的破窗功能应符合《客车电磁击窗器》(JT/T 1030)的规定。最后一排乘客座椅头枕可设计为快速翻转式或可快速拆卸式,以满足其通过性符合 GB 13094 后围应急窗的要求。最后一排座椅安装非固定式头枕时,在乘客易见位置应有头枕操作方法的清晰说明。车长大于 9 米的营运客车,应至少配置 2 个安全顶窗；车长大于 7 米且小于或等于 9 米的营运客车,应至少配置 1 个安全顶窗。开启式安全顶窗应符合《开启式客车安全顶窗》(GB/T 23334)的要求。

5. 应急锤

《营运客车安全技术条件》(JT/T 1094)中规定,营运客车应急窗附近应安装符合《客车应急锤》(QC/T 1048)要求的应急锤,应急锤取下时应能通过声响信号实现报警。驾驶员座位附近应配置 1 个应急锤。若配置动力控制乘客门,应设置易于驾驶员操作的乘客门应急开关；若配置自动破窗器,应设置自动破窗器开关。

6. 其他安全设施设备

其他安全设施设备,如间接视野装置、停车楔、防滑链等应严格按照相关法律法规和标准配备和维护。

8.3.5 车辆维护与修理

1. 车辆维护

车辆维护是为维持车辆完好技术状况或工作能力而进行的作业。客运车辆运行强度大，其技术状况不仅与车辆设计制造有关，还与驾驶员驾驶操作、车辆维护维修情况、车辆使用环境及车辆装载情况等息息相关，因此必须强化车辆维护工作。道路旅客运输企业应当依据国家有关标准和车辆维修手册、使用说明书等，结合车辆类别、车辆运行状况、行驶里程、道路条件、使用年限等因素，自行确定车辆维护周期，确保车辆正常维护。

车辆维护分为日常维护、一级维护和二级维护。

（1）日常维护是以清洁、补给和安全性能检视为中心内容的维护作业。

（2）一级维护是除日常维护作业外，以润滑、紧固为作业中心内容，并检查有关制动、操纵等系统中安全部件的维护作业。

（3）二级维护是除一级维护外，以检查、调整制动系、转向操纵系、悬架等安全部件，并拆检轮胎，进行轮胎换位，检查调整发动机工作状况和汽车排放相关系统的维护作业。

日常维护周期为出车前、行车中和收车后。汽车一级维护、二级维护周期的确定可以行驶里程间隔或时间间隔为基本依据。

根据《道路运输车辆技术管理规定》（交通运输部令 2016 年第 1 号）规定：道路运输经营者可以对自有车辆进行二级维护作业，保证投入运营的车辆符合技术管理要求，无需进行二级维护竣工质量检验。道路运输经营者不具备二级维护作业能力的，可以委托二类以上机动车维修经营者进行二级维护作业。

2. 车辆修理

车辆修理应贯彻视情修理的原则，即根据车辆检测诊断和技术鉴定的结果，视情按不同范围和深度进行，既要防止拖延修理造成车况恶化，又要防止提前修理造成浪费。

车辆修理按作业范围可分车辆大修、总成大修、车辆小修和零件修理。

（1）车辆大修是新车或经过大修后的车辆，在行驶一定里程（或时间）后，经过检测诊断和技术鉴定，用修理或更换车辆任何零部件的方法，恢复车辆的完好技术状况，完全或接近完全恢复车辆寿命的恢复性修理。

（2）总成大修是车辆的总成经过一定使用里程（或时间）后，用修理或更换总成任何零部件（包括基础件）的方法，恢复其完好技术状况和寿命的恢复性修理。

（3）车辆小修是用修理或更换个别零件的方法，保证或恢复车辆工作能力的运行性修理，主要是消除车辆在运行过程或维护作业过程中发生或发现的故障或隐患。

（4）零件修理是对因磨损、变形、损伤等而不能继续使用的零件进行修理。

车辆修理要求如下：

（1）运输单位和个人的运输车辆，应根据其修理作业范围，送到经交通运输管理部门备案且未进入黑名单的、符合企业运输车辆维修要求的修理厂进行修理。

（2）送修车辆和总成修竣检验合格后，承修单位应签发出厂合格证，并将技术档案、修理技术资料和合格证移交送修单位。

（3）运输单位应按规定，提取车辆大修理基金，用于保证车辆正常大修。

8.3.6 车辆的报废

1. 车辆报废管理

车辆经过长时期使用后，技术性能变差，维修频率和费用变高，运输效率降低，物料消耗增加，经济效果不好，因此车辆使用后期必然导致报废。《道路交通安全法》第十四条规定："国家实行机动车强制报废制度，根据机动车的安全技术状况和不同用途，规定不同的报废标准。应当报废的机动车必须及时办理注销登记。达到报废标准的机动车不得上道路行驶。报废的大型客、货车及其他营运车辆应当在公安机关交通管理部门的监督下解体。"

企业在申请车辆报废时，由其主管部门鉴定、审批，并报交通运输管理部门备案。需要报废而尚未批准的车辆应妥善保管，不得拆卸和更换总成、零件和附属装备。凡经批准报废的车辆，企业应及时办理吊销营运证，不得转让或挪作他用，总成和零件不得拼装车辆，车辆报废相关材料应至少保存2年。

2. 车辆报废标准

商务部、国家发展和改革委员会、公安部、原环境保护部发布的《机动车强制报废标准规定》（商务部令2012年第12号）规定，营运客车报废实行强制报废和引导报废两种形式。

（1）强制报废。

营运客车有下列情况之一的应当强制报废：

① 达到规定使用年限的：小、微型营运载客汽车使用10年，大、中型营运载客汽车使用15年；

② 经修理和调整仍不符合机动车安全技术国家标准对在用车有关要求的；

③ 经修理和调整或者采用控制技术后，向大气排放污染物或者噪声仍不符合国家标准对在用车有关要求的；

④ 在检验有效期届满后连续3个机动车检验周期内未取得机动车检验合格标志的。

（2）引导报废。

对于未达到强制报废年限，但行驶里程达到规定的，实行引导报废：小、微型营运载客汽车行驶60万公里，中型营运载客汽车行驶50万公里，大型营运载客汽车行驶80万公里。

8.3.7 车辆技术档案管理

车辆技术档案是记录车辆从新车购置到报废全寿命周期内管、用、养、修等车辆技术管理活动的基础性文件资料，是了解车辆使用性能和技术状况变化，掌握车辆使用维修规律的重要依据。《道路运输车辆技术管理规定》（交通运输部令2016年第1号）规定，客运经营者应当建立车辆技术档案制度，实行一车一档。对未建立车辆技术档案或者档案不符合规定的，未做好车辆维护记录的，由县级以上道路运输管理机构责令改正，给予警告；情节严重的，处以1 000元以上5 000元以下罚款。

道路旅客运输企业原则上在办理完车辆注册登记和营运手续后5个工作日内要建立车辆技术档案，档案内容主要包括：

（1）车辆基本信息。应包括运输经营者信息、车辆号牌信息、经营范围等车辆基本情况和车辆类型、发动机型号及参数、车辆外廓尺寸等车辆参数与配置情况。

（2）车辆技术等级评定情况。应记录评定日期、车辆技术等级评定结果、检测评定单位等信息。

（3）客车类型等级评定或者年度类型等级评定复核信息。应记录评定日期、客车类型等级评定或者年度类型等级评定复核结果和评定复核单位信息。

（4）车辆维护和修理情况。应详细记录《机动车维修竣工出厂合格证》签发日期及编号、维修类别（一级维护、二级维护、大修或总成修理）、二级维护主要附加作业内容或总成修理内容和维修承接单位信息。

（5）车辆主要零部件更换情况。车辆主要零部件是指客车车身、货车驾驶室和货厢、发动机、离合器、变速器传动轴、前后桥、转向器、车架等部件。应详细记录更换主要零部件日期、更换主要零部件名称、型号（规格）及厂名和实施部件更换单位信息。

（6）车辆变更情况。应记录变更日期、变更事项和变更内容。

（7）行驶里程变化情况。应按月记录车辆累计总行驶里程和单月行驶里程数据。

（8）对车辆造成损伤的交通事故等记录。应详细记录对车辆造成损伤的交通事故发生日期、发生地点、事故性质、事故责任、事故原因及车辆损坏情况和直接经济损失情况等内容。

除了详细记录上述信息外，客车技术档案还应保存机动车行驶证、道路运输证、机动车登记证书、机动车整车出厂合格证、机动车维修竣工出厂合格证及各类检验检测报告（含油耗核查、安全核查、类型复核、安全检验、环保检验、综合性能检测及等级评定等）的原件或复印件。车辆技术档案应逐车建立，档案的建立、借阅等应符合企业档案管理的制度要求。车辆所有权或经营权转移、转籍时，车辆技术档案应当随车移交。

8.4 运输组织

8.4.1 运输线路

1. 运输线路定义与分类

道路旅客运输线路，是指营业性运输客车的运行路径，它以始发点、经过点、到达点为路径界限。按经营项目和营运方式，道路旅客运输线路划分为：班车客运线路、旅游客运线路等。

（1）班车客运线路。

班车客运线路根据经营区域和营运线路长度分为四种类型。

① 一类客运班线。地区所在地与地区所在地之间的客运班线或者营运线路长度在800公里以上的客运班线。

② 二类客运班线。地区所在地与县之间的客运班线。

③ 三类客运班线。非毗邻县之间的客运班线。

④ 四类客运班线。毗邻县之间的客运班线或者县境内的客运班线。

(2) 旅游客运线路。

旅游客运线路须有固定的发车点和游览景点，旅游班车须按公告的线路行驶、停靠，并应保证乘客有足够的游览时间。旅游客运按照营运方式分为：

① 定线旅游客运。定线旅游客运按照班车客运管理。

② 非定线旅游客运。非定线旅游客运按照包车客运管理。

另外，包车客运以运送团体旅客为目的，将客车包租给用户安排使用，提供驾驶劳务，按照约定的起始地、目的地和路线行驶，按行驶里程或者包用时间计费并统一支付费用。

2. 运输线路的考察

《道路旅客运输企业安全管理规范》（交运发〔2018〕55 号）规定："客运企业在申请线路经营时应当进行实际线路考察，按照许可的要求投放客运车辆。客运企业应当建立每一条客运线路的交通状况、限速情况、气候条件、沿线安全隐患路段情况等信息台账，对信息台账进行定期更新，并提供给客运驾驶员。"

线路考察时，应重点对线路运营的安全性及安全保障措施进行考察。道路旅客运输企业应将实际考察情况进行分析整理，建立线路信息台账，登记安全隐患，提出安全防范措施，提供给驾驶员参考。考虑到客运线路的道路条件、交通状况会动态变化，沿线的安全隐患也会相应地动态变化，因此，道路旅客运输企业要对线路信息台账进行定期更新。

8.4.2　行车安全管理

1. 运行速度控制要求

超速是一种常见的、极易引发交通事故的交通违法行为，在各种道路交通事故成因中居首位。《道路交通安全法》第四十二条规定："机动车上道路行驶，不得超过限速标志标明的最高时速。在没有限速标志的路段，应当保持安全车速。夜间行驶或者在容易发生危险的路段行驶，以及遇有沙尘、冰雹、雨、雪、雾、结冰等气象条件时，应当降低行驶速度。"《国务院关于加强道路交通安全工作的意见》《道路旅客运输企业安全管理规范》等规定，客运车辆（9座以上）夜间（22时至次日6时）行驶速度不得超过日间限速的80%，并严禁夜间通行达不到安全通行条件的三级以下山区公路。道路旅客运输企业不得制定导致驾驶员按计划完成运输任务将违反通行道路限速要求的计划，也不得要求驾驶员超速驾驶客运车辆。

道路旅客运输企业是道路旅客运输安全生产的责任主体，应当严格执行各项安全生产操作规程。道路旅客运输企业应充分利用道路运输车辆动态监控系统平台或者通过线路巡查等方式主动查处客运驾驶员超速驾驶客运车辆的行为，发现客运驾驶员超速驾驶客运车辆时，及时采取措施纠正，如通过监控平台及时发出指令，警示驾驶员，在驾驶员回场后及时进行通报和教育，情节严重的给予相应的处罚，消除超速行驶安全隐患。

2. 驾驶员配备及作息要求

疲劳驾驶是引发道路交通事故的主要原因之一，《道路交通安全法实施条例》《道路旅客运输及客运站管理规定》《道路旅客运输企业安全管理规范》等对客运驾驶员的驾驶时间、休息时间和人员配备都有具体规定，道路旅客运输企业在制定和实施运输计划时应当严格遵守相关规定，包括：

（1）日间连续驾驶时间不得超过 4 小时，夜间连续驾驶时间不得超过 2 小时，每次停车休息时间应不少于 20 分钟；

（2）在 24 小时内累计驾驶时间不得超过 8 小时；

（3）任意连续 7 日内累计驾驶时间不得超过 44 小时，期间有效落地休息；

（4）禁止在夜间驾驶客运车辆通行达不到安全通行条件的三级及以下山区公路；

（5）长途客运车辆凌晨 2 时至 5 时停止运行或实行接驳运输；严禁夜间通行达不到安全通行条件的三级以下山区公路；从事线路固定的机场、高铁快线以及短途驳载且单程运营里程在 100 公里以内的客运车辆，在确保安全的前提下，不受凌晨 2 时至 5 时通行限制。

（6）单程运行里程超过 400 公里（高速公路直达客运超过 600 公里）的客运车辆应当配备 2 名及以上客运驾驶员；

（7）实行接驳运输的，且接驳距离小于 400 公里（高速公路直达客运小于 600 公里）的，客运车辆运行过程中可只配备 1 名驾驶员，接驳点待换驾驶员视同出站随车驾驶员。

道路旅客运输企业不得强令驾驶员违反驾驶时间和休息时间等规定驾驶客运车辆。道路旅客运输企业应充分利用道路运输车辆动态监控系统平台、安装使用先进的疲劳驾驶监测装置，以及通过督促驾驶员如实填写行车日志等方式主动查处客运驾驶员违反驾驶时间和休息时间等规定的行为。发现客运驾驶员违反驾驶时间和休息时间规定、不按要求换班休息等，应及时采取措施纠正，消除疲劳驾驶安全隐患。

3. 接驳运输

接驳运输是防止营运客车驾驶员疲劳驾驶，促进道路客运转型升级，保障人民群众安全高效出行的一种有效方式。接驳运输可分为换驾式接驳运输和分段式接驳运输。换驾式接驳运输，是指客运班线一趟次的运输任务全程由一辆客运班车完成，客运班车运行到指定的接驳点后，当班驾驶员落地休息，与在接驳点休息等待的待班驾驶员履行接驳手续，由待班驾驶员继续执行驾驶任务的运输组织方式。分段式接驳运输，是指客运班线一趟次的运输任务全程由两辆及以上客运班车接驳完成，每辆客运班车只负责运输全程中部分固定路段的运输，前一辆客运班车运行到指定的接驳点，将旅客及行李、行李舱载运货物转入后一辆客运班车，再由后一辆客运班车继续执行运输任务的运输组织方式。

为进一步规范道路客运接驳运输工作，交通运输部于 2017 年 12 月出台了《道路客运企业接驳运输管理办法（试行）》（交运发〔2017〕208 号），其中规定：需凌晨 2 时至 5 时运行的道路客运班线，应当实行接驳运输。接驳运输企业应当制定健全的接驳运输安全生产管理制度，包括接驳运输车辆、接驳运输驾驶员、接驳点安全生产管理制度，接驳运输动态监控制度，接驳运输安全生产操作规程，接驳点管理人员、接驳运输驾驶员岗位职责等。接驳运输企业应当科学合理地制定接驳运输线路运行组织方案，包括接驳运输线路运行安排、接驳运输车辆安排和接驳点设置等。在制定方案时，需对接驳点进行实地查验，保证接驳点满足停车、驾驶员住宿、视频监控及信息传输等安全管理功能需求。接驳运输企业应当直接管理接驳点，或者进驻接驳运输联盟及其他接驳运输企业运营的接驳点，应当在指定接驳点和接驳时段进行接驳，履行接驳手续，建立健全接驳运输台账。接驳运输台账、行车单、车辆动态监控信息、接驳过程相关图像信息等保存期限不少于 6 个月。凌晨 2 时至 5 时运行的接驳运输车辆，应当在前续22时至凌晨2时之间完成接驳。在此时间段内未完成接驳的车辆，凌晨2时至5时应当在具备安全停车条件的地点停车休息。

开展了接驳运输的道路旅客运输企业应当认真履行运输安全生产主体责任，督促接驳运输驾驶员规范开展运输流程，实现驾驶员真正落地休息。道路旅客运输企业可以通过动态监控、视频监控、接驳信息记录检查、现场抽查等方式，加强接驳运输管理和安全隐患排查治理，严格执行接驳运输流程和旅客引导等服务；发现违规操作的，应当立即纠正。

4. 安全告知

开展安全告知，是向旅客宣传安全应急处置知识、动员广大乘客参与监督、加强道路客运安全生产管理、提升客运服务质量的重要方式。驾驶员或乘务员可在发车前向乘客告知相关内容，或播放统一制作的音像资料、安全带宣传音像资料等。

安全告知的主要内容包括：

（1）客运公司名称、客车号牌、驾驶员及乘务员姓名和监督举报电话。

（2）客运车辆核定载客人数、行驶线路、经批准的停靠站点、中途休息站点。

（3）法律法规规定事项，如禁止旅客携带或客运车辆装运的危险品，禁止超载、超速、疲劳驾驶的规定，特别是连续驾驶时间不得超过4小时；禁止在高速公路上和未经批准的站点上下客；禁止改变线路行驶；禁止关闭、屏蔽卫星定位信号；禁止客车22时至凌晨6时途经三级以下山区公路达不到夜间安全通行条件的路段。

（4）车辆安全出口及应急出口逃生、安全带和安全锤使用方法。

8.4.3 运输经营行为

1. 班线客运

班线客运最显著的特征便是固定线路、时间、站点和班次，因此班线客车应当严格按照许可的或经备案的线路、班次、站点运行，在规定的停靠站点上下旅客，不得随意站外上客或揽客。《交通运输部关于深化改革加快推进道路客运转型升级的指导意见》（交运发〔2016〕240号）对于成立线路公司的道路客运班线或者实行区域经营的，由道路旅客运输企业在保证基本服务标准的前提下，自主确定道路客运班线运力投放（含新增、更新和调配运力）、班次增减（含加班车）和途经站点，报原许可机关备案，并提前向社会公布。除经许可或者备案的站点之外，班线客车不得在站外和沿途揽客。

长线短跑、短线长跑、不在汽车客运站发车、异地经营、高速班线改为普通班线、不按时发班、不按规定进站、超员等都属于不规范的经营行为。道路旅客运输企业应当自觉维护客运市场秩序，加强运营管理，杜绝这些不规范经营行为的发生。

2. 包车客运

道路旅客运输企业应与包车人签订包车合同，明确行驶的线路、包车人员、时间、费用等内容。道路旅客运输企业按照规定办理包车业务审批，按照约定的起始地、目的地和线路运输，不能按照班车模式定点、定线运行（定线通勤包车除外），不得招揽包车合同以外的乘客乘车。道路旅客运输企业还应该按照规定范围经营，包车客运的线路一端必须是车籍所在地，杜绝起讫地均不在车籍地的超范围经营行为。非定线旅游客运应按照包车客运管理。

旅游包车超范围经营、驾驶员对行经线路的路况不熟、驾驶员疲劳驾驶等违规行为是旅游包车客运中存在的主要安全隐患。

3. 其他不规范运输经营行为

客运车辆不得超过核定的载客人数，但按照规定免票的儿童除外，在载客人数已满的情况下，按照规定免票的儿童不得超过核定载客人数的10%。

客运经营者不得强迫旅客乘车，不得中途将旅客交给他人运输或者甩客，不得敲诈旅客，不得擅自更换客运车辆，不得阻碍其他经营者的正常经营活动。

客运车辆不得违反规定载货，行李堆放区和乘客区要隔离，并且采取相应的安全措施。严禁在行李堆放区内载客，客运班车行李舱载货应当执行《客运班车行李舱载货运输规范》（JT/T 1135）规定。

客运经营者应当遵守有关运价规定，使用规定的票证，不得乱涨价、恶意压价、乱收费。

8.5 道路旅客运输重点岗位操作规程

8.5.1 驾驶员行车操作规程

行车操作规程，是指在车辆运行过程中，驾驶员应遵守的具体技术要求和程序的技术文件，它贯穿于道路旅客运输的全过程，对于保证道路旅客运输安全具有重要作用。行车操作规程应包括车辆技术状况安全检查、发车前向旅客进行安全告知、行车途中规范操作、正确应急处置等内容。道路旅客运输企业可在《道路客货运输驾驶员行车操作规范》（JT/T 1134）标准的基础上，编制符合本单位特点的驾驶员行车操作规范。

1. 出车前

（1）有下列情况之一的，驾驶员不得驾驶车辆：饮酒，服用了国家管制的精神药品或麻醉药品，患有妨碍安全驾驶的疾病、过度疲劳、家庭和社会矛盾影响情绪的。

（2）严守日常维护操作规程，坚持发车前检查车辆燃（润）油、冷却水是否加足，检查安全监控设施设备、空调、视听等设施是否完好，确保设施完好有效。不驾驶安全设施不全或者安全技术状况不符合安全技术标准要求和有安全隐患的车辆。

（3）严格按照驾驶证、从业资格证规定的准驾车型驾驶车辆，认真执行客运作业计划。

（4）提前熟悉运行计划和作业任务，了解掌握运行线路的道路状况、限速情况、气候环境、沿线安全隐患路段情况等基本信息。

（5）口头或通过播放宣传片、在车内明显位置标示等方式，对乘客进行安全告知和安全承诺，督促旅客正确佩戴安全带。

（6）自觉接受安全教育培训和提醒，自觉接受"三不进站、六不出站"安全检查。

2. 行驶中

（1）严格按照安全操作规程驾驶，按照规定的线路、站点、班次、时间运行，不将车辆私自转交他人驾驶。

（2）不开情绪车、不开冒险车、不开急躁车，不超速超载，不疲劳驾驶、不酒后驾驶、不接打手持电话、不抽烟、不吃东西、不与他人闲谈。

（3）日间连续驾驶车辆 4 小时必须停车休息，夜间连续驾驶时间不得超过 2 小时，休息时间不得少于 20 分钟，防止疲劳驾驶。在中途休息时，驾驶员应检查轮胎、轮毂、仪表、灯光等是否正常，确保车辆技术状况完好。

（4）不得在弯道、陡坡等视线不良路段上超车。在高速路上行驶时，要注意保持车距，不得长时间占道行驶；不得倒车、逆行，穿越中央隔离带掉头；车辆需驶出高速公路时应提前减速后变道，不得临近出口时突然减速变道；不得在车道内停车上、下旅客。

（5）车辆通过漫水桥、便桥（道）、浮桥、水毁、塌方等危险路段时，应严格遵守"一慢、二看、三通过"的规定停车观察，确认安全后低速通过，必要时让所有旅客下车步行通过，避免发生意外事故。

（6）在山区、行车视距不良或道路状况不良的路段行驶时，应严格遵守"减速、鸣号、靠右行""宁停勿绕""宁停三分不抢一秒"的安全行车规定。

（7）通过施工作业路段时，应注意警示标志，自觉遵守交通法规，服从交通管理人员的指挥，减速行驶，严禁强行闯关、超速、抢（占）道行驶。如遇塌方、水毁、飞石等路段，危及行车安全或道路情况不明时应果断停车，立即向车属单位和有关单位报告，不得擅自绕行；在不能确保安全的情况下，不得冒险行驶。

（8）发生交通事故时，应保护好现场，积极抢救伤员和保护财产。按规定放置安全警告标志，并迅速向当地交警、交通运输部门及车属单位报告，主动配合有关部门做好事故的调查和处理。

3. 收车后

（1）认真填写车辆行驶记录，如实反映行车途中的安全问题，必要时报告车属单位和相关部门。

（2）做好车辆例行维护和清洁工作。检查车内的安全设施、设备，及时报修车辆故障。

（3）按时参加安全教育培训和安全生产活动，不断提高安全技能和安全意识。

8.5.2 乘务人员操作规程

（1）执行乘务任务前，做好必要的准备工作，如准确掌握客车车型、车座情况，负责车厢内清洁卫生，检查车内服务用品是否齐全有效，检查座椅、安全带以及应急安全设施、药品的完好情况，领取班车线路牌和派车单。

（2）组织乘客有序上车、验票，根据派车单清查乘客人数；检查乘客行李，防止"三品"上车；协助并督促乘客正确摆放行李，叮嘱乘客保管好行李物品。

（3）开车前向旅客介绍当次班车的起点、沿途停靠站点、终点、行驶里程时间；督促驾驶员进行安全承诺，协助并督促乘客正确使用安全带；清查乘客人数；宣传安全乘车知识。

（4）途中照料乘客，维护乘车秩序，并协助做好应急安全处置。车辆途中停靠休息，组织乘客有序上下车，运行前再次清点人数；值乘途中，对中途上车乘客的行李进行检查，禁止"三品"上车；认真清点上车人数，严禁超载；在车辆行驶中报送车辆异常运行的相关信息，如行驶中遇到治安事件、乘客突然生病等信息。

（5）在汽车客运站组织乘客安全有序上、下车，提醒并协助乘客提取行包。

8.5.3 动态监控人员操作规程

（1）熟悉单位所经营的线路，对安装有卫星定位车载终端的车辆要做到管理到位、监控到位，对卫星定位监控的日常使用情况做到心中有数。

（2）每天掌握当日运输作业计划，及时对车辆的运行动态进行监控，并做好相关的监控记录。通过车辆在线率的情况，查看、了解不在线车辆明细，了解不在线原因，并报告安全生产管理部门。

（3）对在监控中所发现的超速、超时疲劳驾车、不按规定夜间运行、人为损坏卫星定位车载终端等违法行为，及时准确分析监控指标，锁定违法事实，确定车辆及当班驾驶人员，对违法、违规行为给予警告和纠正。

（4）准确填写监控日志和监控管理工作日报表，完整记录值班时工作事宜，妥善保存车辆点击、图像抓拍、违法驾驶信息及处理情况等监控数据及各类记录、资料。

（5）对不在线、误报、屏蔽的车辆，及时报告企业安全生产负责人。对经提醒仍然继续违法驾驶的驾驶员，应当及时向领导报告，由安全生产管理部门负责人和分管领导进行调查处理。

（6）配合做好设备安装、检修等工作，收集整理卫星定位监控系统使用中存在的问题，及时向监控部门负责人和设备供应商反映；及时反馈软硬件故障，提出实用可行的改进意见。

（7）对超速、超时疲劳驾车等违法行为定期进行归纳、分析和统计，并及时向公司报送卫星定位监控情况月报表。

8.6　典型案例分析

案例一：某高速路段重大道路交通事故

1. 事故经过

某日，驾驶员郭某驾驶金龙牌大型普通客车（核载29人，实载27人），从汽车客运站外出发，行驶至某高速公路某市境内南半幅784公里加458米处时，车辆突然失控撞向道路左侧桥面中央护墙，然后又向右前方撞向道路右侧护栏，并冲破护栏翻入20米深沟内，导致车辆损毁，造成8人当场死亡，3人经抢救无效死亡，14人受伤，直接经济损失610万元。事故现场如图8-1所示。

图 8-1 事故现场

2. 事故原因

（1）直接原因。

客车驾驶员郭某雨天驾驶制动系统不合格的机动车超速行驶，采取措施不当，导致车辆发生侧滑，撞击桥面中央护墙后冲出道路南侧护栏坠入沟内侧翻。

（2）间接原因。

① 客车驾驶员郭某、乘务员辛某没有提醒、督促乘客系好安全带，加重了事故后果。

② 道路旅客运输企业未落实安全生产主体责任，卫星定位监控管理制度没有落实到位，没有对所属车辆的超速行为进行查处和纠正，没有对客运车辆驾驶员从业资格条件进行审核，客车不按核定站点停靠运营。

③ 当地公路运输管理所在道路运输安全管理和监督检查工作中，未发现道路旅客运输企业客运班车不进站报班发车、违规停车载客、超速等事故隐患问题，对卫星定位监控平台监督检查不到位，对驾驶人员从业资格证审核不严。未能严格审核汽车维修企业的经营资格，对维修企业的二级维护监管不力。

④ 当地公路运输管理处在年度审验中未能及时发现郭某无客运从业资格证驾驶客车问题。

3. 案例分析

此次事故中，肇事车座位虽然全部装有安全带，但40%的座位配备安全带不能正常使用，存在缺少安全带锁扣等问题；客运车驾驶员在发车前未履行安全告知义务，提醒乘车人系安全带，汽车客运站也未对出站车辆乘车人系安全带情况进行检查。从事故的后果来看，车辆左前部直接撞击地面的部分变形较为严重，车体大部分变形不严重，未影响内部生存空间，大部分乘员是先被甩出车外，后被事故车辆砸压致死。如果能够有效使用安全带，必然会大大减少伤亡人数。

案例二：某高速特别重大道路交通事故

1. 事故经过

某日，某旅游客运有限公司驾驶员刘某驾驶大客车出发，当车辆行驶至某高速公路某段33公里856米处时失控，先后与道路中央护栏发生一次刮擦和三次碰撞，并起火燃烧，由于车上人员未能及时疏散逃生，造成了重大人员伤亡，事故现场如图8-2所示。事故共造成35人死亡、13人受伤，车辆烧毁，高速公路路面及护栏受损，事故造成直接经济损失为2 290余万元。

图8-2 事故现场

2. 事故原因

驾驶员刘某疲劳驾驶造成车辆失控，与道路中央护栏发生碰撞事故。碰撞导致车辆油箱破损、柴油泄漏，右前轮向外侧倾倒，轮毂上的螺栓螺母与地面持续摩擦产生高温。车辆停止后，路面上的柴油遇到因摩擦产生高温的右前轮后起火。车辆右前角紧挨路侧护栏，车门无法有效展开，车上乘客不能及时疏散，且安全锤未按规定放置在车厢内，乘客无法击碎车窗及时逃生，造成重大人员伤亡。

3. 案例分析

该旅游客运公司未考虑事故客车驾驶员刘某长时间连续驾驶且没有得到充分休息的情况，仍安排其发班，驾驶员休息制度和防疲劳驾驶制度未有效落实。

该旅游客运公司动态监控制度没有有效落实。事故车辆动态监控装置发生故障，无法正常定位。该旅游客运公司在事故车辆卫星定位装置出现故障的情况下，仍然违规安排车辆发班。该旅游客运公司仅配备1名监控人员，还兼职公司董事长司机、办理包车客运标志牌和部分文职工作；动态监控人员李某未正确履行职责，虽然发现该车不能正常定位的问题，但未进行报告处理，后续也没有及时跟踪解决该问题；当天早8时至事故发生时，李某一直未在监控岗位。

案例三：某县重大道路交通事故

1. 事故经过

某日，驾驶员王某驾驶一辆中型普通客车（农村客运车辆，核载 16 人，实载 12 人）从某镇出发。该车行至当地一路段时，车辆驶向路面左侧，撞断桥梁左侧石栏杆坠入湖中，造成车上乘客 11 人死亡，客车受损，事故现场如图 8-3 所示。

图 8-3 事故现场

2. 事故原因

某桥前为一下坡路段，驾驶员王某下坡时空挡滑行，当车辆行驶至该桥时，车辆转向横拉杆体右侧与调整螺杆分离脱落，加之该车因前制动储气筒的压缩空气经密封不严的制动总阀排气口泄漏，丧失前左右制动效能，左后制动效能因制动摩擦片缺损而降低，左后主胎及右后副胎胎冠花纹严重磨损，左后副胎胎冠被铁钉刺穿造成胎压严重不足，造成该车在潮湿的桥面不能有效制动和改变向左行驶的趋势；驾驶员临危处置不当，未使用驻车制动装置，致使车辆冲出桥面栏杆，坠入 15 米水深的湖中。

3. 案例分析

肇事车在没有进行维护状态下长期运行，车辆技术状况存在严重缺陷。而王某在驾驶车辆时，明知存在安全隐患，仍驾车载客，且在下坡路段时空挡滑行。当发现车辆方向、制动出现问题时，也未使用驻车制动减缓车速。案例也充分暴露，道路旅客运输企业对客运车辆的技术管理不到位，对农村客运车辆在非法修车点进行维修缺乏监管；未按照相关规定认真进行车辆的安全例检，事故车辆转向、制动等存在的安全隐患未及时发现和整治；对驾驶员安全责任意识、临危处置能力等培训教育不到位。

案例四：某高速重大交通事故

1. 事故经过

某营运客车在途经某高速公路路段（距离某大桥附近 2 公里）发生翻车事故，造成包括驾驶员在内 11 人遇难，31 人受伤，事故现场如图 8-4 所示。

图 8-4 事故现场

2. 事故原因

通过回放事故前车载视频的监控录像，在事故发生前 2~3 分钟，驾驶员明显出现呼吸急促、困难等症状，并很快陷入昏迷，失去自主驾驶和操控车辆能力。虽然经车上有关人员紧急施救，但最终仍导致车辆失控，侧翻后冲出护栏、翻入边沟，造成事故发生。经调查，驾驶员患有先天性心脏疾病，心脏病突发是导致事故发生的直接原因。当驾驶员出现异常时，很多乘客都站起来观察车头人员施救，至事故发生时许多乘客已解开了安全带，导致事故伤亡较大。

3. 案例分析

驾驶员入职前应进行职业健康检查，道路旅客运输企业也应该每年组织客运驾驶员进行职业健康检查，对职业健康检查中发现有与所从事的职业相关的健康损害的劳动者，应当调离原工作岗位，并妥善安置。显然，本案例中道路旅客运输企业并没有重视驾驶员的健康管理和职业培训工作，没有及时发现存在的安全隐患。售票员面对突发事件，没有及时有效处置，并且没有提醒乘客系好安全带，导致事故伤亡进一步扩大。

第 9 章

道路危险货物运输安全生产实务

9.1 危险货物及其特性

9.1.1 危险货物的定义

1. 危险货物的定性表述

危险货物（也称危险物品或危险品）是指"具有爆炸、易燃、毒害、感染、腐蚀、放射性等危险特性，在运输、储存、生产、经营、使用和处置中，容易造成人身伤亡、财产损毁或环境污染而需要特别防护的物质和物品"。这个定义是对危险货物的定性表述，强调了对危险货物的性质、危险后果及特别防护三方面的要求：

（1）危险货物具有爆炸、易燃、毒害、感染、腐蚀、放射性等危险特性。非常具体地指明了危险货物本身所具有的特殊的性质，是造成火灾、灼伤、中毒等事故的先决条件。

（2）危险货物容易造成人身伤亡、财产损毁或环境污染等危险后果。指出了危险货物在一定条件下，如受热、明火、摩擦、振动、撞击、洒漏或与性质相抵触物品接触等，发生化学变化所产生的危险效应，不仅使货物本身遭到损失，更严重的是危及人身安全、破坏周围环境。

（3）危险货物在运输、储存、生产、经营、使用和处置中需要特别防护。这里所说的特别防护，不仅是对一般运输普通货物必须做到的轻拿轻放、谨防明火，而且是要针对各种危险货物本身的特性所必须采取的"特别"防护措施。如有的爆炸品需添加抑制剂，有的有机过氧化物需控制环境温度。大多数危险货物的包装和配载都有特定的要求。

必须注意：以上三方面要求，缺一则不成为危险货物。例如：贵重物品防丢失、精密仪器防振动、易碎器皿防破损都需要特别防护，但是这些物品不具有特殊性质，一旦防护失措，不致造成人身伤亡或除货物本身以外财物损毁，所以不属于危险货物。

2. 危险货物的定量表述

危险货物的定量表述即为确定哪些货物属于危险货物。《道路危险货物运输管理规定》（交通运输部令 2016 年第 36 号）第三条规定："危险货物以列入国家标准《危险货物品名表》（GB 12268）的为准，未列入《危险货物品名表》的，以有关法律、行政法规的规定或者国务院有关部门公布的结果为准。"也就是说，凡是《危险货物品名表》（GB 12268）中列出名称的货物,均为危险货物,未列入的按国家有关规定执行。

9.1.2 危险货物的分类

危险货物种类繁多,性质各异,有的还相互抵触。为了保证储运安全、方便运输,有必要根据各种危险的主要特性对危险货物进行分类。在《危险货物分类和品名编号》(GB 6944) 4.1.1 "类别和项别"中明确了"按危险货物具有的危险性或最主要的危险性分为9个类别。第1类、第2类、第4类、第5类和第6类再分成项别"。需要注意的是,类别和项别的号码顺序并不是危险程度的顺序。具体类别和项别如表 9-1 所示。

表 9-1 危险货物类别和项别

类别	项别	项名称
第1类:爆炸品	1.1 项	有整体爆炸危险的物质和物品
	1.2 项	有迸射危险,但无整体爆炸危险的物质和物品
	1.3 项	有燃烧危险并有局部爆炸危险或局部迸射危险或这两种危险都有,但无整体爆炸危险的物质和物品
	1.4 项	不呈现重大危险的物质和物品
	1.5 项	有整体爆炸危险的非常不敏感物质
	1.6 项	无整体爆炸危险的极端不敏感物品
第2类:气体	2.1 项	易燃气体
	2.2 项	非易燃无毒气体
	2.3 项	毒性气体
第3类:易燃液体	不分项	无
第4类:易燃固体、易于自燃的物质、遇水放出易燃气体的物质	4.1 项	易燃固体、自反应物质和固态退敏爆炸品
	4.2 项	易于自燃的物质
	4.3 项	遇水放出易燃气体的物质
第5类:氧化性物质和有机过氧化物	5.1 项	氧化性物质
	5.2 项	有机过氧化物
第6类:毒性物质和感染性物质	6.1 项	毒性物质
	6.2 项	感染性物质
第7类:放射性物质	不分项	无
第8类:腐蚀性物质	不分项	无
第9类:杂项危险物质和物品,包括危害环境物质	不分项	无

9.1.3 危险货物的品名及编号

2012 年 5 月 11 日修订的《危险货物品名表》(GB 12268),规定了 3 000 多种危险货物的品名,且采用了联合国编号(UN 号),取消了原有的中国编号(即 CN 号)。一般来讲,危险货物的每个品名都有对应的编号,但由于"品名"在《危险货物品名表》中对应的是"名称和说明",故准确地表述是"《危险货物品名表》中的每个条目都对应一个编号"。每个危险货物类别下设有众多条目,每个条目都有一个联合国编号用以识别,条目分为A、B、C、D四类,且B、C和D类的条目统称为类属条目,具体内容见表9-2。

表9-2 《危险货物品名表》中四类条目内容

条目类别	条目解释	举例
A类	单一条目,适用于意义明确的物质或物品,包括含有若干个异构体的物质条目	UN 1090 丙酮 UN 1104 乙酸戊酯 UN 1194 亚硝酸乙酯溶液
B类	通用("类属")条目,适用于意义明确的一组物质或物品,不含"未另作规定的"条目	UN 1133 胶黏剂 UN 1266 香料制品 UN 2757 氨基甲酸酯农药,固体的,有毒的 UN 3101 有机过氧化物,B型,液体的
C类	"未另作规定的"特定条目,适用于一组具有某一特定化学性质或特定技术性质的物质或物品,未另作规定的	UN 1477 硝酸盐,无机的,未另作规定的 UN 1987 醇类,未另作规定的
D类	"未另作规定的"通用条目,适用于一组符合一个或多个类别或项别标准的物质或物品,未另行规定	UN 1325 易燃固体,有机的,未另作规定的 UN 1993 易燃液体,未另作规定的

9.1.4 危险货物的特性

1. 爆炸品的主要特性

爆炸品的特性主要体现在感度、威力和猛度、安定性三个方面。同时,三个特性也决定了爆炸品爆炸性能的强弱。

(1) 感度(亦称敏感度)。

感度是指爆炸品在外界作用下发生爆炸反应的难易程度。爆炸品需要外界提供一定量的能量才能触发爆炸反应,否则爆炸反应就不能进行。感度高低通常以引起爆炸所需要的最小外界能量来表示。显然,引起某爆炸品爆炸所需的起爆能越小,则其感度越高,危险性也越大。

(2) 威力和猛度。

威力是指炸药爆炸时的做功能力,即炸药爆炸时对周围介质的破坏能力。威力的大小主要取决于爆热(爆热是指1千克炸药爆炸所释放的热量)的大小,爆炸后气体生成量的多少以及爆温的高低。猛度,又称猛性作用,是指炸药爆炸后爆轰产物对周围物体(如混凝土、建筑物或矿石层等)破坏的猛烈程度。其大小可用爆轰压和爆速来衡量。

(3) 安定性(稳定性)。

爆炸品的安定性是指爆炸品在一定的储存期间内,不改变自身的物理性质和化学性质的能力。爆炸品本身不稳定,即使在正常的保管条件下,也会产生某种程度的物理或化学变化。所以,长期储存不安定的爆炸品或在一定外界条件(如环境温湿度等)影响下,不仅会改变爆炸品的爆炸性能,影响正常使用,而且还可能发生燃烧和爆炸事故。

综上所述,感度和安定性是用来衡量货物起爆的难易程度,而威力和猛度则关系到一旦发生爆炸所产生的破坏效果。一般来讲，可选用爆发点低于350摄氏度、爆速大于3 000米/秒、撞击感度在2%以上为爆炸性的三个主要参考数据。三者满足其一，即可认为该物质或物品具有爆炸性。

2. 气体的主要特性

气体的特性主要表现在液化、物理爆炸、溶解性等方面。

（1）气体的液化。

任何气体都可以压缩，处于压缩状态的气体称为压缩气体。如果在对气体进行压缩的同时进行降温，压缩气体就会转化为液体，叫作液化气体。

气体只有将温度降低到一定程度时施加压力才能被液化。若温度超过此值，则无论怎样增大压力都不能使之液化。这个加压使气体液化所允许的最高温度，称为临界温度。不同气体的临界温度不同。气体在临界温度时，还需施加压力才能被液化。在临界温度时，使气体液化所需要的最小压力称为临界压力。

通常使用和储运的气体都在常温下进行，而且灌装气体的容器不绝热，即容器内外的温度是一样的。因而临界温度低于常温的气体是压缩气体，临界温度高于常温的气体是液化气体。无论是处于压缩状态，还是处于液化状态，气体的临界温度越低，危险性越大。

（2）气体的物理爆炸。

物质因状态或压力发生突变而形成的爆炸现象称为物理爆炸。例如，锅炉的爆炸、气体钢瓶的爆炸等。

气体要储存和运输，必须罐装在耐压容器中，根据不同气体的临界温度和临界压力，气体耐压容器所承受的内压也不同。按规定压力罐装在合乎质量要求和安全标准容器内的气体，在正常情况下不会发生危险，但当受到剧烈撞击、振动、高温、受热时，会使容器内压力骤增，该压力超过容器的耐受力时就会发生钢瓶爆炸。

因此，防止钢瓶的物理爆炸是保证气体储运安全的首要事项。储运钢瓶应远离火源，防止日晒，注意通风散热。

（3）气体的溶解性。

某些液体对某种气体有很大的溶解能力。例如氨气、氯气可以大量溶解在水里，乙炔可以大量溶解在丙酮里。利用这个性质可以储运某些不易液化或压缩的气体。溶解在溶剂中的气体称为溶解气体。

溶解有气体的溶剂受热后，气体会大量逸出，从而引起容器爆炸。特别是乙炔钢瓶，如果从火灾中抢救出来，瓶内的多孔材料可能熔结，溶剂可能挥发，钢瓶的耐受力就会失效。此时如果再用来罐装乙炔，就可能造成大事故。所以乙炔钢瓶经火烤以后就不能再使用。

利用气体在水中的溶解性，一旦发生某些容易溶于水的气体泄漏时，可以用水吸收扑救。

3. 易燃液体的主要特性

1）易燃液体的物理特性

（1）高度挥发性。

易燃液体大多是低沸点液体，在常温下就能不断地挥发。如乙醚、乙醇、丙酮和二硫化碳等的挥发性都较大，这类物质也称为挥发性液体。不少易燃液体的蒸气又较空气重，易积聚不散,特别是在低洼处所、通风不良的仓库内及封闭式货厢内易积聚产生易燃易爆的混合蒸气,造成安全隐患。

(2) 高度流动扩散性。

易燃液体的黏度一般都较小,而且大多数易燃液体的相对密度比较小,且不溶于水,会随水的流动而扩散。易燃液体还具有渗透、毛细管引力、浸润等作用,即使容器只有细微裂纹,易燃液体也会渗出容器壁外,扩大其表面积,源源不断地挥发,使空气中的蒸气浓度增高,增加了燃烧爆炸的潜在危险。

(3) 蒸气压及受热膨胀性。

敞开的液体物质总是或快或慢地蒸发着,直至全部变为蒸气为止,但装在密闭容器内的液体则不然。如果将某种液体在一定温度条件下,盛装在一个留有空间的容器中,即有少量液体蒸气进入液体表面的空间,直到液体与其蒸气达到平衡为止(达到蒸气压)。温度越高,液体蒸气压力越大,且由于其沸点低、易挥发特性必然使其蒸气压也较高,危险性也越大。蒸气压高的易燃液体,易于产生能引起燃烧所需要的最低限度的蒸气量,因此蒸气压越高,危险性也相对增加。运输途中很可能因为环境温度变化的影响,蒸气压高的易燃液体容易引起包装容器出现"鼓桶"现象,甚至爆炸。因此,盛装易燃液体的容器应有足够的安全系数,甚至在容器内还须加入某些性质相容的稳定剂以抑制其挥发。

热胀冷缩是物质的固有特性。液体物质的受热膨胀系数较大,加上易燃液体的易挥发性,受热后蒸气压也会增大,装满易燃液体的容器往往会造成容器胀裂而引起液体外溢。因此,易燃液体罐装时应充分注意,容器内应留有足够的膨胀余位。膨胀余位一般以体积的百分比计算。

(4) 易积聚静电。

大部分易燃液体都是电解质,如醚类、酮类、汽油、醛类、芳香烃及石油产品等。这些物质在管道、贮罐、槽车、装卸、灌注、摇晃、搅拌和高速流动过程中,由于振动、摩擦的作用极易积聚静电,特别是汽车罐车运输,在灌装时的灌装流速过快也极易积聚静电。当所带的静电荷聚积到一定程度时,就会发生静电放电,引起可燃性蒸气的燃烧爆炸,后果严重。因此,装运易燃液体的罐车必须配备导除静电的装置。

2) 易燃液体的化学特性

(1) 高度易燃性。

易燃液体的易燃性,取决于它们的化学构成。易燃液体几乎都是有机化合物,都含有碳原子和氢原子。在一定条件下(如加热、遇火等)与空气中的氧化合而引起燃烧。同时,由于这些液体的挥发性较大,因而在液面附近的蒸气浓度也较大,如遇火花即能与氧剧烈化合而燃烧。

(2) 易爆性。

易燃液体挥发成蒸气,与空气形成可燃的混合物,当气体混合物的浓度达到一定范围(即爆炸极限)时,遇明火就会燃烧和爆炸。易燃液体爆炸极限范围越宽,燃烧、爆炸的可能性越大;温度升高,易燃液体挥发量增大,易燃易爆性增大;相同温度下,易燃液体闪点越低,越易挥发,易燃易爆性越高。

(3) 能与强酸、氧化剂剧烈反应。

易燃液体遇氧化剂或具有氧化性的强酸如高锰酸钾、硫酸、硝酸会剧烈反应而自行燃烧。

因此装运时,应注意易燃液体不得与强酸、氧化剂混装,或者采取有效措施隔离方可装运。

(4) 有毒性。

大多数易燃液体除具有易燃易爆的危险特性外,还具有大小不一、程度不等的毒性,其可通过皮肤、消化道或呼吸道被人体吸收而致人中毒。例如,长时间的吸入醚蒸气会使人麻醉,深度麻醉可致人死亡。所以应把易燃液体看成和一般化学药品一样是有毒有害的。特别是挥发性较大的易燃液体,其蒸气带来的毒性更不可忽视,即使是挥发性很小的易燃液体,直接与之接触也是有害的。易燃液体蒸气浓度越大,毒性也越大。

4. 易燃固体、易于自燃的物质和遇水放出易燃气体的物质的主要特性

1) 易燃固体的主要特性

(1) 需明火点燃。虽然本项物质燃点较低,但自燃点很高,在常温条件下不易达到,故不会自燃,需要明火点着以后,才能持续燃烧。

(2) 高温条件下遇火星即燃。环境温度越高,物质越容易着火。当外界的温度达到物质的自燃点时,不需要明火,就会自燃。

(3) 粉尘有爆炸性。这些物质的粉尘因与空气接触表面积大,燃烧的速度极快,遇火星即会爆炸。

(4) 与氧化剂混合能形成爆炸品。不少混合炸药就是把易燃固体与氧化剂按一定的比例混合而成。有些易燃固体如萘、樟脑会从固态直接转化成气态,这种现象称为升华。升华后的易燃固体的蒸气与空气混合后,具有发生爆炸的危险。

(5) 遇水分解。易燃固体中有不少物质遇水会发生化学反应而被分解。如硫磷化物遇水或潮湿空气分解,会放出有毒易燃的硫化氢;氨基化钠遇水放出有毒及腐蚀性的氨气等。有这种特性的易燃固体总数并不多,危险货物品名表中对具有遇水分解特性的易燃固体都有特别的说明。

易燃固体虽然很容易发生燃烧,但是如果没有火种、热源等外因的作用,没有助燃物质(空气中的氧或氧化剂)的存在,也不容易发生燃烧。在储运过程中,易燃固体发生燃烧事故,都是由于接触明火、火花、强氧化剂,受热或受摩擦、撞击等引起。只要在储运中能严格防止上述外因作用,就可以保证安全。

2) 易于自燃的物质

(1) 不需受热和接触明火,会自行燃烧。此项物质暴露在空气中,与空气中的氧气接触,就会发生氧化反应,同时放出热量。当热量积聚起来,使物质升到一定的温度时,就会引起燃烧。隔绝这类物质与空气接触是储运安全的关键。

(2) 受潮后,会增加自燃的危险性。易于自燃的物质中的油纸、油布等含油脂的纤维制品,在干燥时,由于物品的间隙大,易于散热,只要注意通风,自行缓慢氧化产生的热量不会聚积,一般不会自燃。但是,一旦受潮,产生的热量就会积聚不散,很容易发生自燃。

(3) 大部分易于自燃的物质与水反应剧烈。易于自燃的物质会自动发热,其原因是与空气中的氧发生反应。对易于自燃的物质的储运保管中关键的防护措施是阻隔其与空气的接触。例如黄磷就存放在水中。但是,不少易于自燃的物质如三异丁基铝、三氯化三甲基氯等,遇水会发生剧烈的反应,同时放出易燃气体和热量,引起燃烧。所以采取何种措施阻隔易于自燃的物质与空气的接触要根据具体品名而定。

（4）接触氧化剂立即发生爆炸。易于自燃的物质的还原性很强，在常温下即能与空气中的氧发生反应。如果接触到氧化剂会立即发生强烈的氧化还原反应，发生爆炸。

3）遇水放出易燃气体的物质

（1）遇水（受潮）燃烧性。此项物质化学特性极其活泼，遇水（包括受湿、酸类和氧化剂）会引起剧烈化学反应，放出可燃性气体和热量。当这些可燃性气体和热量达到一定浓度或温度时，能立即引起自燃或在明火作用下引起燃烧。

（2）爆炸性。遇水放出易燃气体的物质的碳化钙（电石）等物品，会与空气中的水分发生反应，生成可燃性气体。放出的可燃性气体与空气混合达到一定量时，遇明火即有引起爆炸的危险。

（3）毒害性。遇水放出易燃气体的物质均有较强的吸水性，与水反应后生成强碱和毒性气体，接触人体后，能使人皮肤干裂、腐蚀并致人中毒。

（4）自燃性。主要是硼氢类物质和化学性质极其活泼的金属及其氢化物（在空气中暴露时）能发生自燃。

综上所述，虽然按燃烧的不同条件把第 4 类危险货物分为三项，每项货物都有其具体的特征，但它们的共同危险特征是具有易燃性、腐蚀性、毒害性和爆炸性。

5. 氧化性物质和有机过氧化物的主要特性

1）氧化性物质的主要特性

（1）氧化性。在其分子组成中含有高价态的原子或过氧基。高价态原子有极强的夺取电子能力，过氧基能直接释放出游离态的氧原子，两者都具有极强的氧化性。

（2）不稳定性，受热易分解。不少氧化性物质的分解温度小于 500 摄氏度，这些物质经摩擦、撞击或接触明火，局部温度升高就会分解释放出氧，促使可燃物燃烧。

（3）化学敏感性。氧化剂与还原剂、有机物、易燃物品或酸等接触时，有的能立即发生不同程度的化学反应。如氯酸钾或氯酸钠与蔗糖或淀粉接触，高锰酸钾与甘油或松节油接触，都能引起燃烧或爆炸。这些氧化剂着火时，不能用泡沫和酸碱灭火器扑救。

（4）强氧化剂与弱氧化剂作用的分解性。氧化性物质的氧化能力有强有弱，相互混合后也可引起燃烧爆炸，如硝酸铵和亚硝酸钠等。因此，氧化性弱的不能与比它们氧化性强的氧化性物质一起储运，应注意分隔。

（5）与水作用分解性。有些氧化剂，特别是过氧化钠、过氧化钾等活泼金属的过氧化物，遇水或吸收空气中的水蒸气和二氧化碳时，能分解放出原子氧，致使可燃物质燃爆。所以，这类氧化性物质在储运中，要严密包装，防止受潮、雨淋。着火时禁止用水扑救，也不能用二氧化碳扑救。

（6）腐蚀毒害性。绝大多数氧化性物质都具有一定的毒害性和腐蚀性，能毒害人体，烧伤皮肤。如二氧化铬（铬酸）既有毒害性又有腐蚀性，故储运这类物品时应注意安全防护。

2）有机过氧化物的特性

（1）不稳定，易分解。有机过氧化物在正常温度或高温下，比无机氧化物更易放热分解。分解可因受热、与杂质（如酸、重金属化合物、胺）接触、摩擦或碰撞而引起。分解速度随着温度增加，并随有机过氧化物配制品而不同。这一特性可通过添加稀释剂或使用适当的容器加以改变。

（2）有很强的氧化性。

（3）易燃性。有机过氧化物本身是易燃的，而且燃烧迅速，分解产物为易燃、易挥发气体，易引起爆炸。

（4）对热、振动或摩擦极为敏感。有机过氧化物中的过氧基（—O—O—）是极不稳定的结构，对热、振动、碰撞、冲击或摩擦都极为敏感，当受到轻微的外力作用时就有可能发生分解爆炸。所以，某些有机过氧化物在运输时必须控制温度，其允许安全运输的最高温度即为控制温度。

（5）伤害性。有些有机过氧化物，即使短暂地接触，也会对角膜造成严重的伤害，或者对皮肤具有腐蚀性。应避免眼睛或皮肤与有机过氧化物接触。

6. 毒性物质和感染性物质的主要特性

1）毒性物质的危险特性

（1）有机毒性物质具有可燃性。有机毒性物质遇明火、高热或与氧化剂接触会燃烧爆炸，燃烧时会放出毒性气体，加剧毒性物质的危险性。毒性物质中的有机物都是可燃的，其中还有不少液体的闪点低于61摄氏度，达到易燃液体的标准。

（2）遇酸或水反应放出毒性气体。如氰化氢（HCN）与氰化钾（KCN）相比毒性更强，而且又是气体，比氰化钾更容易通过呼吸道致人中毒。因此，氰化物不得与酸性腐蚀性物质配装。

（3）腐蚀性。有不少毒性物质对人体和金属有较强的腐蚀性，会强烈刺激皮肤和黏膜，甚至发生溃疡加速毒物经皮肤的入侵。

2）感染性物质的危险特性

感染性物质的危险特性在于其使人或动物感染疾病或其毒素能引起病态，甚至死亡。

7. 放射性物质的主要特性

（1）放射性。

放射性物质是指能够自发地、不断地向周围放出穿透力很强，而人的感觉器官不能察觉的射线的物质。放射性物质的主要危险特性在于其放射性。其放射性强度越大，危险性也就越大。放射性物质所放出的射线可分为α射线、β射线、γ射线、中子流四种。α射线的电离本领很强，进入人体会引起较大的伤害；β射线穿透力强、射程长，外照射情况下危害性大；γ射线能破坏人体细胞，造成对肌体的伤害；中子流中的快中子能量高，射程大，穿透力强，危害大，通常可用水、石蜡和其他碳氢化物、水泥等比较轻的物质使快中子减速。

（2）易燃性。

放射性物质除具有放射性外，多数具有易燃性，且有的燃烧十分强烈，甚至引起爆炸。如独居石遇明火能燃烧；金属钍在空气中280摄氏度时可着火；粉状金属铀在200~400摄氏度时有着火危险；硝酸铀、硝酸钍等遇高温分解，遇有机物、易燃物都能引起燃烧，且燃烧后均可形成放射性灰尘，污染环境，危害人体健康；硝酸铀的醚溶液在阳光的照射下能引起爆炸。

（3）氧化性。

有些放射性物质不仅具有易燃性，而且大部分兼有氧化性。如硝酸铀、硝酸钍、硝酸铀酰（固体）、硝酸铀酰六水合物溶液等都具有强氧化性，遇可燃物可引起着火或爆炸。

8. 腐蚀性物质的主要特性

腐蚀性物质是化学性质非常活泼的物质，能与很多金属、非金属及动、植物有机体等发生化学反应。腐蚀性物质不仅具有腐蚀性，很多腐蚀性物质同时还具有毒性、易燃性或氧化性等性质中的一种或数种。

（1）腐蚀性。

腐蚀是物质表面与腐蚀性物质接触后，发生化学反应而受到破坏的现象。

① 对人体的腐蚀（化学烧伤或化学灼伤）。具有腐蚀性的固体、液体、气体或蒸气都会对皮肤表面或器官的表面（如眼睛、食道等）产生化学烧伤。固体腐蚀性物质如氢氧化钠等，能烧伤与之直接接触的表皮。液体腐蚀性物质则能很快侵害人体的大部分表面积，并能透过衣物发生作用。气体腐蚀性物质虽然不多，但许多液体腐蚀性物质的蒸气和粉末状固体腐蚀性物质的粉尘，同样具有严重的腐蚀性，不仅能伤害人体的外部皮肤，尤其会侵害呼吸道和眼睛。

② 对物质的腐蚀。腐蚀性物质中的酸、碱甚至盐都能不同程度地对金属进行腐蚀。它们会腐蚀车厢及设备等。即使这些金属物质不直接与腐蚀性物质接触，也会因腐蚀性物质蒸气的作用而锈蚀。有机物质如木材、布匹、纸张和皮革等也会被碱、酸腐蚀。腐蚀性物质甚至能腐蚀水泥建筑物，撒漏于水泥地上的盐酸，能把光滑的地面腐蚀成为麻面。撒漏的硫酸不加水稀释流入下水道，会使水泥制的下水道毁坏。氢氟酸甚至能腐蚀玻璃。

（2）毒性。

腐蚀性物质中有很多物质还具有不同程度的毒性，如五溴化磷、偏磷酸、氢氟硼酸等。特别是具有挥发性的腐蚀性物质，如发烟硫酸、发烟硝酸、浓盐酸、氢氟酸等，能挥发出有毒的气体和蒸气，在腐蚀肌体的同时，还能引起中毒。

（3）易燃性和可燃性。

有机腐蚀性物质具有可燃性。这是所有有机物的通性，是它们本身的化学构成所决定的。其中有很多有机腐蚀性物质闪点很低，如冰醋酸，闪点40摄氏度；醋酸酐，闪点54摄氏度，遇明火会引起燃烧。有些强酸强碱的腐蚀性物质，在腐蚀金属的过程中能放出可燃的氢气。当氢气在空气中占一定的比例时，遇高热、明火即燃烧，甚至引起爆炸。

（4）氧化性。

腐蚀性物质中的含氧酸大多是强氧化剂。它们本身会分解释放出氧，如硝酸暴露在空气中就会分解产生氧气，或在与其他物质作用时，夺得其电子将其氧化。一方面，强氧化剂与可燃物接触时，即可引起燃烧，如硝酸、硫酸、高氯酸等。与松节油、食糖、纸张、炭粉、有机酸等接触后，即可引起燃烧甚至爆炸；另一方面，氧化性有时也可被利用。如浓硫酸和浓硝酸的强氧化性能使铁、铝金属在冷的浓酸中被氧化，在金属表面生成一层致密的氧化物薄膜，保护了金属，这种现象称为"钝化"。根据这一特点，对运输浓硫酸可采用铁制容器或铁罐车装运，用铝制容器盛放浓硝酸。

（5）遇水反应性。

腐蚀性物质中很多物质遇水会发生反应，并放出大量的热量。遇水反应的腐蚀性物质都能与空气中的水汽反应而发烟（实质是雾，习惯上称烟），其对眼睛、咽喉和肺均有强烈刺激作用,且有毒。由于反应剧烈,并同时放出大量热量,当满载这些物质的容器遇水后,则可能因漏进水滴而猛烈反应,使容器炸裂。

9. 杂项危险物质和物品的主要特性

本类是指存在危险但不能满足其他类别定义的物质和物品。

（1）以微细粉尘吸入可危害健康的物质,如 UN2212、UN2590。

（2）会放出易燃气体的物质,如 UN2211、UN3314。

（3）锂电池组,如 UN3090、UN3091、UN3480、UN3481。

（4）救生设备,如 UN2990、UN3072、UN3268。

（5）一旦发生火灾可形成二噁英的物质和物品,如 UN2315、UN3432、UN3151、UN3152。

（6）在高温下运输或提交运输的物质,是指在液态温度达到或超过 100 摄氏度,或固态温度达到或超过 240 摄氏度条件下运输的物质,如 UN3257、UN3258。

（7）危害环境物质,包括污染水生环境的液体或固体物质,以及这类物质的混合物（如制剂和废物）,如 UN3077、UN3082。

（8）不符合 6.1 项毒性物质或 6.2 项感染性物质定义的经基因修改的微生物和生物体,如 UN3245。

（9）其他,如 UN1841、UN1845、UN1931、UN1941、UN1900、UN2071、UN2216、UN2807、UN2969、UN3166、UN3334、UN3335、UN3359、UN3363。

9.2 危险货物的储运包装

危险货物的储运包装是指采用一定的材料和技术,对危险货物施加一种保护性措施,以保证其在储运过程中完好无损。符合国家标准的危险货物包装是保证危险货物储存、销售、运输安全的前提。对于危险货物道路运输企业的安全生产管理人员而言,要求熟悉危险货物道路运输的包装知识,以便在承运时,辨别、确认其包装是否符合国家规定。

9.2.1 危险货物道路运输包装的作用

危险货物的危险性主要取决于其自身的理化性质,同时也要受到外界条件的影响,如温度、雨雪水、机械作用以及不同性质货物之间的影响。对于危险货物运输包装来说,除了一般的经济学、市场营销学上的意义外,还具有如下重要作用:

（1）能够防止被包装的危险货物因接触雨雪、阳光、潮湿空气和杂质而使货物变质,或发生剧烈化学反应所造成的事故。

（2）可以减少货物在运输过程中所受到的碰撞、振动、摩擦和挤压,使危险货物在包装的保护下保持相对稳定状态,从而保证运输过程的安全。

（3）可以防止因货物撒漏、挥发以及与性质相悖的货物直接接触而发生事故或污染运输设备及其他货物的事情发生。

（4）便于储运过程中的堆垛、搬动、保管,提高车辆生产率、运送速度和工作效率。

（5）可以防止放射性物质放出的射线对人体的内照射和外照射而造成危害。

9.2.2 危险货物道路运输包装的基本要求

根据危险货物性质和道路运输特点以及包装应起的作用,危险货物道路运输包装必须满足以下基本要求。

1. 包装的适应性

材质、形式、规格、方法和内装货物质量应与所装危险货物的性质和用途相适应,应根据所装危险货物的性质和用途选择相对应的运输包装材质。如危险货物具有腐蚀性,则其运输包装材质必须防腐蚀。运输包装与内装物直接接触部分,必要时应有内涂层或进行防护处理,运输包装的材质不应与内装物发生化学反应而形成危险产物或导致包装强度被削弱。

2. 包装的合理性和质量要求

危险货物运输包装应结构合理、质量良好,并具有足够的强度,防护性能好,其构造和封闭形式应能承受正常运输条件下的各种作业风险,不应因温度、湿度或压力的变化而发生任何渗(洒)漏,表面应清洁,不允许黏附有害的物质。同时,运输包装还应具有足够的强度以保护包装内货物不受损失。

3. 包装封口的要求

包装封口应根据内装物性质采用严密封口、液密封口或气密封口。一般来说,危险货物包装的封口应严密不漏。特别是挥发性强或腐蚀性强的危险货物,封口更应严密。但对有些危险货物不要求封口严密,甚至还要求设有排气孔。如何对待某种危险货物包装封口,要根据所装危险货物的性质决定。

4. 内外包装间填充材料的要求

内外包装之间应有适当的衬垫材料或吸附材料。运输包装有很多是复合包装。直接用于商品销售的包装称销售包装,为方便销售,一般单件质量较小,故又称小包装。为了运输的方便,将若干个小包装组合起来再包装成一个大件,称运输包装。这样的运输包装就是一个组合包装,组合包装由外包装(又称大包装)和内包装两部分组成。

使用复合包装时,内容器应予固定,并与外包装紧密贴合,外包装不得有擦伤内容器的凸出物。此外,如内容器易碎且盛装易洒漏货物,应使用与内装物性质相适应的衬垫材料或吸附材料衬垫妥实。通常,危险货物的特性要求衬垫材料应具备一定的缓冲作用、吸附作用和缓解作用。实际中,通常使用的衬垫材料有瓦楞纸、细刨花、草套、草垫、纸屑等有机物以及气泡塑料、发泡塑料、硅藻土、蛭石、陶土、黄沙等惰性材料。

5. 包装适应温度、湿度变化的要求

危险货物道路运输包装应能适应一定范围的温度和湿度变化。我国幅员辽阔,地区之间环境条件差异较大,同一时间各地气温、湿度等相差较大。温差和湿差对危险货物运输有重要影响,运输包装也必须适应这些环境和条件的变化。值得注意的是,运输包装的防潮措施应按运输范围内相对湿度最大的地区考虑,以利于防止货物吸潮后变质或引起化学反应而发生事故。

6. 单件包装满足运输要求

单件包装货物的质量、规格和形式应满足运输要求。每件运输包装的质量和体积应符合规定，不能过重或过大，否则不便于搬运。较重的货件应有便于提起的提手或抓手，应有便于使用装卸机械的吊环扣或底部槽间隙。一般来说，危险性大的货物，单件货物质量要小一些；危险性小的货物，可以允许采用较大一些的包装。同时，包装的外形尺寸应与运输工具相适应，包括集装箱的容积、装载量应和装卸机具相配合，以便于装卸、积载、搬运和储存。

7. 包装标志的要求

危险货物运输包装必须符合《危险货物包装标志》（GB 190）的规定。标志应正确、明显、牢固、清晰。一种危险货物同时具有两种以上危险性质的，应分别具有表明该货物主次特性的主次标志。一个集合包件内具有几种不同性质的货物，所有这些货物的危险性质标志都应在集合包件的表面标示出来。

为了说明货物在装卸、保管、运输、开启时应注意的事项（如易碎、禁用手钩、怕湿、向上、吊装位置等），危险货物运输包装上必须同时粘贴有符合《包装储运图示标志》（GB 191）规定的图示标志。包装的表面还必须有内装货物的正确品名（必须与托运书中所列品名一致）、货物的质量等运输识别标志以及表明包装本身质量等级的标志等。

8. 包装进行性能试验要求

由于危险货物性质的特殊性，为确保运输安全，避免货物在正常运输条件下受到损害，对于危险货物的运输包装还必须按照有关规定进行性能试验。经试验合格后并在包装表面标注上持久、清晰、统一的合格标记后方可使用。

一般来说，每种包装形式或包装材质在生产前都应该对该包装的设计、尺寸、体积、选材、制造以及包装方法进行试验，如果在设计、选材、制造和使用等环节有任何变动或改动，都应进行重复试验，以确保性能标准满足运输安全的要求。

9.2.3 危险货物道路运输包装的分类

1. 危险货物道路运输包装的类别

《危险货物运输包装通用技术条件》（GB 12463）中，根据盛装内装物的危险程度不同，将运输包装分为三个类别：

（1）Ⅰ级包装：适用内装危险性较大的货物；
（2）Ⅱ级包装：适用内装危险性中等的货物；
（3）Ⅲ级包装：适用内装危险性较小的货物。

《危险货物分类和品名编号》（GB 6944）将除第1类、第2类、第7类、5.2项和6.2项物质，以及4.1项自反应物质以外的物质，根据其危险程度，划分为三个包装类别。Ⅰ类包装：高度危险性的物质；Ⅱ类包装：具有中等危险性的物质；Ⅲ类包装：具有轻度危险性的物质。并在《危险货物品名表》的第6列"包装类别"中列出了该危险货物应使用的包装等级。

在国际危险货物运输中，确定采用哪个等级包装的依据是货物的危险程度。除第 2 类气体和第 7 类放射性物品的包装另有规定外，《国际公路运输危险货物协定》的危险货物品名表中对所列危险货物具体指明了应采用包装的等级，这既表明了该货物的危险等级，又强调了等级的重要性。基本形式与我国的《危险货物品名表》中的"包装类别"相似。

2. 危险货物道路运输包装的基本分类

危险货物道路运输包装的分类方法主要有以下三种。

（1）按危险货物的物质种类分类。

危险货物自身的理化性质客观上决定了包装的特殊要求，各类危险货物有的可采用通用的危险货物包装，有的只能或必须采用分类物品的专用包装。所以，按危险货物的物种划分，一般可分为通用包装、爆炸品专用包装、气体（气瓶）专用包装、腐蚀性物质包装、特殊物品的专用包装 5 类。

（2）按危险货物的包装材料分类。

按危险货物使用的包装材料分类，一般可分为木制包装、金属制包装、纸制包装、玻璃陶瓷制包装、棉麻织品制包装、塑料制包装和编织材料包装等。

（3）按危险货物的包装类型分类。

按危险货物包装容器类型一般可分为桶（罐）类、箱类、袋类、坛类、筐篓类以及复合包装等多种。

在以上包装分类方法中，以包装类型分类为最主要的分类方法。危险货物运输包装中不允许使用包类、捆类和裸露的坛瓶类。因此，危险货物按运输包装的类型分，主要可归纳为桶、箱、袋三大类。

9.2.4　运输包装标志的分类和内容

货物运输包装标志，是指用图形或文字（文字说明、字母标记或阿拉伯数字）在货物运输包装上制作的特定记号和说明事项。运输包装标志一般可以分为识别标志、包装储运图示标志和危险货物包装标志三类。

1. 识别标志

识别标志是识别不同运输批次之间的标志。主要包括：

（1）主要标志。在贸易合同上一般简称"唛（嘿）头"，是以简明的几何图形配以代用简缩字或字母，作为发货人向收货人表示该批货物的特定记号标志。所用的特定记号，以公司或商号的代号表示。有的则直接写明托运人和收货人的单位、姓名与地址的全称。

（2）目的地标志。亦称到达地标志或卸货地标志，用来表示货物运往到达地的地名。国内即为到达站站名，国外为到达国国名和地名。

（3）批数、件数号码标志。该标志表示同一批货物的总件数及本件的顺序编号，其主要用途是便于清点货物。

（4）输出地标志。亦称生产地标志或发货地标志，用来表示货物生产地或发货地的地名。国内即为始发站站名，国外为原产国国名、产地地名或发货站的国名、地名以及站名。

值得注意的是：目的地和输出地标志不能使用简称、代号或缩写文字，必须以文字直接写出全名称。如果是国际货物运输，还必须用中、外两种文字同时对照标明。

（5）货物的品名、质量和体积标志。它表明货物包装内的实际货物，每一件单件包装的实际尺寸（长×宽×高）和重量（总重、净重、自重）。体积与重量标志是供承运部门计算运费，选择装卸运输方式和货物在运输工具内的堆码方法时参考。危险货物品名应包括该货物的含量以及所处的抑制条件。

（6）运输号码标志。即货物运单号码。它是该批货物进站、核对、清点、装运及到站卸取货物的依据。

（7）附加标志。亦称为副标志。它是在主要标志上附加某种记号，用以区分同一批货物中若干小批或不同的品质等级的辅助标志。

2. 包装储运图示标志

包装储运图示标志是根据货物对易碎、易残损、易变质、怕热、怕冻等有特殊要求所提出的搬运、储存、保管以及运输安全等的注意事项。《包装储运图示标志》（GB/T 191）分类如下（具体见图9-1）。

图9-1　包装储运图示标志

(1) 易碎物品。表示运输包装件内装易碎物品，搬运时应小心轻放。

(2) 禁用手钩。表示运输包装件时禁用手钩。

(3) 向上。表明该运输包装件在运输时应竖直向上。

(4) 怕晒。表明该运输包装件不能直接照晒。

(5) 怕辐射。表明该物品一旦受辐射会变质或损坏。

(6) 怕雨。表明该运输包装件怕雨淋。

(7) 重心。表明该包装件的重心位置，便于起吊。

(8) 禁止翻滚。表明搬运时不能翻滚该运输包装件。

(9) 此面禁用手推车。表明搬运货物时此面禁止放在手推车上。

(10) 禁用叉车。表明不能用升降叉车搬运的包装件。

(11) 由此夹起。表明搬运货物时可用夹持的面。

(12) 此处不能卡夹。表明搬运货物时不能夹持的面。

(13) 堆码质量极限。表明该运输包装件可承受的最大质量极限。

(14) 堆码层数极限。表明可堆码相同运输包装件的最大层数。

(15) 禁止堆码。表明该包装件只能单层放置。

(16) 由此吊起。表明起吊货物时挂绳索的位置。

(17) 温度极限。表明该运输包装件应保持的温度范围。

3. 危险货物包装标志

为了明确和显著地识别危险货物的性质，保证装卸、搬运、储存、保管、送达过程的安全，应根据各种危险货物的特性，在危险货物包装表面加上特别的图示标志，必要时再加以文字说明，便于有关人员采取相应的防护措施，以防止安全事故的发生。

危险货物包装标志的制定，是以危险货物的分类为基础，以便于根据货物或包件所贴的标志的一般形式（标志图案、颜色、形状等），识别出危险货物及其特性，并为装卸、搬运、储存提供基本指南。国家标准《危险货物包装标志》（GB 190）规定危险货物包装标志分为标记和标签两类，其中标记 4 个，标签 26 个，其图形分别标示了 9 类危险货物的主要特性，如附录图 A-1 所示。全部具体详细图案可参见《危险货物包装标志》（GB 190）。

9.3 道路危险货物运输车辆及装备

道路危险货物运输装备管理要坚持预防为主和技术与经济相结合的原则，对运输车辆实行择优选配、正确使用、定期检测、强制维护、视情修理、合理改造、适时更新和报废的全过程管理。

9.3.1 道路危险货物运输企业营运车辆的基本要求

1. 危险货物运输车辆基本技术要求

从事危险货物道路运输的车辆应符合下列技术要求：

（1）危险货物运输车辆技术性能符合《机动车运行安全技术条件》《营运车辆综合性能要求和检验方法》《营运车辆技术等级划分和评定要求》规定的一级技术等级；并应按照《道路运输危险货物车辆标志》（GB 13392）的要求，悬挂危险品运输标志，喷涂警示标志和安全告示。

（2）专用车辆外廓尺寸、轴荷和质量符合《汽车、挂车及汽车列车外廓尺寸、轴荷及质量限值》（GB 1589）的要求；燃料消耗量符合《营运货车燃料消耗量限值及测量方法》（JT/T 719）的要求。

（3）道路运输爆炸品和剧毒化学品的专用车辆应符合《道路运输爆炸品和剧毒化学品车辆安全技术条件》（GB 20300）的技术要求。

2. 危险货物运输车辆管理要求

（1）自有专用车辆（挂车除外）5 辆以上。运输剧毒化学品、爆炸品的，自有专用车辆（挂车除外）10 辆以上。若为非经营性危险货物道路运输企业，自有专用车辆（挂车除外）的数量可少于 5 辆。

（2）罐式专用车辆的罐体应当经质量检验部门检验合格，且罐体载货后总质量与专用车辆核定载质量相匹配。运输爆炸品、强腐蚀性危险货物的罐式专用车辆的罐体容积不得超过 20 立方米，运输剧毒化学品的罐式专用车辆的罐体容积不得超过 10 立方米，但符合国家有关标准的罐式集装箱除外。

（3）运输剧毒化学品、爆炸品、强腐蚀性危险货物的非罐式专用车辆，核定载质量不得超过 10 吨，但符合国家有关标准的集装箱运输专用车辆除外。

（4）罐式专用车辆的常压罐体符合《道路运输液体危险货物罐式车辆 第 1 部分：金属常压罐体技术要求》（GB 18564.1）、《道路运输液体危险货物罐式车辆 第 2 部分：非金属常压罐体技术要求》（GB 18564.2）等有关技术要求。

（5）使用压力容器运输危险货物的，应当符合国家特种设备安全监督管理部门制定并公布的《移动式压力容器安全技术监察规程》（TSG R0005）等有关技术要求。

9.3.2 道路危险货物运输车辆车型、使用及装载限制

1. 车型限制

（1）禁止使用报废的、擅自改装的、检测不合格的、车辆技术等级达不到一级的和其他不符合国家规定的车辆从事道路危险货物运输。

（2）除铰接列车、具有特殊装置的大型物件运输专用车辆外，严禁使用货车列车从事危险货物运输。货车列车是指一辆货车与一辆或多辆挂车的组合。

（3）倾卸式车辆只能运输散装硫磺、萘饼、粗蒽、煤焦沥青等危险货物。

（4）禁止使用移动罐体（罐式集装箱除外）从事危险货物运输。移动罐体是指临时固定在车辆底盘上或者放在栏板货车货箱里的常压罐体。

2. 车辆使用限制

（1）不得使用罐式专用车辆（运输有毒、感染性或者腐蚀性危险货物的车辆）运输普通

货物,但集装箱运输车(包括牵引车、挂车)、甩挂运输的牵引车除外。

(2)除运输有毒、感染性或者腐蚀性危险货物的罐式专用车辆外,其他专用车辆可以从事食品、生活用品、药品、医疗器具以外的普通货物运输,但应当由运输企业对专用车辆进行消除危害处理,确保不对普通货物造成污染和损害。

(3)不得将危险货物与普通货物混装运输。如果危险货物与普通货物混装,一旦危险货物包装出现破损,易造成对普通货物的污染,产生安全隐患。

(4)不得运输法律、行政法规禁止运输的货物。法律、行政法规规定的限运、凭证运输货物,道路危险货物运输企业应当按照有关规定办理相关运输手续。

3. 车辆装载限制

(1)爆炸品、剧毒化学品、强腐蚀性危险货物的装载限制。

《道路危险货物运输管理规定》(交通运输部令 2016 年第 36 号)规定,运输爆炸品、强腐蚀性危险货物的罐式专用车辆的罐体容积不得超过 20 立方米,运输剧毒化学品的罐式专用车辆的罐体容积不得超过 10 立方米,但符合国家有关标准的罐式集装箱除外;运输剧毒化学品、爆炸品、强腐蚀性危险货物的非罐式专用车辆,核定载质量不得超过 10 吨,但符合国家有关标准的集装箱运输专用车辆除外。

(2)一般专用车辆的装载限制。

国家有关法律、行政法规和部门规章严格禁止危险货物专用车辆违反国家有关规定超限超载运输。

(3)罐式专用车辆的装载限制。

《道路危险货物运输管理规定》(交通运输部令 2016 年第 36 号)规定,道路危险货物运输企业或者单位使用罐式专用车辆运输货物时,罐体载货后的总质量应当和专用车辆核定载质量相匹配;使用牵引车运输货物时,挂车载货后的总质量应当与牵引车的准牵引总质量相匹配。

载货总质量等于罐体容积、充装介质密度、装载系数三者的乘积。

9.3.3 危险货物运输车辆装备及使用要求

1. 危险货物运输车辆装备

车辆装备是根据一般运行条件和企业的具体情况而设置的,它分为经常性和临时性装备两种。

车辆经常性装备是指车辆出厂时,由厂方根据一般运行条件而装备的各种仪表、照明和电气设备、汽车和发动机附属设备、拖挂装备、备胎、随车工具和车厢等,以及企业根据具体情况增设的经常性装备。此外,由于危险货物运输的特殊性,危险货物运输专用车辆还需装设以下临时性装备。

(1)危险货物运输车辆应安装符合《道路运输危险货物车辆标志》(GB 13392)规定的车辆标志灯和标志牌。

(2)配备有效的通信工具,且安装具有行驶记录功能的卫星定位装置。

(3)配备与运输的危险货物性质相适应的安全防护、环境保护和消防设施设备。

(4) 运输易燃易爆危险货物车辆的排气管应安装隔热和熄灭火星装置,并配备导静电橡胶拖地带装置。

(5) 车辆电路系统应有切断总电源和隔离电火花装置,切断总电源装置应安装在驾驶室内。

(6) 在装运易燃易爆危险货物时,应使用木制底板等防护衬垫措施。

2. 危险货物运输车辆装备安装使用要求

1) 车辆标志灯的安装要求

标志灯的主要功用是在行车时,特别是夜间行车时对迎面驶来的会车车辆起警示作用。根据《道路运输危险货物车辆标志》(GB 13392)的规定,危险货物车辆的标志灯按照安装方法分为三种类型:A 型为磁吸式,B 型为顶檐支撑式,C 型为金属托架式。其中 B 型、C 型标志灯又按车辆载质量各分为三种型号:即 BⅠ、BⅡ、BⅢ 和 CⅠ、CⅡ、CⅢ,分别适用于轻、中、重型载货汽车。具体分类见表9-3。其中,BⅡ、CⅡ[a] 型不含 2 吨级别。

表9-3 标志灯的分类

类型	安装方式	代号	适用车辆
A 型	磁吸式	A	载质量1吨(含)以下,用于城市配送车辆
B 型	顶檐支撑式	BⅠ	载质量2吨(含)以下
		BⅡ	载质量2~15吨(含)
		BⅢ	载质量15吨以上
C 型	金属托架式	CⅠ[a]	带导流罩,载质量2吨(含)以下
		CⅡ[a]	带导流罩,载质量2~15吨(含)
		CⅢ[a]	带导流罩,载质量15吨以上

注:a 代表金属托架为可选件,金属托架按底平面与标志灯基准面的夹角 γ 分为三种,γ 分别为 30 度、45 度、60 度。

车辆标志灯的安装应符合以下要求:

(1) 标志灯安装于驾驶室顶部外表面中前部(从车辆侧面看)中间(从车辆正面看)位置,以磁吸或顶檐支撑、金属托架方式安装固定。

(2) 除载质量为 1 吨(含)以下用于城市配送的危险货物运输专用车辆可使用磁吸式标志灯外,其他危险货物运输专用车辆一律将标志灯以顶檐支撑或金属托架方式固定安装在汽车驾驶室顶部。

需要指出的是,对于载质量为 1 吨(含)以下的危险品运输专用车辆,用途不限于城市配送时,规定仍需要将标志灯以顶檐支撑或金属托架方式固定安装在汽车驾驶室顶部。磁吸式标志灯的安放位置也应符合《道路运输危险货物车辆标志》(GB 13392)的规定,即必须将有标志文字"危险"字样和标志灯编号的标志灯正面朝向车辆行驶方向,不得为减小风阻而在安放时将标志灯正面朝向车辆的侧面。

2) 车辆标志牌的使用要求

标志牌的主要功用是在行车时对后面驶近的超车车辆起警示作用,在驻车和车辆遇险时对周围人群起警示作用、对专业救援人员起指示作用。标志牌具体类型可参见《道路运输危险货物车辆标志》(GB 13392)的具体内容。主要类型如附录图 A-2 所示。

车辆标志牌的使用应符合以下要求：

（1）标志牌一般是悬挂在车辆后厢板或罐体后面的几何中心部位附近，避开放大号的车牌，对于低栏板车辆可视情况选择适当悬挂位置。

（2）运输爆炸、剧毒危险货物的车辆，应在车辆两侧面厢板几何中心部位附近的适当位置各增加一块悬挂标志牌。

（3）运输放射性危险货物的车辆，标志牌的悬挂位置和数量应符合《放射性物质安全运输规程》(GB 11806)的规定。

（4）根据车辆结构或用途，选择螺栓固定、铆钉固定、黏合剂粘贴固定或插槽固定（可按使用需要随时更换）等方式安装固定标志牌。

（5）对于罐式车辆，可选择按规定位置悬挂标志牌或以反光材料在罐体上喷绘标志。

（6）悬挂的标志牌应按《危险货物分类和品名编号》(GB 6944)与所运载危险货物（一种危险货物具有多重危险性时与主要危险性，多种危险货物混装时与主要危险货物的主要危险性）的类、项相对应，与标志灯同时使用。

3）卫星定位系统安装使用要求

道路危险货物运输企业是道路运输车辆动态监控的责任主体。卫星定位系统的安装与使用应满足以下要求：

（1）根据《道路运输车辆动态监督管理办法》（交通运输部令 2016 年第 55 号），危险货物运输车辆必须安装和使用具有行驶记录功能的卫星定位装置，并接入全国重点营运车辆联网联控系统。新购置的危险货物运输车辆在出厂前应安装符合标准的卫星定位装置。

（2）道路危险货物运输企业应当按照标准建设道路运输车辆动态监控平台，或者使用符合条件的社会化卫星定位系统监控平台，对所属道路运输车辆和驾驶员运行过程进行实时监控和管理。

4）导静电装置使用要求

（1）行车导静电装置。

根据《机动车运行安全技术条件》(GB 7258)的要求，危险货物运输车辆的尾部应安装接地端导体截面积大于或等于 100 平方毫米的导静电橡胶拖地带，且拖地带接地端无论空、满载应始终接地，以避免需要排除静电时而没有接地造成意外。当拖地胶带使用一段时间而被磨短时，可将车架后段的固定螺栓松开，将拖地胶带拉出一段。如果拖地胶带使用到不能再延长时，应及时更换。严禁使用接地铁链。

此外，根据《道路运输液体危险货物罐式车辆 第 1 部分：金属常压罐体技术要求》(GB 18564.1)的要求，常压罐式车辆的导静电装置，除了安装导静电橡胶拖地带外，还可以选择使用导静电轮胎，轮胎的导静电性能应符合相应标准的规定。

（2）驻车导静电装置。

对于充装易燃介质的罐车，除了行车导静电装置外，还应有驻车导静电装置，驻车导静电装置至少选择以下一种：

① 罐车带有接地片（柱），接地片（柱）与车架之间的电阻值应小于或等于 5 欧姆。

② 罐车带有接地卷盘，卷盘的接地线应柔软，展开、收回灵活，末端应装设弹性"鳄鱼

夹"，接地线与车架之间的电阻值应小于或等于 5 欧姆。

鳄鱼夹在连接静电导线时一定要选择无锈蚀且裸露的金属部位，不能将其连接在锈蚀严重或有油漆的地方。只有整个静电接地系统电阻小于 5 欧姆时，才能达到良好的导静电性能。

5）灭火器的配备要求

（1）根据《危险货物道路运输规则 第 7 部分：运输条件及作业要求》（JT/T 617.7）的要求，危险货物运输车辆（单元）应随车携带便携式灭火器，灭火器的数量及容量应符合表 9-4 的要求。运输剧毒和爆炸品的车辆灭火器数量应符合《道路运输爆炸品或剧毒化学品车辆安全技术条件》（GB 20300）的要求，驾驶室内应配备一个干粉灭火器，在车辆两边应配备与所装载介质性能相适应的灭火器各一个。灭火器应在其有效期内且有效，且固定牢靠、取用方便。

表 9-4 灭火器的数量及容量要求

运输单元最大总质量 M/吨	灭火器配置最小数量/个	适用于发动机或驾驶室的灭火器		额外灭火器	
		最小数量/个	最小容量/千克	最小数量/个	最小容量/千克
$M \leqslant 3.5$	2	1	1	1	2
$3.5 < M \leqslant 7.5$	2	1	1	1	4
$M > 7.5$	3	1	1	2	4

注：表中容量是指干粉灭火剂（或其他同等效用的适用灭火剂）的容量

（2）《液化气体汽车罐车》（GB/T 19905）要求液化气体运输车辆每侧应装备一只 5 千克以上的干粉灭火器或 4 千克以上的 1211 灭火器。

9.4 道路危险货物运输从业人员基本要求

9.4.1 从业人员的资格要求

1. 驾驶员的要求

道路危险货物运输驾驶员应当符合下列条件：
（1）取得相应的机动车驾驶证；
（2）年龄不超过 60 周岁；
（3）3 年内无重大以上交通责任事故；
（4）取得经营性道路旅客运输或者货物运输驾驶员从业资格 2 年以上或者接受全日制驾驶职业教育的；
（5）接受相关法规、安全知识、专业技术、职业卫生防护和应急救援知识的培训，了解危险货物性质、危害特征、包装容器的使用特性和发生意外时的应急措施；
（6）经考试合格，取得相应的从业资格证件。

2. 装卸管理人员和押运人员的要求

道路危险货物运输装卸管理人员和押运人员应当符合下列条件：
（1）年龄不超过60周岁；
（2）初中以上学历；
（3）接受相关法规、安全知识、专业技术、职业卫生防护和应急救援知识的培训，了解危险货物性质、危害特征、包装容器的使用特性和发生意外时的应急措施；
（4）经考试合格，取得相应的从业资格证件。

9.4.2 从业人员聘用注意事项

（1）危险货物运输从业人员必须经从业资格考试合格后，方可取得相应从业资格。

根据《道路危险货物运输管理规定》（交通运输部令2016年第36号）的要求，从事道路危险货物运输的驾驶人员、装卸管理人员、押运人员应当经所在地设区的市级人民政府交通运输主管部门考试合格，并取得相应的从业资格证；从事剧毒化学品、爆炸品道路运输的驾驶人员、装卸管理人员、押运人员，应当经考试合格，取得注明为"剧毒化学品运输"或者"爆炸品运输"类别的从业资格证。

（2）危险货物道路运输从业人员有下列情形之一的，不得聘用。
① 道路运输管理机构注销、吊销和撤销从业资格证的；
② 机动车驾驶证被注销或者被吊销的；
③ 超过机动车驾驶证、从业资格证件有效期，未申请换证的；
④ 从业人员年龄超过60周岁的；
⑤ 从业人员身体健康状况不符合有关机动车驾驶和相关从业要求且没有主动申请注销从业资格的；
⑥ 发生重大以上交通事故，且负主要责任的；
⑦ 发现重大隐患，不立即采取消除措施，继续作业的；
⑧ 被列入道路运输管理机构或公安交通管理部门"黑名单"的；
⑨ 建议道路运输企业对"休息时间得不到保证的经营性道路客货运输驾驶人员和危险货物道路运输从业人员"要谨慎聘用。

（3）为较全面、更准确地了解聘用人员信息，可在聘用从业人员时，通过道路运输管理机构，核实从业资格证是否合法有效；通过公安交警部门，查询该人员的交通违法、事故、治安违法情况。

（4）聘用非本地籍从业人员从业时间超过3个月的，应当再签订聘用（或解聘）合同。

9.4.3 从业人员的管理要求

（1）应加强从业人员管理，建立健全从业人员管理档案。
（2）建立从业人员岗位职责、安全教育、车辆检查维护、安全行车、事故报告等各项管理制度。
（3）对危险货物运输驾驶员的全过程管理可参照本书"8.1 道路客运驾驶员全过程安全管理"执行，包括建立驾驶员的聘用、岗前培训、安全教育培训、信息档案管理、驾驶资格审验、定期考核、调离和辞退等一系列制度。

（4）每月至少召开一次从业人员安全例会，加强道路运输安全教育。

（5）在国家规定的法定节假日之前，对驾驶人员进行集中教育，并做好台账记录。

（6）驾驶人员一次连续驾驶 4 小时应休息 20 分钟以上，24 小时内实际驾驶车辆时间累计不得超过 8 小时。

（7）从业人员应定期参加体检，对患有疾病严重影响安全驾驶的，一律不准驾驶车辆。

（8）从业人员应当参加继续教育培训。培训内容应包括道路运输相关政策法规、职业道德和安全业务知识。道路运输驾驶员继续教育周期为 2 年，在每个周期接受继续教育的时间累计应不少于 24 学时。

9.5 道路危险货物运输操作规程

按照《道路危险货物运输管理规定》（交通运输部令 2016 年第 36 号）和《危险货物道路运输规则》（JT/T 617）等文件相关规定，结合道路运输危险货物生产实践，为了防止事故发生，道路危险货物运输在出车前、行车中、收车后应遵循以下安全操作规程。

9.5.1 出车前的作业要求

出车前，企业安全生产管理人员、车辆管理人员、驾驶人员和押运人员等相关责任人主要应执行人员状况检查、熟悉与告知、运单查验、随车物品检查、车辆安检等检查作业。

（1）检查人员状况是否正常：相关管理人员通过询问、观察，对驾驶人员、押运人员的精神状态是否正常进行确认，如无异常，发放调度运单。

（2）熟悉和告知危险货物的特性及安全要求：安全生产管理人员应提前熟悉拟运输危险货物的基本危险特性、安全运输要求和应急措施，并在出车前向驾驶人员和押运人员告知。

（3）查验运单是否相符：驾驶人员、押运人员检查核对危险货物名称、数量、规格、托运人地址电话、接收人地址电话、运输路线，与调度交代的任务是否相符，与车辆罐体荷载是否相符。

（4）检查随车携带物品是否齐全：如道路运输危险货物安全卡、个人防护用品、应急用品、凭证运输的相关通行证件（如剧毒化学品道路运输通行证等）以及其他证件等。

① 危险货物安全卡：检查核对危险货物安全卡（必要时还需要携带安全技术说明书）与所运的危险货物是否相符。

② 个人防护用品：根据所运载的危险货物特性，检查个人穿戴及随车配备的个人防护用品是否符合要求。

③ 应急用品：根据所运载的危险货物特性，随车配备应急用品，用于车辆罐体发生轻微泄漏事故的应急处置。具体用品如下：

必备用品：工具箱、反光背心、安全防护用品、三角警示牌、灭火器、三角垫木、反光锥。

选配用品：速成钢胶棒、肥皂、密封胶带、毛巾、竹签、木塞、胶塞、木锤等。

选备用品：医药箱。

④ 检查各种证件是否齐全有效：

车辆证件：机动车行驶证、道路运输证、道路通行证、机动车检验合格标志、强制保险标志、环保检验标志、保险卡、罐体定期检验报告复印件等。机动车行驶证、道路运输证、车辆安全技术检验合格标志、强制保险标志等均须在有效期内。其中，道路运输证签注的经营范围应包含所运输介质。

人员证件：驾驶员驾驶证、驾驶员的道路危险货物运输从业资格证、押运员危险货物道路运输从业资格证。其中，驾驶员驾驶证上签注的准驾车型要与实车相符，从业资格证在签证的有效期内。

（5）车辆安全检查是否合格：驾驶人员车辆出车前，根据天气情况做好预热，绕车检查一周，检查车辆的安全技术状况（包括制动系、转向系、喇叭等），填写检查表、行车日志，确认各因素安全后方可起步。

危货运输车辆安检具体内容如下：

① 标示检查。标示检查主要检查车辆号牌、标志灯、标志牌、安全标示牌、灯光信号装置、反光带、反光标识等设施设备是否正常。

② 罐体检查。罐体检查主要包括罐体外观、导静电橡胶拖地带、压力表、液位计、温度计、排气火花熄灭器、紧急切断装置、边灯、尾翼标高灯、管道、阀门等设备。检查确认导静电橡胶拖地带有效接地，压力表、液位计、温度计等需要配备的仪表完好有效。需要特别注意的是，对于要求安装紧急切断装置的罐车，出车前要重点检查确认紧急切断阀处于关闭状态。

③ 车辆检查。检查车辆卫星定位系统、车架部分、轮胎与钢圈、轮毂紧固件、传动轴、机油、油箱、水箱、发动机皮带、刹车油、阻火器、静电带等。出车前，检查车辆轮辋有无裂纹变形、螺栓是否完整紧固；轮胎是否变形和损伤，转向轮胎冠花纹深度是否大于 3.2 毫米，其他轮胎花纹深度是否大于 1.6 毫米，胎压是否正常等。检查电源总开关、车辆预热、燃油、公里数（仪表：包括水温表、机油压力表、刹车气压表、发动机转速表、里程表、故障报警灯等）、刹车、离合器、灯光、雨刮、喇叭、空调等。检查各制动系统、制动管路、接头软管等有无漏油、漏气、松动和摩擦、干涉等现象；驻车制动器操作是否灵活、有效、可靠。检查转向机支架有无裂纹和松动，转向臂、直拉杆、转向节臂是否紧固，横向直拉杆球头、节头是否松动，各种开口销是否齐全有效等。

9.5.2 行车中的作业要求

（1）在整个运输过程中，驾驶员应做到"六不"，即不超速、不超载、不分心、不疲劳、不酒驾、不带病。同时，押运人员也应密切注意驾驶人员的安全操作状况，做到及时提醒。

（2）遵守道路交通法规，并根据道路交通状况控制车速，禁止超速和强行超车和会车。通过隧道、涵洞、立交桥、路口等时，要注意限高、限宽、限速，应提前减速，避免紧急制动。

（3）严格遵守有关部门关于危险货物运输线路、时间、速度的规定；车辆不应进入未经批准的危险货物运输车辆限制通行区域。对于运输剧毒化学品等有规定运行路线和时间的危险货物运输车辆，要按照既定的路线和时间运行，不得随意改变。

（4）运输过程中，不应随意停车，且避免在人员聚集区、重点单位（如重要机关、学校、医院）门口、重要基础设施（如大型隧道、桥梁、涵洞、立交桥等）、易燃易爆物品仓库或具有明火的场所附近停靠。同时，当车辆需要中途停车休息或检查时，车辆应选择安全区域停放，停车区域应是平坦、坚实的场地，停放方向要易于驶离，拉好手刹、车辆熄火，同时下车检查，在驱动轮前后放置三角木，避免异常移动。

因住宿或发生影响正常运输的情况需较长时间停车时，驾驶人员、押运人员应采取相应警示和安全措施；运输剧毒化学品或易爆危险化学品的，除采取警示和安全措施外，还应向当地公安机关报告。

（5）运输过程中每隔 2 小时检查一次，驾驶员一次连续驾驶 4 小时应休息 20 分钟以上；24 小时内实际驾驶车辆时间累计不得超过 8 小时。

（6）押运人员应密切注意车辆所装载的危险货物情况，需要停车检查、休息或异常情况处理时，应向有关人员报告，并做好对危险货物的监护，不得擅自离岗脱岗，重点监护检查。

（7）运输过程中，遇天气、道路路面状况发生变化，应根据所载货物性质，及时采取相应安全防护措施。遇有雷雨时，不应在树下、电线杆、高压线、铁塔、高层建筑以及易遭受雷击和产生火花的地点停车。避雨时，应选择安全地点停放。遇有泥泞、冰冻、颠簸、狭窄及山崖等路段时，应低速缓慢行驶，防止车辆侧滑、打滑及危险货物剧烈震荡等。

（8）运输过程中，若发生燃烧、爆炸、污染、中毒、被盗、丢失、流散、泄漏等情况，驾驶人员和押运人员应立即报警，并向单位报告，同时尽力开展自救，共同配合采取一切可能的警示，防范泄漏及二次事故的发生，有人员受伤应先抢救受伤人员，如遇无法控制的事故，应撤离至安全地带，做好警戒并应看护好车辆、货物，等待救援。同时向事故发生地公安部门、交通运输主管部门和运输企业报告。报告内容应至少包括：

① 报告人姓名、联系方式；
② 发生的事故及部位；
③ 发生时间、具体地点（如，×××公路×××公里处）、行驶方向；
④ 车辆牌照、装载质量、车辆类型、罐车罐体容积、当前状况；
⑤ UN 编号、危险货物品名、数量，当前状况；
⑥ 人员伤亡及危害情况；
⑦ 已采取或拟采取的应急处置措施。

9.5.3 收车后的作业要求

危险货物车辆到达目的地将危险货物运单由接收人确认，卸载后检查紧急切断阀是否关闭，确认安全后起步返回。

在运输后回场执行四项作业要求：回场检查、清洁车辆、停车入位、表单确认。

（1）回场检查：回场后先进行自检，然后通知班组进行安排综合检查或其他专项检查。

（2）清洁车辆：进洗车台进行必要的清洁保养，保持清洁的车容车貌。

（3）停车入位：根据停车场管理制度，停放对应区域或对号入位，保持易于驶离的方向入位。

（4）表单确认：交还车钥匙，将车辆安全检查表、运输单据交管理人员签名确认。

9.6 典型案例分析

道路危险货物运输由于自身特点，一旦发生事故，容易造成巨大的生命财产损失，严重破坏公共设施和生态环境，产生极其恶劣的社会影响。

1. 典型案例

某日凌晨 2 时许，A 省某省道上发生一起两货车追尾相撞事故，其中一辆油罐车汽油泄漏起火，引燃车辆及路边民房。火灾造成现场 2 人、民房内 6 人共 8 人死亡，4 人受伤。事故现场如图 9-2 所示。

图 9-2 事故现场图

无独有偶，历史上发生过相似案例。某年某月某日 4 时 20 分左右，B 省某市某物流有限公司一辆重型半挂油罐车行驶至邻省某市沿江高速某入口附近，临时停靠在道路外侧车道和应急车道中间时，被一辆个体经营货车从后方追尾碰撞，引发交通事故。事故造成重型半挂油罐车（载重 40 吨）所载溶剂油泄漏，并顺着高速公路排水管流至桥底排水沟，遇火源引起爆燃，大火迅速引燃桥下一露天木材加工场堆放的木板及临时搭建的工棚，致使木材加工场近千平方米木屋顶被掀飞、坍塌，数十辆货车、小车全部被焚毁，造成 20 人死亡，31 人受伤，其中 16 人重伤。

这两起事故案例是典型的因危险货物运输车辆发生碰撞，导致运输物品泄漏、车辆燃烧的道路交通事故。

2. 案例分析

近年来，危险货物由于其特殊的性质和严重的事故后果，引起了社会的普遍关注，给危险货物运输安全敲响了警钟。本案例主要围绕危险货物运输事故原因、危险货物运输装备安全管理、危险货物运输操作注意事项三个方面进行分析。

1）危险货物运输事故原因

（1）运输单位的管理问题。

① 不执行或不严格执行国家的危险货物安全管理法规、条例的有关规定，无视危险货物运输资质的要求，把危险货物等同一般货物运输，是这类事故发生的主要原因。

② 企业危险货物运输制度不健全，没有制定针对性的安全对策，危险货物运输无章可循，也是事故发生的重要原因。

③ 驾驶员及押运人员培训教育不够，没有危险货物运输资格，可能从多个方面导致危险品运输事故的发生。

④ 在运输危险货物前没有事先对道路、天气等进行调查，没有慎重选择路线。

⑤ 由于没有加强车辆动态监控管理，也导致一些意外事故的发生。运输危险货物的车辆在中途随意改变路线，随意停车，在不具备维护资质的修车铺维护等，增大了事故发生的机会。

（2）从业人员工作失误。

按失误者的身份可归纳为装车人的失误、押车人的失误、开车人的失误、修车人的失误四类。其中，押车人和开车人的失误占主要原因。

① 押车人的失误。主要是指使司机违章随意停车，擅离职守，使危险货物失去监控，油罐压力升高不及时排放，最后导致超压爆炸，或货物落下发生事故。

② 开车人的失误。驾驶员的违章驾驶或失误。据统计，80%的交通事故是由驾驶员的违章或失误造成的。开车人的失误主要有以下几个方面：疲劳驾驶或驾驶技术差，在雨天、雪天、大雾天、弯道处、路口等行车不慎，车速过快，违章超速行车或超车，行车路线选择不当或道路不熟，出现意外。

人的失误大都与管理上的原因有着密切的关系。因此，减少人的失误，从根本上还是要从法规、制度的建立健全，执法的严明，管理的完善，培训教育的重视等方面着手。

（3）交通事故引发危险品事故。

这里说的交通事故主要指以下两种类型，一是两车相撞，二是车辆自行翻倒或车辆撞上其他东西。根据对危险品道路运输事故的统计分析，有一半以上事故是由交通事故引发的。由于罐车（槽车）运输的危险化学品是液体，在行驶中液体随着车体的晃动而晃动，使车辆由于液体的惯性不易把握，更易发生交通事故。

运输危险品的车辆一旦发生交通事故，往往会引发危险品泄漏事故，甚至引发危险品起火、爆炸事故。所以，控制危险品运输事故，首先要从控制交通事故着手，加强危险品运输单位的资质管理，加强驾驶员的培训与管理，严格检查运输危险品车辆的车况，慎重选择危险品运输路线。

2）危险货物运输装备安全管理

运输装备的缺陷是造成道路危险货物运输事故严重后果的重要因素。运输装备的缺陷按直观的车上、车下、车本体的分类方法可分为三类，即：车上的危险化学品容器或危险化学品包装固定的缺陷，车下的道路设施的缺陷，车本体［主要包括制动、转向系统、行驶系统（轮胎、拖挂连接处等）、发动机等］的缺陷。

运输装备的缺陷主要是由于管理原因和人的失误造成的。企业领导安全意识淡薄，致使出现不合格的危险化学品运输设备；司机及车辆维护人员思想麻痹，检查不认真，导致有缺陷的危险化学品车辆上路营运。因此，要减少因运输设备导致的危险货物道路运输事故，首先要加强监督管理，保证危险化学品运输车辆为合法车辆，危险化学品容器为合格设备。其次，加强危险化学品运输车辆的车况检查，制定严格的日常出车检查和定期全面检查制度。最后，要对相关人员进行技能培训与安全意识培训，提高责任心，及时发现事故隐患。

油罐车本身作为一个危险品运输工具，安全问题尤其要注意。装油设备不符合规范、设备失灵、冒油泄漏、静电放电和人为的误操作是油罐车发生火灾的主要原因。有效避免油罐车事故需要注意以下方面问题。

（1）静电接地不可忽视。

从油罐车来看，静电主要产生部位是泵、过滤器和管道。油罐车加注系统的静电产生量比地面管道高得多。因此对于静电隐患，必须采取以下措施：

① 装油前先接好接地线，并经常检查其完好情况和接地电阻是否符合防静电标准。

② 装油时鹤管必须伸至油罐底部，管口距罐底部应保持在 15 厘米左右，并严格控制灌装初速在 1 米/秒以内，直到出油口被浸没后再逐步加大流速，但正常流速不宜超过 3 米/秒。

③ 装油结束后，必须在稳油 5 分钟后才能断开接地。因为装好油后，由于油品在罐内流动，致使油面电位还要保持几分钟之久。油面电位是指轻质油品在输送过程中，由于与管壁及过滤器等摩擦而产生的静电荷，随油品流入容器内，使油品对地产生的电位差。

（2）避免油罐车发动机温度过高。

要经常对车辆技术状况进行检查，重点检查车辆安全部位，严禁驾驶病车上路行驶。夏季炎热天气驾驶车辆行车中，应随时注意水温表的变化，一般不得超过 95 摄氏度，尤其是车辆载重或在山区道路行车时，更要注意防止发动机过热。如果温度过高，要及时选择阴凉处停车降温，可掀起发动机盖罩通风散热；待温度降低后，检查发动机冷却系是否缺水及产生高温的原因。

冷却液因发动机过热或缺水沸腾时，不要马上关闭发动机，应停车使发动机怠速运转，待温度降低后，关闭发动机，再用棉纱或手套垫着打开散热器盖，防止冷却水沸腾烫伤手和脸。

（3）驾驶油罐车要留意轮胎温度。

夏季行车不宜时间过长，应每隔 2 小时或行驶一段路程后，进行适当停车休息的同时检查轮胎温度。当发现轮胎因过热而气压上升时，应设法将车停到阴凉处或树荫下，让轮胎自然降温、降压，不可用放气或泼冷水方法来降低轮胎气压和温度。另外，应尽量避免紧急制动，严禁车辆超载超限。

（4）夜间驾驶油罐车需更谨慎。

夜间行车前，应检查所有的车灯和镜面，确保车灯正常和镜面整洁。夜间行车，车速超过 30 千米/时使用远光灯；车速在 30 千米/时以内，可使用近光灯。夜间会车应在较远处配合对方车辆变换远、近光灯观察前方情况。当距对面方向来车 150 米以外时，及时改用近光灯，不要直视迎面来车发出的强光。

通过市区、村镇或桥梁时，要减速慢行，注意道路或桥两侧散步、乘凉的人群，随时做好应急准备。

（5）转向失灵应急处置办法。

当遇到转向突然失去控制时，驾驶员在车辆和前方道路情况允许保持直线行驶时，不可使用紧急制动，应立即松抬加速踏板，抢挡减速，均匀而用力拉紧驻车制动器进行辅助；当车速明显减弱时，轻踏制动踏板，缓慢平稳地停车。当车辆已偏离直线行驶方向，事故已经不可避免时，应果断地连续踏制动踏板，使车辆尽快减速停车，尽量缩短停车距离，减轻撞击力度。

采取应急措施的同时，可对道路上其他通行的车辆及行人发出示警信号，如打开危险报警灯、开大灯、鸣喇叭或打手势等。

（6）油罐车制动失效应急处置办法。

行车中，容易出现制动管路气阻、破裂或制动液、气压力不足等原因，导致制动失灵、失效现象，对行车安全构成威胁。驾驶员发现车辆突然制动失灵、失效时，要沉着冷静，握稳转向盘，立即松抬加速踏板，实施发动机牵阻制动，尽可能利用转向避让障碍物。同时利用驻车制动器或"抢挡"等方法，设法减速停车。若是液压制动车辆，可连续多次踏制动踏板，以期制动力的积聚而产生制动效果。

使用驻车制动器不可将操纵杆一次拉紧，一次拉紧容易将驻车制动盘"抱死"，损坏传动机件，丧失制动力。

3）危险货物运输操作注意事项

由于危险化学品运输具有易燃、易爆、有毒和具有腐蚀性的特点，运输过程中如果受热、遇到明火、碰撞、振动、摩擦等，存在着爆炸、火灾、中毒、辐射等重大事故风险。运输危险品的车辆仿佛"流动的定时炸弹"，稍有不慎，就可能引起灾难性后果。危险货物运输过程中应着重注意以下几个方面。

① 装运危险货物应有固定的车辆和专业驾驶员、押运员、装卸工，驾驶证、押运证、准运证等所需证件要齐全。要按照指定的路线行驶，不能随意变更行驶路线，不得在繁华闹市中行驶和停靠。

② 运输过程中，不应随意停车。当车辆需要中途停车休息或检查时，车辆应选择安全区域停放，停放方向要易于驶离，拉好手刹，车辆熄火，同时下车检查，在驱动轮前后放置三角木，避免异常移动。

③ 要做好危险货物装运车辆的日常维护、检测，严禁故障车辆投入营运。保证车辆状况符合安全要求，尤其是安全防护装置必须保持良好性能，做到有遮阳、防雨、防散失设备或用具，排气管要安装有效的隔热和熄灭火星的装置，电路系统应有切断总电源和隔离电火花的装置，车身上应有明显的标识。

④ 运输易燃易爆危险货物的车辆，在装载其他危险货物前，必须彻底清扫和洗刷。清洗时要选择安全的区域，严禁明火，使用安全的洗刷工具，残渣残液和废水不得随意排放，要安全妥善处理。

⑤ 危险货物装载前应严格检查运输车辆，特别是要检查各种容器的腐蚀情况，核查泄压阀、紧急切断装置、遮阳物及消静电等装置是否正常。不得装运包装不牢、破损或品名标签、标志不明显的易燃、易爆、剧毒危险货物和不符合安全要求的罐体及没有瓶盖的气体钢瓶等。

⑥ 危险货物装卸场地必须平坦畅通，夜间装载条件要良好，严禁野蛮装卸。装卸危险货物时，车辆发动机应熄火，装卸作业人员应配备专业的防护用品，并按照货物的装卸要求作业，轻装轻卸。吊装设备必须牢靠，防止拖拉、滚翻、震动、摔倒、重压、摩擦等。

3. 案例小结

危险货物运输安全事故日益突出，预防危险货物运输事故对于改善道路运输安全状况具有重要意义。危险货物道路运输企业要加强从业人员的培训教育，提高从业人员的应急处置能力。

（1）危险货物道路运输企业要不断强化从业人员的培训教育。

由于危险货物运输的特殊要求和危险货物运输事故的严重后果，危险货物运输从业人员应具有符合岗位要求的资质、危险货物运输事故应急处置常识和较高的安全意识。危险货物运输企业应加强对从业人员的安全培训，从业人员尤其应掌握危险品应急处置常识和突发情形的应急处置方法。

（2）加强有关危险货物运输安全的社会宣传。

危险货物是工业生产和人民生活的必需品，但是危险货物运输过程中发生的道路交通事故产生的危害巨大，事故后果惨烈，道路交通安全相关管理部门应通过广泛的社会宣传，让全社会认识常见危险货物的特殊性质及危害，提高全民防范危险货物运输事故的安全意识。

危险货物道路运输相关人员培训要求和内容参见《危险货物道路运输规则》（JT/T 617）。

第10章

道路普通货物运输及站场安全生产实务

10.1 道路普通货物运输

10.1.1 道路普通货物运输车辆及设施设备

1. 道路普通货物运输车辆

道路普通货物运输车辆是指参与营运的汽车、半挂牵引车、牵引货车和挂车。根据《汽车和挂车类型的术语和定义》(GB/T 3730.1)分类和定义:

货车是指主要为载运货物而设计和装备的商用车辆,它能否牵引一挂车均可。

普通货车是指一种在敞开(平板式)或封闭(厢式)载货空间内载运货物的货车。

半挂牵引车是指装备有特殊装置用于牵引半挂车的商用车辆。

全挂牵引车是指一种牵引牵引杆式挂车的货车。它本身可在附属的载运平台上运载货物。

多用途货车是指在其设计和结构上主要用于载运货物,但在驾驶员座椅后带有固定或折叠式座椅,可载运3个以上的乘客的货车。

专用货车是指在其设计和技术特性上用于运输特殊物品的货车。例如:罐式车、乘用车运输车、集装箱运输车等。

挂车是指就其设计和技术特性需由汽车牵引,才能正常使用的一种无动力的道路车辆,用于载运人员和/或货物、特殊用途。

根据《营运货车安全技术条件 第1部分:载货汽车》(JT/T 1178.1)和国家相关规定,载货汽车整车应满足以下安全条件:重型载货汽车(总质量大于或等于12 000千克)和半挂牵引车在出厂前应安装符合JT/T 794标准的卫星定位系统车载终端;N_3类载货汽车应装备电子稳定性控制系统,性能符合JT/T 1094的要求;N_3类危险品运输载货汽车的非转向轴应装备空气悬架;载货汽车的所有转向轮应安装爆胎应急安全装置,并能通过仪表台向驾驶员显示;冷链运输车辆应安装温度监控装置,车辆及其温度监控装置、制冷设备的性能符合相关标准要求。

根据《机动车运行安全技术条件》(GB 7258)规定,货车乘员数核定如下:带卧铺的货车,卧铺铺位不核定乘坐人数。货车核定乘坐人数应小于或等于6人,专项作业车(消防车除外)核定乘坐人数应小于或等于9人,危险货物运输货车的核定乘坐人数应小于或等于3人。

根据《道路运输车辆技术管理规定》（交通运输部令 2016 年第 1 号）的有关规定，从事道路普通货物运输的车辆应符合以下要求：

（1）车辆的外廓尺寸、轴荷和最大允许总质量应当符合《道路车辆外廓尺寸、轴荷及质量限值》（GB 1589）的要求；

（2）车辆的技术性能应当符合《道路运输车辆综合性能要求和检验方法》（GB 18565）的要求；

（3）车型的燃料消耗量限值应当符合《营运货车燃料消耗量限值及测量方法》（JT 719）的要求；

（4）车辆技术等级应当达到二级以上，技术等级评定方法应当符合国家有关道路运输车辆技术等级划分和评定的要求；

（5）道路运输管理机构应当加强从事道路普通货物运输企业经营车辆的管理，对不符合本规定的车辆不得配发道路运输证，对挂车配发道路运输证和年度审验时，应当查验挂车是否具有有效行驶证件；

（6）禁止使用报废、擅自改装、拼装、检测不合格以及其他不符合国家规定的普通货运车辆从事道路运输经营活动。

根据《中华人民共和国道路运输条例》（国务院令 2019 年第 709 号）规定：使用总质量 4 500 千克及以下普通货运车辆从事普通货运经营的，无需按照本条规定申请取得道路运输经营许可证及车辆营运证。

2. 道路普通货物运输车辆设施装备

根据《机动车运行安全技术条件》（GB 7258）和《营运货车安全技术条件 第 1 部分：载货汽车》（JT/T 1178.1）规定，道路普通货物运输车辆设施装备主要应满足以下要求。

（1）车身反光标识和车辆尾部标志板。

总质量大于或等于 12 000 千克的货车（半挂牵引车除外）和货车底盘改装的专项作业车、车长大于 8.0 米的挂车及所有最大设计车速小于或等于 40 千米/时的汽车和挂车，应按 GB 25990 规定设置车辆尾部标志板；半挂牵引车应在驾驶室后部上方设置能体现驾驶室的宽度和高度的车身反光标识，其他货车（多用途货车除外）、货车底盘改装的专项作业车和挂车（设置有符合规定的车辆尾部标志板的专项作业车和挂车，以及旅居挂车除外）应在后部设置车身反光标识。

所有货车（半挂牵引车、多用途货车除外）、货车底盘改装的专项作业车和挂车（旅居挂车除外）应在侧面设置车身反光标识。侧面的车身反光标识长度应大于或等于车长的 50%，对三轮汽车应大于或等于 1.2 米，对侧面车身结构无连续平面的货车底盘改装的专项作业车应大于或等于车长的 30%，对货厢长度不足车长 50%的货车应为货厢长度。

（2）侧面防护和前、后下部防护装置。

总质量不超过 12 000 千克的载货汽车应安装符合 GB 11567 要求的侧面防护和后下部防护。总质量大于 7 500 千克的载货汽车应安装符合 GB 26511 要求的前下部防护装置。

（3）轮胎。

货车所装用轮胎的速度级别不应低于该车最大设计车速的要求（装用雪地轮胎时除外）。转向轮不应装用翻新的轮胎；其他车轮若使用翻新的轮胎，应符合相关标准的规定。

同一轴上的轮胎规格和花纹应相同。货车转向轮的胎冠花纹深度应大于或等于 3.2 毫米，其余轮胎胎冠花纹深度应大于或等于 1.6 毫米。挂车轮胎胎冠花纹上的花纹深度应大于或等于 1.6 毫米。

（4）货厢（货箱）。

货厢（货箱）应安装牢固可靠，不得设置有货厢（货箱）加高、加长、加宽的结构及装置。

（5）安全架。

货车货箱（自卸车、装载质量 1 000 千克以下的货车除外）前部应安装比驾驶室高至少 70 毫米的安全架。无驾驶室的三轮汽车货箱前部应安装具有足够强度的安全架，其高度应高出驾驶员坐垫平面至少 800 毫米。

（6）隔离装置。

封闭式货车在最后排座位的后方应安装具有足够强度的板式隔离装置。隔离板上观察窗应采用安全玻璃。

（7）警示旗。

安装有悬臂式、垂直升降式起重尾板的货车和挂车，起重尾板背部应设置有警示旗，且警示旗应能摆动，警示旗上的反光标识应朝向车辆外侧。

2018 年 1 月 1 日起新出厂的货车（无驾驶室的三轮汽车除外）应该配备符合 GB 19151 规定的三角警告牌；其中车长大于或等于 6 米的客车和总质量大于 3 500 千克的货车，还应装备至少 2 个停车楔（如三角垫木）。新出厂的车辆除有三角警示架之外需配备反光背心。

另外，货车车辆应按照规定配备安全锤、防滑链等，并按规定配足有效的灭火器。

10.1.2 安全技术管理要求

从事道路普通货物运输的车辆管理应符合以下要求。

1. 车辆技术管理

（1）道路普通货物运输企业应当遵守有关法律法规、标准和规范，认真履行车辆技术管理的主体责任，建立健全管理制度，加强车辆技术管理；

（2）道路普通货物运输企业根据车辆数量设置车辆技术管理机构和配备车辆技术管理人员；

（3）道路普通货物运输企业应当加强车辆维护、使用、安全和节能等方面的业务培训，提升从业人员的业务素质和技能，确保车辆处于良好的技术状况；

（4）道路普通货物运输企业应当根据有关道路运输企业车辆技术管理标准，结合车辆技术状况和运行条件，正确使用车辆，鼓励道路运输企业依据相关标准要求，制定车辆使用技术管理规范，科学设置车辆经济、技术定额指标并定期考核，提升车辆技术管理水平；

（5）道路普通货物运输企业应当建立车辆技术档案制度，实行一车一档。档案内容应当主要包括：车辆基本信息，车辆技术等级评定、车辆维护和修理（含"机动车维修竣工出厂合格证"）、车辆主要零部件更换、车辆变更、行驶里程、对车辆造成损伤的交通事故等记录，档案内容应当准确、翔实,车辆所有权转移、转籍时,车辆技术档案应当随车移交。

2. 车辆维护与修理

(1)道路普通货物运输企业应当建立车辆维护制度,车辆维护分为日常维护、一级维护和二级维护,日常维护由驾驶员实施,一级维护和二级维护由道路运输企业组织实施,并做好记录;

(2)道路普通货物运输企业应当依据国家有关标准和车辆维修手册、使用说明书等,结合车辆类别、车辆运行状况、行驶里程、道路条件、使用年限等因素,自行确定车辆维护周期,确保车辆正常维护,车辆维护作业项目应当按照国家关于汽车维护的技术规范要求确定;

(3)道路普通货物运输企业可以对自有车辆进行二级维护作业,保证投入运营的车辆符合技术管理要求,无须进行二级维护竣工质量检验,道路普通货物运输企业不具备二级维护作业能力的,可以请具备相关能力的机动车维修经营者进行二级维护作业,机动车维修经营者完成二级维护作业后,应当向委托方出具二级维护出厂合格证;

(4)道路普通货物运输企业应当遵循视情修理的原则,根据实际情况对车辆进行及时修理。

3. 车辆检测管理

(1)道路运输企业应当定期到机动车综合性能检测机构,对道路运输车辆进行综合性能检测。根据《关于加快推进道路货运车辆检验检测改革工作的通知》(交运发〔2017〕207号)要求,自2018年起,普通货运车辆的综合性能检测、安全技术检验实行统一的检验检测周期,普通货运车辆10年以内每年检验1次,超过10年的,每6个月检验1次,具体以该车辆的安全技术检验周期时间为准,检验检测完成时间以全部检验检测项目完成的当日核定。

(2)普通货运车辆可在车籍所在地省份的任意一家综合性能检测机构办理综合性能检测业务。普通货运车辆在办理异地检测时,应向综合性能检测机构提交车辆行驶证、道路运输证和送检人员身份证件。

(3)道路普通货物运输企业应当选择通过质量技术监督部门的计量认证,取得计量认证证书并符合《汽车综合性能检验机构能力的通用要求》(GB 17993)等国家相关标准的检测机构进行车辆的综合性能检测。

10.2 道路货物运输站场安全技术管理

10.2.1 一般安全技术管理要求

道路货物运输站场,应建立健全安全技术管理有关规章制度和操作规程,建立相关技术档案与台账,定期开展安全隐患排查治理工作,落实安全生产责任制,定期对员工开展安全教育培训,对安全生产管理人员更应加强安全生产知识、法规、案例等的教育培训。道路货物运输站场应做到下列一般安全技术管理要求:

(1)定期开展安全风险分析、评估等工作,开展风险管控;

（2）开展安全隐患日常排查、定期排查、专项排查等工作；
（3）完善安全技术管理规章制度和操作规程，开展培训学习，并严格执行；
（4）采用新装备、新技术等应对有关人员开展安全培训；
（5）使用符合安全技术规范的装备设施，及时维护保养，保持有效安全防护状态；
（6）特种设备及其操作人员均有合法有效证件，特种作业人员持证上岗；
（7）消防设施、环保设施、应急装备等配备齐全并定期检测；
（8）定期开展应急演练，及时修订相关应急预案。

10.2.2 国家有关规定

依据《道路货物运输及站场管理规定》（交通运输部令2016年第35号），道路货物运输站场安全技术管理应遵循以下基本原则与规定：

（1）货运站经营者应当按照经营许可证核定的许可事项经营，不得随意改变货运站用途和服务功能；

（2）货运站经营者应当依法加强安全管理，完善安全生产条件，健全和落实安全生产责任制；

（3）货运站经营者应当对出站车辆进行安全检查，防止超载车辆或者未经安全检查的车辆出站，保证安全生产；

（4）货运站经营者应当按照货物的性质、保管要求进行分类存放；

（5）货物运输包装应当按照国家规定的货物运输包装标准作业，包装物和包装技术、质量要符合运输要求；

（6）货运站经营者应当按照规定的业务操作规程进行货物的搬运装卸，搬运装卸作业应当轻装、轻卸，堆放整齐，防止混杂、撒漏、破损，严禁有毒、易污染物品与食品混装；

（7）货运站经营者应当严格执行价格规定，在经营场所公布收费项目和收费标准，严禁乱收费；

（8）进入货运站经营的经营业户及车辆，经营手续必须齐全，货运站经营者应当公平对待使用货运站的货物运输企业，禁止无证经营的车辆进站从事经营活动，无正当理由不得拒绝货物运输企业进站从事经营活动；

（9）货运站经营者不得垄断货源、抢装货物、扣押货物；

（10）货运站要保持清洁卫生，各项服务标志醒目；

（11）货运站经营者经营配载服务应当坚持自愿原则，提供的货源信息和运力信息应当真实、准确；

（12）货运站经营者不得超限、超载配货，不得为无道路运输经营许可证或证照不全者提供服务，不得违反国家有关规定，为运输车辆装卸国家禁运、限运的物品；

（13）货运站经营者应当制定有关突发公共事件的应急预案，应急预案应当包括报告程序、应急指挥、应急车辆和设备的储备以及处置措施等内容；

（14）货运站经营者应当建立和完善各类台账和档案，并按要求报送有关信息。

道路普通货物运输企业可根据自身实际情况，在遵守国家、行业有关规定的前提下，有针对性地制定适合自身企业的安全技术管理规定、规程。

10.3 道路货物运输及站场安全操作规程

10.3.1 道路货物运输基本要求

道路普通货物运输企业应遵守以下基本要求：
（1）普通货物运输车辆严禁超范围运输，严禁超载、超限；
（2）运输不同性质货物，其配装必须按相关规定的要求执行；
（3）运输货物必须根据货物性质，采取对应的遮阳、控温、防爆、防静电、防火、防震、防水、防冻、防撒漏等措施；
（4）运输货物时，必须采取防污染环境的措施，并遵守国家有关货物运输的管理规定；
（5）运输货物的车厢必须保持清洁干燥，不得任意排弃车上残留物，运输结束后被污染过的车辆及工具，必须按规范性的方法到具备条件的地点进行车辆清洗消毒处理；
（6）夏季高温期间限制运输的货物，必须按有关规定执行；
（7）运输货物的车辆应尽量减少在居民聚集点、行人稠密地段、政府机关、名胜古迹、风景浏览区停车，如需在上述地区进行装卸作业或临时停车，必须采取安全措施；
（8）运输货物的车辆禁止搭乘无关人员。

10.3.2 道路货物运输具体作业要求

下列内容为道路货物运输及站场安全作业一般要求，各企业可根据自身实际状况进行修订完善。

1. 通则

（1）汽车运输必须符合汽车运输普通货物规则的规定；
（2）货物的装卸必须在装卸人员的现场指挥下进行；
（3）无关人员不得进入装卸作业区；
（4）进入货物装卸作业区必须遵守作业区规定；
（5）雷雨天气装卸时，必须确认雷电、防湿潮措施有效；
（6）运输普通货物车辆在一般道路上最高车速不得超过路段所限时速，必须确认足够的安全距离，如遇雨天、雷天、雪天、雾天等恶劣天气，应减速行驶，并打开危险报警闪光灯，警示后车防止追尾；
（7）运输过程中，注意检查货物状态；
（8）驾驶员一次连续驾驶4小时要休息20分钟以上，24小时内实际驾驶车时间累计不得超过8小时；
（9）运输普通货物的车辆发生故障需修理时，必须选择在安全地点和具有相关能力的汽车修理企业进行；
（10）禁止在装卸作业区内进行维修车辆作业。

2. 出车前

（1）运输普通货物车辆的有关证件、标志应齐全有效，运输车辆技术状况必须良好，并按照有关规定对车辆安全技术情况进行严格检查，发现故障必须立即排除；

（2）检查运输车辆配备的应急器材，发现问题必须立即更换或修理；

（3）根据所运货物的特性，随车携带好遮盖、捆扎等防失散工具，并检查随车灭火器是否完好，车辆货箱内不得有与易燃液体性质相抵触的残留物；

（4）装车完毕后，驾驶员要对货物的堆码、遮盖、捆扎等安全措施及对影响车辆起动的不安全因素进行检查后，确认无安全因素后方可起步。

3. 行车中

（1）驾驶员必须根据道路交通控制车速，禁止超速和强行超车、会车；

（2）运输途中尽量不进行紧急制动，转弯时车辆应该减速；

（3）通过隧道、涵洞、立交桥时，要注意限高、限宽、限速；

（4）运输普通货物时，按照国家法律法规，采取有效的防止污染环境的措施；

（5）夏季高温期间限制运输的货物，必须按有关规定执行；

（6）驾驶人员不得擅自改变运输作业计划。

4. 装卸

（1）装卸作业前，将车辆发动机熄火，并切断总电源。在有坡度的场地装卸货物时必须采取防止车辆溜坡的有效措施；

（2）货物的装卸作业必须在装卸管理人员的现场指挥下进行；

（3）货物装卸完毕，作业现场要清扫干净，受到货物污染的车辆、工具需清洗消毒，货物的撒漏物和污染物必须送到指定地点集中处理；

（4）装卸作业现场必须远离火种、热源，操作时货物不准撞击、摩擦、拖拉；装车堆码时桶口、箱盖一律向上，不得倒置；集装货物，堆码整齐。装卸完毕，要罩好网罩，捆扎牢固。

5. 收车后

（1）打扫车身内部，清除底盘泥泞，洗涤车辆各部分，擦净驾驶室、轮胎钢圈、前后灯、门窗玻璃、牌照灯等；

（2）检查和补充燃油、润滑油及制动液；

（3）检查散热器贮水量，一般应加满冷却液，但在寒冬季节（气温低于 0 摄氏度）露天存放的车辆，如未加防冻液，应将散热器和发动机机体水套内的水放尽，检查冷却系各接头有无松动渗漏情况；

（4）将制动贮气筒内的油、水、气放净，关好贮气筒开关；

（5）转动机油粗滤器 2~3 圈；

（6）检查钢板弹簧总成及轮胎气压状况，除去双胎间或胎面上的嵌入物及铁钉等尖锐杂物；

（7）熄火后观察电流表有无漏电征兆；

（8）消除行车过程中发现的一些车上的故障。

10.3.3 站场安全操作规程

站场安全生产内容主要包括货物的装卸、搬运两个方面，其主要操作规程可参考如下。

1. 普通装卸、搬运

（1）工作前应检查装卸地点及道路情况，消除周围障碍物，保证在安全环境下工作。装卸物件必须用跳板搭桥时，应选用强度高、质量好的跳板，并安置牢固；

（2）作业现场应有统一指挥，有明确固定的指挥信号，以防作业混乱发生事故。作业现场装卸搬运人员和机具操作人员，应严格遵守劳动纪律，服从指挥，非装卸搬运人员，均不准在作业现场逗留；

（3）对各种装卸设备，必须严格执行该设备的安全操作规程，并由经过操作训练的专职人员操作，以防发生事故；

（4）作业前应检查所有使用的机械和工具是否完好可靠，不准超负荷使用，若有损坏，应修好后才能使用；

（5）装卸工在进行随车装卸、起重作业、装卸火车时，应遵守相应的安全操作规程及有关规定。

2. 人力装卸、搬运

（1）物件应轻拿轻放，禁止乱甩乱砸；

（2）多人同时搬运货物时，要协同工作，专人指挥，防止砸伤手脚；

（3）采用滚卷法装卸车时，重物可能滚下的地方不得有人；

（4）用滚杠搬运重物时，应由专人指挥，摆放滚杠要防止滚杠压手；

（5）人工搬运、装卸物件时应视物件轻重配备人员，杠棒、跳板、绳索等工具必须完好可靠，多人人工搬运同一物件时，要有专人指挥，并保持一定间隔，一律顺肩，步调一致；

（6）装卸时应做到轻装轻放，重不压轻，大不压小，堆放平稳，捆扎牢固，要防止货物倒塌伤人；

（7）装车后应牢固封车，途中应经常检查是否松动，卸车后物件应堆放整齐；

（8）堆放物件不可歪斜，高度要适当，对易滑物件要用木块垫塞，不准将物件堆放在安全道内；

（9）卸桶之前先检查桶的外观有无异常，桶盖是否严紧，单桶重量超过 300 千克时必须由两个人一起压桶，压桶前检查桶钩是否挂牢。

3. 装卸物件

（1）超长物件应捆绑两点，且要牢固可靠，并调整好绳扣捆绑位置，使物件水平起吊，应防止绳扣交叉捆吊；

（2）使用管子拖车或装车架运超长物件时，要摆放平稳均匀，防止偏重，封车要牢固可靠；

（3）起吊保温管、绝缘管时，绳扣应套胶皮管，防止钢绳勒坏保温层、绝缘层，拉运、堆放时应用软性垫具垫好，禁止使用硬物垫隔，禁止用撬棍撬保温层、绝缘层；

（4）卸车后应按规格型号分别堆放，堆放要稳当，防止下滑或倾倒；

（5）用吊盘上下运料时，吊篮内所装原料高度不准超过横梁，重量不准超过使用吊盘的限载量；

（6）配合叉车装卸原料必须等叉车停稳再装卸。

10.4 超限运输安全管理

10.4.1 超限运输车辆的认定

超限运输车辆是指有下列情形之一的货物运输车辆：

（1）车货总高度从地面算起超过 4 米；

（2）车货总宽度超过 2.55 米；

（3）车货总长度超过 18.1 米；

（4）二轴货车，其车货总质量超过 18 000 千克；

（5）三轴货车，其车货总质量超过 25 000 千克；三轴汽车列车，其车货总质量超过 27 000 千克；

（6）四轴货车，其车货总质量超过 31 000 千克；四轴汽车列车，其车货总质量超过 36 000 千克；

（7）五轴汽车列车，其车货总质量超过 43 000 千克；

（8）六轴及六轴以上汽车列车，其车货总质量超过 49 000 千克，其中牵引车驱动轴为单轴的，其车货总质量超过 46 000 千克。

超限运输车辆除满足前面规定的限定标准外，还应当遵守下列要求：

（1）二轴组按照二个轴计算，三轴组按照三个轴计算；

（2）除驱动轴外，二轴组、三轴组以及半挂车和全挂车的车轴每侧轮胎按照双轮胎计算，若每轴每侧轮胎为单轮胎，限定标准减少 3 000 千克，但安装符合国家有关标准的加宽轮胎的除外；

（3）车辆最大允许总质量不应超过各车轴最大允许轴荷之和；

（4）拖拉机、农用车、低速货车，以行驶证核定的总质量为限定标准；

（5）符合《汽车、挂车及汽车列车外廓尺寸、轴荷及质量限值》（GB 1589）规定的冷藏车、汽车列车、安装空气悬架的车辆，以及专用作业车，不认定为超限运输车辆。

10.4.2 大件运输车辆公路行驶时的规定

载运不可解体物品的超限运输（以下称大件运输）车辆，未经许可，不得擅自行驶公路。经批准进行大件运输的车辆，行驶公路时应当遵守下列规定：

（1）采取有效措施固定货物，按照有关要求在车辆上悬挂明显标志，保证运输安全；

（2）按照指定的时间、路线和速度行驶；

（3）车货总质量超限的车辆通行公路桥梁，应当匀速居中行驶，避免在桥上制动、变速或者停驶；

（4）需要在公路上临时停车的，除遵守有关道路交通安全规定外，还应当在车辆周边设置警告标志，并采取相应的安全防范措施；需要较长时间停车或者遇有恶劣天气的，应当驶离公路，就近选择安全区域停靠；

（5）通行采取加固、改造措施的公路设施，承运人应当提前通知该公路设施的养护管理单位，由其加强现场管理和指导；

（6）因自然灾害或者其他不可预见因素而出现公路通行状况异常致使大件运输车辆无法继续行驶的，承运人应当服从现场管理并及时告知作出行政许可决定的公路管理机构，由其协调当地公路管理机构采取相关措施后继续行驶。

10.4.3　超限运输中的源头管理

根据《超限运输车辆行驶公路管理规定》（交通运输部令 2016 年第 62 号）等文件有关规定，超限运输源头管理包括以下主要内容：

（1）载运可分载物品的超限运输（以下称违法超限运输）车辆，禁止行驶公路；在公路上行驶的车辆，其车货总体的外廓尺寸或者总质量未超过"10.4.1 超限运输车辆认定"的限定标准，但超过相关公路、公路桥梁、公路隧道限载、限高、限宽、限长标准的，不得在该公路、公路桥梁或者公路隧道行驶。

（2）煤炭、钢材、水泥、砂石、商品车等货物集散地以及货运站等场所的经营人、管理人（以下统称货运源头单位），应当在货物装运场（站）安装合格的检测设备，对出场（站）货运车辆进行检测，确保出场（站）货运车辆合法装载。

（3）货运源头单位、道路运输企业应当加强对货运车辆驾驶员的教育和管理，督促其合法运输。货运源头单位、道路运输企业是防止违法超限运输的责任主体，应当按照有关规定加强对车辆装载及运行全过程监控，防止驾驶员违法超限运输。任何单位和个人不得指使、强令货运车辆驾驶员违法超限运输。

（4）货运车辆驾驶员不得驾驶违法超限运输车辆。

（5）道路运输管理机构应当加强对政府公布的重点货运源头单位的监督检查。通过巡查、技术监控等方式督促其落实监督车辆合法装载的责任，制止违法超限运输车辆出场（站）。

（6）公路管理机构、道路运输管理机构应当建立执法联动工作机制，将违法超限运输行为纳入道路运输企业质量信誉考核和驾驶员诚信考核，实行违法超限运输"黑名单"管理制度，依法追究违法超限运输的货运车辆、车辆驾驶员、道路运输企业、货运源头单位的责任。

（7）公路管理机构应当对货运车辆进行超限检测。超限检测可以采取固定站点检测、流动检测、技术监控等方式。

（8）公路管理机构可以利用移动检测设备，开展流动检测。经流动检测认定的违法超限运输车辆，应当就近引导至公路超限检测站进行处理。流动检测点远离公路超限检测站的，应当就近引导至县级以上地方交通运输主管部门指定并公布的执法站所、停车场、卸载场等具有停放车辆及卸载条件的地点或者场所进行处理。

（9）经检测认定违法超限运输的，公路管理机构应当责令当事人自行采取卸载等措施，消除违法状态；当事人自行消除违法状态确有困难的，可以委托第三人或者公路管理机构协助消除违法状态。属于载运不可解体物品，在接受调查处理完毕后，需要继续行驶公路的，应当依法申请公路超限运输许可。

（10）公路管理机构对车辆进行超限检测，不得收取检测费用。对依法扣留或者停放接受调查处理的超限运输车辆，不得收取停车保管费用。由公路管理机构协助卸载、分装或者保管卸载货物的，超过保管期限经通知当事人仍不领取的，可以按照有关规定予以处理。

（11）公路管理机构应当使用经国家有关部门检定合格的检测设备对车辆进行超限检测；未定期检定或者检定不合格的，其检测数据不得作为执法依据。

（12）收费高速公路入口应当按照规定设置检测设备，对货运车辆进行检测，不得放行违法超限运输车辆驶入高速公路。其他收费公路实行计重收费的，利用检测设备发现违法超限运输车辆时，有权拒绝其通行。收费公路经营管理者应当将违法超限运输车辆及时报告公路管理机构或者公安机关交通管理部门依法处理。公路管理机构有权查阅和调取公路收费站车辆称重数据、照片、视频监控等有关资料，经确认后可以作为行政处罚的证据。

（13）公路管理机构应当根据保护公路的需要，在货物运输主通道、重要桥梁入口处等普通公路以及开放式高速公路的重要路段和节点，设置车辆检测等技术监控设备，依法查处违法超限运输行为。

10.5 典型案例分析

某月9日7时40分许，在Q市H区某T形路口处，一辆小型轿车与一辆重型半挂牵引车相撞，造成4人死亡，直接经济损失355万元。

事故发生后，依据《生产安全事故报告和调查处理条例》《某省生产安全事故报告和调查处理办法》《某省道路交通安全责任制规定》等法律法规的规定，Q市政府成立了由分管副秘书长任组长，市安全监管局、市监察局、市应急办、市总工会、市交通运输委、市公安局等部门及W市人民政府有关人员组成的事故责任调查组开展责任调查工作，并邀请市人民检察院派员参与调查。调查组经现场勘查、调查取证、技术检测和综合分析，查明了事故发生的经过和原因，认定了事故性质，并针对在调查过程中发现的问题，提出了处理建议和防范整改措施。

1. 事故涉及车辆、人员、企业及现场道路情况

1）事故涉及车辆、驾驶员情况

（1）小型轿车及其驾驶员情况。

① 车辆情况：某B55555小客车，为白色福特翼博，登记车主为管某某，该车投有保险，状态正常，核定载客5人，事发时实际载客4人。

② 驾驶员情况：管某某，男，53岁，驾驶证状态为正常。

（2）重型半挂牵引车及其驾驶员情况。

① 车辆情况：某GA666（某G777挂）重型半挂牵引车，登记车主为某国际物流有限公司，为该公司所有，非挂靠。登记地址为某省W市F区，车辆登记日期在有效期内。保险情况：投保的交强险、商业险事发时已到期，尚未购买新的车辆保险。所载货物：木材。整备

质量 7 300 千克，核载 34 500 千克。过磅单显示 59 580 千克，超载 17 780 千克。

② 驾驶员情况：王某某，男，38 岁，某 GA666（某 G777 挂）驾驶员，准驾车型 A2，驾驶证状态为正常。

2）事故涉及企业情况

（1）某国际物流有限公司。

某国际物流有限公司企业法人为刘某某，经营范围：货物专用运输（集装箱），证件在有效期内。企业所有车辆均安装北斗卫星定位系统，从事运输业务的驾驶员均取得道路运输从业人员从业资格证。

（2）S 木业有限公司。

S 木业有限公司法定代表人为袁某某，经营范围：加工、销售胶合板，中密度板，家具、木制品。

（3）Q 工程监理有限公司。

Q 工程监理有限公司（以下简称监理公司），法人代表为田某某，经营范围：工程监理、工程招标代理。具备房屋建筑工程监理甲级资质和市政公用工程监理乙级资质。

3）车辆行驶路线及目的

（1）某 GA666（某 G777 挂）重型半挂牵引车，由 W 市拉运由集装箱承载的木材，沿 SJ 公路由北向南行驶欲运往 Q 市，发生交通事故。

（2）某 B55555 小客车，由车主管某某驾驶，欲到某进出口加工工业区上班，发生交通事故。

4）事故道路情况

（1）事故现场情况。事故现场位于 Q 市 H 区 KLS 北路与 QSH 路 T 形路口处。

（2）事故道路情况。KLS 北路为南北走向，道路沥青路面，KLS 北路与 QSH 路口北侧的道路为双向四车道，中心、两侧设有隔离护栏，该路口开通至今未发生过道路交通事故，未列入危险路段。

（3）道路安全设施设置情况。KLS 北路呈南北走向，路中央有中心隔离设施，事故现场限速 60 千米/时。事故路口设有交通信号灯，事故发生时呈黄闪状态，事故路口北侧设置有警告标志"交叉路口标志"；事故路口南侧设置有指路标志"交叉路口告知标志"（设有"路口预告和告知标志"的可不设"交叉路口标志"），缺少车道行驶方向标志"分向行驶车道"。

（4）道路建设情况。KLS 北路，截至事故发生前，该路段由 H 区交通运输局负责管养。

（5）事故路段天气情况。事发地点天气情况为轻雾，能见度良好。

5）检验鉴定情况

（1）经检验，两车驾驶员血样中均未检测出乙醇成分。

（2）经检验，某 GA666（某 G777 挂）重型半挂牵引车为气压式制动系统，制动装置齐全，各机件连接正常，制动装置技术状况不符合《机动车运行安全技术条件》的相关要求，其第三轴制动平衡性不合格，其余检测项目合格。路试检验时该车未出现"跑偏""甩尾"等异常现象。事故后对该车进行称重，其实际重量 59 580 千克，超载 17 780 千克。轿车制动、转向及灯光信号装置技术状况正常。

2. 事故发生经过

某月 8 日，某国际物流有限公司驾驶员王某某按照公司调度安排，驾驶某 GA666（某 G777 挂）重型半挂车载两个空集装箱（型号：22 G1，20 英尺标准干货箱，单箱自重 2 230 千克，最大载重量 28 250 千克，最大总重 30 480 千克）前往 S 木业有限公司装载木材，装载完毕后返回位于 W 市家中休息。9 日凌晨 4 时 30 分许，王某某驾驶某 GA666（某 G777 挂）重型半挂车自 W 市前往 Q 市 H 区。7 时 40 分许，沿 SJ 公路由北向南经某河特大桥进入 H 区 KLS 北路与 QSH 路路口。

与此同时，Q 监理公司职工管某某驾驶某 B55555 号小型轿车搭载 3 名同事自 H 区前往位于 W 市出口加工工业区的项目工地上班，沿 KLS 北路左转弯车道由南向北行驶至事故地点处；其右前方一辆黑色轿车向左偏转进入路口北侧东半幅路面的内侧机动车道，某 B55555 号小型轿车向左偏转驶入路口北侧西半幅路面机动车道，在对向车道路口北侧停止线附近，与正在向右侧对其进行躲避的某 GA666（某 G777 挂）重型半挂车相撞，相撞后重型半挂车将小型轿车推行至路口西南处停止。事故造成某 B55555 号小型轿车上 4 人当场死亡，重型半挂车驾驶员王某某受伤，导致车辆及货物、道路设施损坏。

经某交院交通司法鉴定中心交通司法鉴定，某 B55555 小型轿车事故时的行驶速度为 55～57 千米/时；GA666（某 G777 挂）重型半挂车事故时的行驶速度为 58～59 千米/时。

3. 事故造成的人员伤亡及损失情况

该起事故造成 4 人死亡，直接经济损失 355 万元。

4. 事故发生的原因及事故性质

1）事故发生的原因

根据交警部门认定及技术组分析，事故发生的原因为：驾驶员管某某驾驶机动车违反交通标线指示行驶，驶入路左的行为是事故发生的直接原因。

管某某驾车违反了《道路交通安全法》第三十八条（车辆、行人应当按照交通信号通行；遇有交通警察现场指挥时，应当按照交通警察的指挥通行；在没有交通信号的道路上，应当在确保安全、畅通的原则下通行）、第三十五条（机动车、非机动车实行右侧通行）之规定，驶入路左，与对向车道行驶的车辆发生碰撞是造成事故的直接原因。管某某在此次事故中承担主要责任。

王某某驾驶 GA666（某 G777 挂）重型半挂车，沿 SJ 公路由北向南经某河特大桥从 W 市进入 H 区 KLS 北路与 QSH 路路口前，没有在最右侧的机动车道通行，当管某某驾车逆向行驶至车前时，来不及反应与之相撞。因超载 17 780 千克（52%）等因素，在一定程度上影响了刹车效果，王某某在此次事故中承担次要责任。

2）调查中发现的问题

（1）某国际物流有限公司。

该公司作为专业从事物流运输的企业，未对车辆是否超载进行核算，直接安排司机执行运输任务，违反了《某省道路运输条例》第五十四条（道路运输和道路运输相关业务经营者应当遵守道路运输安全生产制度和操作规程，不得违章作业和超限超载运输，不得违章指挥作业）规定，对涉事车辆事故发生时存在超载行为承担主要责任。

（2）GA666（某 G777 挂）重型半挂牵引车驾驶员王某某。

在知道车辆核载 34.5 吨的情况下，未对承运货物实际质量进行了解、核实，驾驶超载车辆上路行驶，违反《道路交通安全法》第四十八条（机动车载物应当符合核定的载质量，严禁超载）的规定，对涉事车辆超载承担一定的责任。

（3）S 木业有限公司。

该公司制定的《S 木业装柜发货管理规范》按照集装箱容积装货，没有考虑集装箱总质量和车辆核载能力，也没有要求相关人员进行核算与检查，违反了《某省道路运输条例》第三十二条（站场、厂矿等货物集散地以及其他道路运输装载场所的经营者，应当按照车辆装载标准的规定为车辆装载、配载货物，不得超标准装载、配载货物），对涉事车辆超载承担连带责任。

（4）事故发生路口南侧缺少车道行驶方向标志"分向行驶车道"，未能告知驾驶员前方车道行驶方向。

3）事故性质

因涉事的重型半挂牵引车在正常行驶过程中与逆向行驶的小客车相撞，在事故中负有次要责任，经事故调查组调查分析和综合认定，该起较大道路交通事故是一起非生产经营性道路交通事故。

5. 对事故调查处理过程中发现问题的处理建议

（1）对某国际物流有限公司、S 木业有限公司违反相关道路交通安全及交通运输行业法律法规的行为，建议 W 市政府及其交通运输管理部门按照有关规定进行调查处理。

（2）货物运输企业应当进一步强化安全生产主体责任，要按照《安全生产法》《道路运输条例》等法律法规的要求，全面落实安全生产主体责任，建立健全内部安全管理制度，做到守法经营，合法运输。加强货车安全管理，定期进行车辆维护、保养和检测，及时消除安全隐患，杜绝非法改装、安全技术条件达不到要求的货车投入运营。严格从业人员聘用审核把关和日常管理考核，定期组织从业人员教育培训，增强安全意识，提高应急处置能力。加大安全生产经费投入和隐患排查整治力度，有效提升运输企业安全生产风险防控能力。建议 Q 市、W 市道路运输管理机构应当加强监督检查，督促货物运输企业落实安全生产主体责任。

（3）要进一步整顿规范道路运输市场秩序，结合道路运输企业质量信誉考核，对车辆超限超载运输经营者、营运驾驶员以及为超限超载提供便利的运输站（场），依法予以处罚。建议 W 市、Q 市各级道路运输管理机构会同相关部门，加强对企业、物流园区等货物集散地排查，确定重点货运源头单位，督促货运源头单位安装使用称重设备，从源头杜绝超限超载车辆上路行驶。

（4）建议 H 区政府对本区域内的交通安全设施进行排查，按照相关标准规定及道路交通现况进一步补充完善交通安全设施，从硬件上提高通行安全水平。

第 11 章

汽车客运站安全生产实务

11.1 汽车客运站作业流程

汽车客运站（以下简称"客运站"）是以建筑设施、场地设施及配套设备为依托，提供公路客运服务、运输组织、中转换乘、行包托运、信息服务、辅助服务的场所。客运站是汽车客运市场的源头，也是道路客运安全管理的前沿阵地，是确保道路旅客运输安全的源头。客运站的安全生产既关乎旅客的生命和财产安全，也关系到客运站作业环境的安全和客运站从业人员的人身安全与健康。

11.1.1 客运站的主要任务

客运站的主要任务既包括为道路运输旅客提供安全的出行条件和舒适的候车环境，又包括为旅客和运输经营者提供站务服务。客运站在道路旅客运输营运中发挥着枢纽作用。客运站是道路旅客运输安全管理的源头，承担着组织与管理、多式联运、信息服务等方面的生产经营活动。

11.1.2 客运站主要作业流程

客运站的规划设计应以旅客综合大厅为中心，采取小站房、大站场的原则设计，应最大限度地避免人流、车流、行包流的相互交叉与干扰，保证旅客集散和换乘、车辆出入的安全。客运站主要作业流程如图 11-1 所示。

1. 售票

售票员应遵守操作规程，做到"一会、二清、三问、四唱、五快"，减少错售、错款现象。售票时应按照车辆核定载客限额售票，严禁出售超员票。在载客人数已满的情况下，允许再搭乘不超过核定载客人数 10% 的免票儿童。

根据《道路旅客运输及客运站管理规定》（交通运输部令 2016 年第 82 号）相关规定，省际、市际客运班线应当实行客票实名售票和实名查验（以下统称实名制管理）。实行实名制管理的，售票时应当由购票人提供旅客的有效身份证件原件，并由售票人在客票上记载旅客的身份信息。携带免票儿童的，应当凭免票儿童的有效身份证件同时免费申领实名制客票。通过网络、电话等方式实名购票的，购票人应当提供真实准确的旅客有效身份证件信息，并在取票时提供旅客的有效身份证件原件。

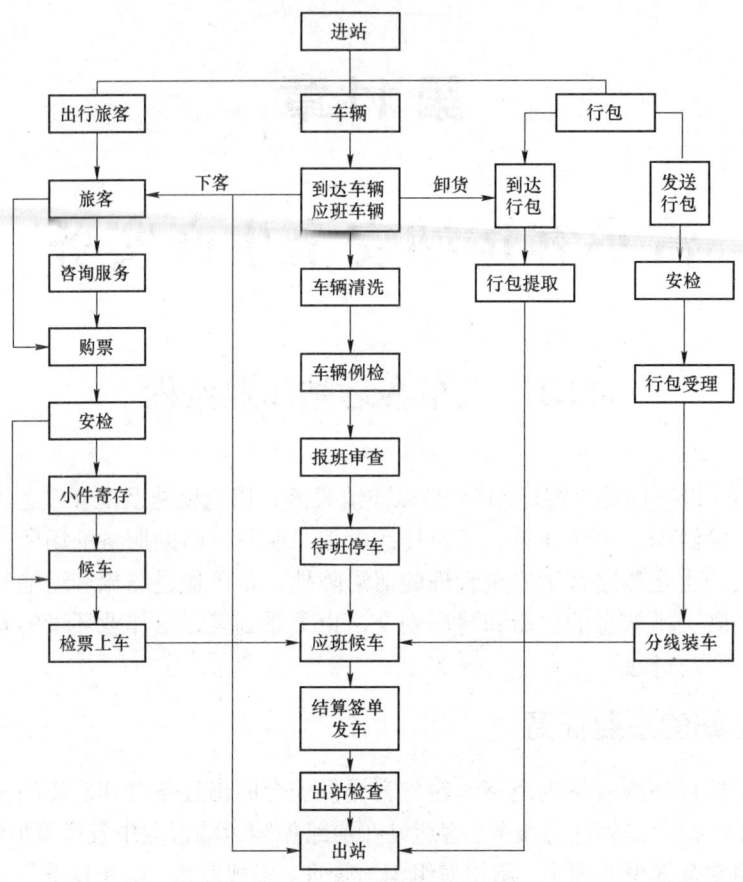

图 11-1 客运站主要作业流程图

客运站售票厅（见图 11-2）应宽敞、明亮、通风良好，在寒冷及炎热季节应考虑装置防寒取暖或防暑降温设备。根据客流情况，开设适当数量的售票窗口，采取措施引导旅客快速通过售票厅，避免人流在售票厅滞留，保证通道畅通。

图 11-2 客运站售票厅

2. 安全检查

客运站经营者应当采取措施防止携带危险品的人员进站乘车。

进站旅客需接受安全检查（见图11-3），严禁携带易燃易爆、危险化学品、有毒有害或者有放射性的物品及枪支、管制器具（器具含刀具、警棍、电击器、弓弩等）等可能危害公共安全的物品进入客运站。

图11-3 客运站安全检查

客运站经营者应当建立旅客安全检查制度，采取以下措施防止危险品、管制刀具等物品进站上车：

（1）制定旅客安全检查工作程序，规范危险品查堵工作。

（2）设立专门的安全检查岗位。在进站口等关键环节对进站旅客携带及托运的行李物品，全部利用设备或人工实施安检。对使用行包危险品检测仪检查发现的可疑物品，应当实施开包检查。

（3）安检人员发现旅客及行李、行包有严禁携带和托运的危险、违禁物品时，应当将物品及旅客、托运人交客运站执勤民警或拨打110，由公安人员到场处置。

（4）凡密封良好、无针孔、破封等异常情况，能够确认为瓶装酒、水、易拉罐饮料等物品，以及能够确认其物质安全性的肥皂等块状、膏状物品可予以放行，不能明辨的，应当采取开盖检查，查明性质妥善处置，确保安全。

（5）一、二级客运站应配备通道式X光检测仪、便携式金属探测仪（2支以上），鼓励三级及以下等级客运站配备安检设备。未配备安检设备的客运站应当对进站旅客携带的行包实施人工开包检查。

（6）根据工作实际需要，配置充足的安检员。其中：一级客运站每个安检点每班至少配备3名安检员，分别负责X光检测、引导识疑、开包检查；二级客运站每个安检点每班至少配备2名安检员，1名负责X光检测、1名负责引导识疑和开包检查。

（7）客运站应当在站内显著位置公示禁止旅客携带和随身携带物品目录。

3. 行包托运

旅客托运的行李、包裹简称行包。行李，即旅客携带的日常衣物用品、被褥、零星土杂品。包裹，即需要快速运送的物品或超出行李规定范围的物品，均可按包裹托运。行包分为普通行包、计件行包和轻浮行包。

（1）禁止非法托运的物品。

① 枪支、军用或者警用械器具（含主要零部件）；

② 爆炸物品类；

③ 管制刀具；

④ 易燃易爆物品；

⑤ 毒害品；

⑥ 腐蚀性物品；

⑦ 放射性物品；

⑧ 客运站可以根据国家法律、法规规定增加禁止和限制托运的物品。

（2）托运人与承运人的权利和义务。

托运人的权利包括：要求承运人将行包按期、完好地运至目的地；行包灭失、损坏、变质、污染时要求赔偿。托运人的义务包括：缴纳运输费用，完整、准确填写托运单，遵守国家有关法令及道路运输规章制度，维护道路运输安全；因自身过错给承运人或其他托运人、收货人造成损失时应负赔偿责任。

承运人的权利包括：按规定收取运输费用，要求托运的物品符合国家政策法令和公路规章制度。承运人对托运物品进行安全检查，对不符合运输条件的物品拒绝承运；因托运人、收货人的责任给他人或承运人造成损失时向责任人要求赔偿。承运人的义务包括：为托运人提供方便、快捷的运输条件，将行包安全、及时、准确地运送到目的地；行包从承运后至交付前，发生灭失、损失、变质、污染时，负赔偿责任。

（3）行包托运的流程。

行包托运的流程包括承运、核收与入库、保管和交付。

① 承运。托运人填好托运单交于托运处理处，工作人员对托运单进行审核，向托运人报价，检查行包。若需要投保的，按行包托运保险单据；若不需投保的，直接收款并开具收据或发票。行包包装需符合行包托运的要求，并粘贴行包托运标签。行包交接时，承运人需认真检查货物是否完好，货物与托运单上所填写的内容是否一致等。一旦完成交接，货物发生的损坏、丢失的责任由承运人承担。

② 核收与入库。班车驶入客运站后，司乘人员马上通知行包中心装/卸货。搬运员从司乘人员处取得"托运单"后，到车上装/卸货，同时对所装/卸车的货物进行点验和签收。如无异议，将"托运单"连同行包安全、稳妥地移交行包受理人，搬运员与受理人在"装/卸车登记表"上签名，办理交接手续，注销"装/卸车登记表"上的装/卸车记录。如行包件数、包装和标签与"行包快件托运单"记录不符，须当面向承运司乘人员提出核对。在行包件数短少、包装损坏、标签丢失等情况下，受理人与司乘人员必须共同在"货损货差登记表"内进行登记，然后签收并安排搬运工将行包搬运入库，否则拒绝收货。

③ 保管。行李自运到之日起，包裹自通知发出或公告次日零时起，按规定的时间内免费

保管，逾期不领取，可按有关规定核收保管费。

行李自到达之日起，超过规定保管期间无人提取，应按行李外皮标志收件人地址，通知催领。无地址应以公告通知催领。自通知或公告之时起继续保管规定期间内，仍无人提取，按无法交付规定处理。

④ 交付。托运行包凭行包票提取，如票遗失，应向到达站说明登记，经客运站确认后，可凭有关证明提取。如行包已被他人持票取走，客运站应协助查询，但不负赔偿责任。自发出通知（公告）之时起，超过续保管期间仍无人提取，即按无法交付规定处理。对活鲜物和易变质物品，客运站报请有关主管部门及时处理。

行包自到达站发出通知或公告后 10 天内无人提取时，客运站应认真查找使物归原主；超过 90 天仍无人提取的（鲜活易腐物品及时处理），即按无法交付行包处理。无法交付行包，报经交通主管部门批准后，向当地有关部门作价移交，所得价款，扣除应付的费用，余款立账登记。

4. 行包寄存

客运站应为旅客提供行包物品寄存服务，寄存处（见图 11-4）应具备储物架、自动电子寄存柜等设施，妥善保管旅客寄存的物品。客运站的行包寄存具有如下特点：

（1）大件少、重量轻、易于放置；
（2）存放时间多集中于班车到达后，领取时间多集中在开车前；
（3）寄存时间短；
（4）只收取寄存费，财务手续简单；
（5）只有存、取、保管作业，无装卸作业。

图 11-4 行包寄存处

为避免行包坠落、损坏、丢失，寄存行包时在保管架上的保管方法有：
（1）按外形分类分区放置，如可将提包、背包、网兜等分别放在不同的区域；
（2）按寄存票尾号分区设置；

(3) 大件和小件物品分区设置（但同一寄存人的不要分开）；
(4) 团体旅客寄存的物品应单独集中放置，便于存取。

5. 候车

客运站应为等候上车的旅客提供舒适的候车环境，如良好的通风、采光、采暖、防暑、休息等设备。候车区域的设施设备应符合客运站的等级要求。

(1) 客运站应为旅客提供候车休息的场所。候车室的设备应包括适量座椅、电子显示屏、时钟、密闭垃圾筒、班次牌等。二级以上客运站应为妇婴老人和残疾人等重点旅客提供重点候车室以及婴儿床、轮椅、婴儿推车等人性化设施设备。

(2) 候车室应保持清洁并提供免费卫生间、饮水处，为旅客提供干净饮用水、手推车、简易救急药品、针线、班次时刻表等便民服务物品。卫生间内应设置足够的蹲位，并设置洗手台、抽风机等设备。卫生间要安排专人进行清洁，并定期进行消毒。

(3) 客运站应对进入候车区的旅客进行行包安全检查，防止携带"三品"。安保人员不定时巡逻，维持候车秩序，劝阻吸烟的旅客，制止赌博、拉客等不良行为。

(4) 设置标志明显的安全出口和符合疏散要求的疏散通道，并保持畅通。

(5) 按照规定配备应急广播和指挥系统、应急照明设施、消防器材，安装安全监控系统，并确保完好、有效。

(6) 客运站应在候车厅醒目位置公布安全生产举报电话，接受社会各界及旅客监督。

客运站内候车区见图 11-5。

图 11-5 客运站内候车区

6. 车辆安全例行检查

安全例行检查是指在受检车辆进行了正常维护并检验合格的前提下，由客运站车辆安全例检人员（以下简称例检人员）在不拆卸零部件的条件下，借助简单的工具量具，采用人工检视的方法，对影响营运客车行车安全的可视部件技术状况所实施的例行检查。

客运站应与进入该站的营运客车所属道路旅客运输企业签订营运客车进站协议，明确双方关于安全例检的责任和权利，并严格履行协议。客运站按照《汽车客运站营运客车安全例行检查工作规范》（交运发〔2012〕762号）和《营运客车安全例行检查技术规范》（JT/T 893）的要求，对营运客车进行安全例行检查，并采取以下措施防止不检或漏检车辆（因车辆结构原因需拆卸检查的除外）出站运行。

（1）客运站应设立安全例检机构，负责安全例检的组织实施。按日检车辆数配备安全例检人员。安全例检人员应具备必要的汽车专业知识和实际工作能力，掌握客车构造和常用检验方法，熟悉客运管理相关政策法规和技术规范，参加客车安全例行检查岗前专项培训并经考核合格，持有机动车维修质量检验员（安全例检）从业资格证。

（2）客运站应设置例检场所，并设置明显的车辆通行指示标志，在醒目位置公布安全例检流程图示、安全例检项目、检查方法、技术要求及其他注意事项。例检场所应配置对讲设备。例检场所应设有供检查客车使用的地沟或举升装置，并应配备保证安全例检工作安全的停车楔及安全例检工作所需的检验工具和量具。

（3）例检人员应按照《营运客车安全例行检查技术规范》（JT/T 893）的要求进行检查，并填写检查记录或录入安全例检信息管理系统。对经检验合格的车辆签发"安全例检合格通知单"，作为营运客车报班发车的依据。

（4）"安全例检合格通知单"自签发时起，24小时内报班有效。"安全例检合格通知单"超过时限的营运客车，须重新进行安全例检，合格后，方可报班。客运站调度部门在调度客车发班时，应当对"安全例检合格通知单"进行检查，确认完备有效后才准予报班。

（5）安全例检不合格的营运客车，需要修理的，由例检人员开具"安全例检不合格项目告知单"，交当班驾驶员将车辆送到具有相应资质的维修企业进行维修。维修合格后，维修企业检验员开具维修合格凭证，加盖维修企业印章。当班驾驶员凭维修企业出具的合格凭证到安全例检机构办理复检。

7. 报班管理

客运站应不断完善报班管理制度，坚持科学合理、灵活机动原则，对与客运站签订了《客运企业进站经营合同》《客运车辆进站经营安全责任协议》《进站参营车辆驾驶员安全责任书》的客运车辆准予在本站参加营运报班、发班。

车辆报班应由当班驾驶员持有效"四证、一牌、一单"（即机动车驾驶证、行驶证、道路运输证、从业资格证、客运线路标志牌、营运客车安全例检合格通知单）在发班前规定时间内进行申报，经调度严格检查，确认完备有效方可准予报班。

客运站应积极采用信息化管理手段，对"四证、一牌、一单"进行信息化管理。驾驶员通过视频或指纹、刷卡进行报班，采用信息化管理系统对车辆、人员信息进行检查、核实，提高报班效率。客运站自动报班机见图11-6。

8. 应班管理

应班是指客运车辆进入客运站发车位发车。客运站对运营车辆应进行应班管理，保证运营车辆手续齐备，车况良好，并保证客运站发车正班率、正点率符合标准。

图 11-6 客运站自动报班机

9. 检票

（1）检票前，检票人员检查车辆到位情况，严格清车清场，做好准备工作。客运站应有专门的检票通道和设备，保证乘客有序安全通过。

（2）客运站应按规定时间在发车前为旅客检票并引导其乘车，保证班车的正点发班。检票时，应引导旅客有秩序地排队检票，照顾重点旅客，检票用语规范，做到问候、检票、指引乘车位。

（3）客运站应对旅客携带超高儿童未买客票或旅客携带超重行包未起货票的，督促其尽快办理补票手续，保证检票口畅通有序（见图 11-7）。

图 11-7 客运站检票口

（4）客运站应提高防范意识，防止旅客携带"三品"上车，保证旅客安全。

（5）旅客乘车前，客运站经营者应当对车票记载的身份信息与旅客及其有效身份证件原件（以下简称票、人、证）进行一致性核对并记录有关信息。对拒不提供本人有效身份证件原件或者票、人、证不一致的，不得允许其乘车。

（6）督促驾驶员播放安全告知视频并向旅客宣讲乘车安全知识，保证正点发车，礼貌送车。

10. 客车出站检查

出站检查是指客运站经营者在客车出站前，对当班驾驶员资格、客车运营证件、客车安全例行检查情况、客车实际载客人数、车上人员安全带系扣情况、出站登记手续等是否符合规定所进行的核查活动。

出站检查工作人员应当对每一辆出站客车进行检查，检查合格并经出站检查人员与受检驾驶员签字确认后才准予出站。

出站检查主要包括以下主要内容：

（1）检查出站客车报班手续是否完备，确保客车出站前的安全例检合格通知单、行驶证、道路运输证、客运标志牌等单证经过客运站查验且合格。

（2）核验每一名当班驾驶员持有的从业资格证、机动车驾驶证，确保受检驾驶员与报班驾驶员一致。

（3）清点客车载客人数，确保客车不超员出站。如发现客车有超员行为，应当立即制止，并采取相应措施安排旅客改乘。

（4）检查装有安全带的客车乘客安全带系扣情况，确保客车出站时所有乘客系好安全带。

对出站检查后的所有客车，客运站出站检查人员均需填写出站登记表，并由出站检查人员和当班驾驶员签字确认。出站登记表保存期不少于3个月。

11.2 汽车客运站作业现场安全管理

客运站经营者应当按照道路运输管理机构决定的许可事项从事客运站经营活动，不得改变客运站用途和服务功能。客运站经营者和进站发车的道路旅客运输企业应当依法自愿签订服务合同，双方按合同的规定履行各自的权利和义务，签订安全责任协议，依法明确双方的安全责任。

11.2.1 车辆进出站及停放管理

（1）停车场应按车型分组划分停车区，场内道路应按相关标准划线，并在出入口设置减速带。

（2）停车场内落客、安检、洗车应有清晰指示牌。

（3）发车区应当结合候车厅布置，二级以上客运站发车区应设置雨棚。

（4）停车区、发车区应有车位分隔线，发车区应有编号、发送地名等明确标志标识。

（5）车场管理员应指挥运营车辆进站，合理安排运营车辆按规定位置在停车场待班、发车区候客。

11.2.2 车辆安全管理

（1）进站班车需要符合安全要求：停放定点、旅客上下车、进出站秩序井然，旅客流向合理有序；

（2）车辆进出站口与城市道路或人行道的交汇点需要设置符合规定的交通信号装置；

（3）客运站经营者应当对进出客运站的人员、车辆进行严格检查，确保"三不进站"和"六不出站"。

11.2.3 安全消防设施管理

（1）客运站经营者应当按国家有关规定配备安全消防设备和消防器材，并确保齐全有效。

（2）客运站内停车场和发车位应设室外消火栓和适用于扑灭汽油、柴油、燃气等易燃物质燃烧的消防设施。室内停车场和体积超过5 000立方米的站房应设室内自动消防系统。客运站防火系统的配置应符合国家建筑设计防火规范的有关规定。

（3）一、二、三级客运站建筑设施的耐火等级不低于二级，四级和五级站不低于三级。

（4）站房的吊顶及闷顶内的吸声、隔热、保温等构造不应采用易燃及受高温散发有毒烟雾的材料。

（5）安全出口必须设置明显标志及事故照明设施。候车厅及疏散通道墙面不应采用具有镜面效果的装修饰面及假门。

（6）安全出口、疏散门不得设置门槛和其他影响疏散的障碍物，且在其1.4米范围内不应设置台阶。

（7）安全出口、公共疏散走道上不应安装栅栏、卷帘门。

（8）室外消火栓不应埋压、圈占。距室外消火栓、水泵接合器2.0米范围内不得设置影响其正常使用的障碍物。

（9）自动消防设施应按照有关规定，每年委托具有相关资质的单位进行全面检查测试，并出具检测报告，送当地公安消防机构备案。

其中，客运站主要防火措施包括：

（1）客运站装修装饰均应采取非燃材料。

（2）禁止在站内存储易燃易爆物品。定期清除可燃废弃物。

（3）在客运站的各安全出入口、通道的交叉口，设置事故照明和疏散标志，禁止在以上各处堆放物品。

（4）严格用火、用电安全制度，限制站内使用电器的数量。

（5）建立义务消防组织和灭火预案，做到训练有素、常备不懈。

11.3 客运站重点作业的安全要求

11.3.1 行包托运的安全要求

行包托运房包括行包托运厅、提取厅、作业区和行包仓库等站房设施。行包托运办理处的位置应与旅客托运、提取行包的流线密切结合，尽量减少与客流、车流的交叉干扰，并与客运用房、站台、站场有机联系，与装卸设备及营运车辆密切配合。

行包托运办理处要设置必要的业务窗、托运厅、受理作业区和存放保管的库房。行包办理处通常设置在一边靠近广场的停车处，一边靠近站台，并开有宽敞的大门，便于运送行包。

行包办理处应了解当日营运线路、班次、发车时间、沿途停靠站点、里程及班次变更情况，熟练掌握计件物品质量折算方法和行包运费计算方法，合理调配托运行包，保证班车不超载。

受理行包托运时，要做好安全检查，防止托运的行包内夹有危禁品。超限量物品，一定要达到包卡相符。严格执行行包的监装、监卸和交接制度，交接手续要健全清楚。

11.3.2　行包寄存的安全要求

行包寄存时应向旅客简要宣传安全运输规定，违禁物品和贵重物品不予寄存，也不准夹放在其他物品中寄存。

行包寄存人员应向旅客询问寄存物品的主要内容，有疑问时，需当面检查。

接受寄存后，填写寄存票一式二联或下联，也可用两枚号码相同的金属牌或一分为二的木牌代替；寄存费收据、找补余额和领取凭证应一并交给旅客。

行包应在行包架上放置妥当，妥善保管。

11.3.3　"三品"检查的安全要求

"三品"检查是客运站安全检查的重点内容。

客运站应严格按照安全检查程序，对进站旅客及其随身携带的包裹进行安全检查，防止易燃易爆和危险品进站上车，保障旅客人身和财产安全。根据"逢疑必查"的要求，控制需开包检查的物品，请受检人自行打开箱包接受检查；或经受检人同意后，由安检人员实施开包检查。安检人员发现严禁携带和托运的危禁物品时，应当将物品及旅客、托运人交客运站执勤民警或拨打110电话，由公安人员到场处置。

客运站应当以广播、标语、宣传牌等各种方式，向旅客宣传法律、规章中有关危禁物品管理及处罚规定，并将品名和限制携带的数量向旅客公告。

11.3.4　报班、应班的安全要求

客运站应当建立健全车辆报班、停班管理制度，加强进入客运站运营车辆的报班、停班管理，提高正班率、正点率。

道路旅客运输企业应当按照规范程序安排车辆到客运站应班，对不能到达客运站正常应班的车辆，道路旅客运输企业应按规定办理停班手续，客运站按要求做好旅客的运输组织工作。

道路旅客运输企业按规定在发车30分钟前备齐相关证件进入客运站等待发车，不得无故误班、脱班、停班。无故不到客运站运营的车辆，1小时以内视为误班，1小时以上视为脱班。

11.3.5　调度的安全要求

客运站应认真贯彻执行国家和地方交通运输主管部门有关公路运输的方针、政策、法规

和法令性运输计划,做好运力与运量的平衡,合理安排运输,协调行车秩序。

客运站应当掌握各种车辆的技术性能,经常注意车辆的维护维修,执行"强制维护、视情修理"制度,合理分配调度车辆,并办理行车手续。

客运站应熟练掌握旅客流向、流量变化及待运情况,了解客运现场情况、道路通过能力、通阻情况、修路等情况,注意天气预报,根据工作条件的变化,适时调整作业计划。

客运站调度员应该及时了解驾驶员的技术和思想情况、个性、特长、嗜好、健康、家庭情况及乘务人员的服务标准和服务素质等,在充分考虑驾驶员休息时间的基础上,安排车辆运行作业计划。

客运站应当及时公布进站客车的班车类别、客车类型等级、运输线路、起讫停靠站点、班次、发车时间、票价等信息,调度车辆进站发车,疏导旅客,维持秩序。

11.3.6 营运车辆出站安全要求

客运站经营者应当建立出站检查制度,对出站客车和驾驶员的相关情况进行检查,严禁不符合条件的客车和驾驶员出站运营。

对出站客车主要检查安全例检合格通知单、行驶证、道路运输证和客运标志牌、实载旅客人数等项目;对驾驶员主要检查驾驶证、从业资格证件等,检查装有安全带的客车所有乘客、驾驶人员是否系好安全带。

经出站检查符合要求的客车和驾驶员,客运站出站检查人员应当在"出站登记表"上进行记录,并经受检客车驾驶员签字确认。出站检查推荐操作流程见图11-8。

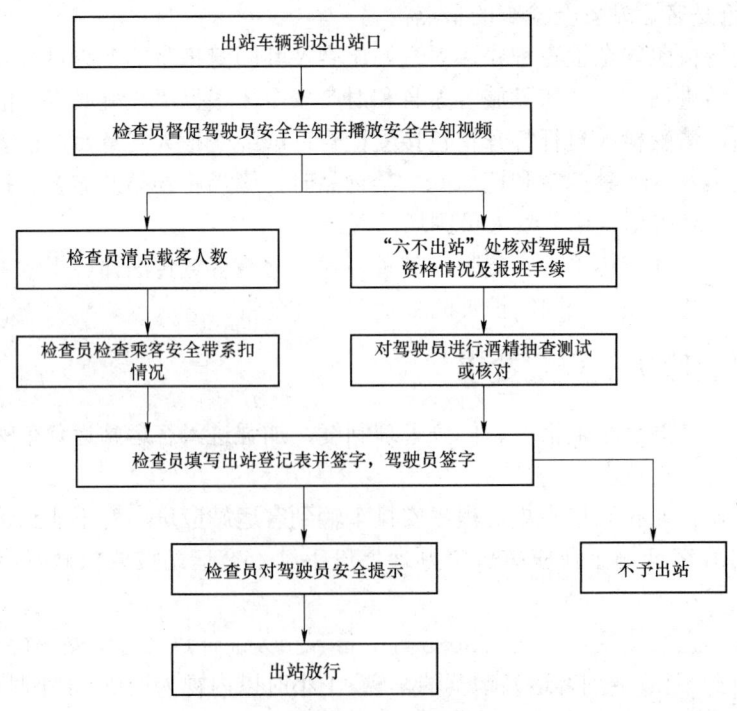

图11-8 出站检查推荐操作流程

11.3.7 车辆例检的安全要求

（1）严格执行有关的法律、法规、规章、标准，建立健全车辆安全例检责任制，岗位责任制和各项管理制度。

（2）认真遵守操作规程，做好安全例检工作，确保从站内发出的客车安全技术状况完好，运营客车报班发车前必须经过安全例检。

（3）客运班线单程营运里程小于 800 公里的客运班车和往返营运时间不超过 24 小时的营运班车，实行每日检查一次。客运班线单程营运里程在 800 公里（含）以上的客运班车和往返营运时间在 24 小时（含）以上的营运班车，实行每个单程检查一次。

（4）未经安全例检或安全例检不合格的营运客车，客运站不得排班发车，驾驶员不得用其运送旅客。

11.4　客运站重点岗位操作规程

客运站经营者应当坚持"安全第一、预防为主、综合治理"的安全生产方针，落实安全生产主体责任，应当不断完善安全生产管理体系，健全安全生产管理机构，保障安全生产投入，落实各部门的安全生产管理职责，制定安全生产业务操作规程，对各岗位工作人员有关安全生产的活动予以规范。

11.4.1　调度操作规程

（1）调度室按每天班次运行计划，提前做好班次运行安排。对报停班次和报停已售出车票的班次，做好登记、妥善处理。

（2）接上级部门下发的新增营运线路或班次业务通知单，及时转发站属相关科室，并按规定建立运行新班次。

（3）新进车辆司乘人员提供职能部门审批的各项相关手续，与客运站签订进站经营协议书和安全管理协议书。调度室对新进的车辆做好台账登记，录入车辆信息备档，并告知新进车辆的道路旅客运输企业生产过程中须遵守的规定及相关事项，做到守法经营。

（4）坐班调度审核营运车辆驾驶员驾驶证、从业资格证、车辆行驶证（车辆营运证和道路运输证是指同一个证件）、道路运输证、安全例检合格通知单等证件，经审核符合规定，按计划报班。

（5）根据客流流时、流量、流向的特点，适时进行运力调配，在节假日和客流高峰期间，要提前备足运力，及时增派加班车辆。

（6）现场调度正确指挥车辆上位，检查上位车辆的车容车貌，监督、规范道路旅客运输企业及司乘人员的服务行为，解答乘客咨询。

（7）车辆上位后，做好旅客运输的各项准备工作。

（8）按时正点正班结算。

（9）车场调度人员指挥车辆下位，车辆准点发车。

11.4.2 进站口岗位操作规程

（1）指挥车辆按顺序依次进入站内，提醒进站车辆减速慢行，及时清理大门通道无关车辆和闲杂人员，禁止无关人员和车辆进出站内，制止进站车辆在大门前上下旅客和接发货物，确保车辆进站通道畅通。

（2）对可疑车辆、人员要提高警惕，主动盘问，发现问题及时处理，重大问题及时通知值班站长或相关领导。

（3）对进站车辆做好清仓检查，严禁"三品"由进站口进站，并做好记录。

（4）做好交接班记录。

11.4.3 "三品"岗位操作规程

（1）坐机员和引导员每 30 分钟交接一次，引导员应主动引导旅客到"三品"检查仪接受安检，坐机员要做好检查记录。

（2）通过"三品"检查仪，坐机员应对旅客携带的物品认真进行观察和鉴别，对可疑物品采用查、问、听、闻、看等多种方法进行复查。

（3）客运站对查获的危险品应当进行登记并妥善保管，按照要求交属地公安部门按规定处理。

（4）当"三品"检查仪出现异常时，应立即停止运转，实行人工开包检查，开包率应达到 100%，同时通知维修人员维修。

（5）开机前检查电源电压，是否符合机器使用要求，如电源电压过高或过低，需暂停使用。

（6）开机前检查控制台面，查看各调节器开关是否正常。

（7）开机后，调节电源电压，电压指示正确后开机，开机时注意先后顺序。

（8）在使用中发现异常，立即向主管领导报告，不带"病"运行。

（9）机器通电后工作人员不得随意离开。

（10）使用机器时不得超过机器规定的负荷量。

（11）下班时检查机器的各部件是否完好，关闭总电源。

（12）做好交接班记录，详细记录机器运转情况有无异常。

11.4.4 出站检查员操作规程

（1）对出站车辆逐一检查登记，上车核对实载人数是否和结算单相符、结算单与车牌号是否相符；检查车辆是否违规加座；严禁超员车辆出站；按照"三不进站、六不出站"的原则，检查车辆例检单、车辆行驶证等是否齐全、有效。出站驾驶员与行车路单上驾驶员应一致。

（2）各项检查合格后，认真填写"营运客车出站登记表"，双方签字后车辆出站。

（3）"营运客车出站登记表"保存期限不少于 3 个月。

（4）严禁不合格的车辆、驾驶员、超员车辆出站。

（5）遇有突发事件，立即通知主管领导启动应急预案，同时维护好现场秩序。

11.4.5 小件寄存、提取操作规程

1. 小件寄存

（1）告知旅客小件寄存的相关规定和收费标准。
（2）顾客寄存的小件必须经过安检或开包验货，告知顾客贵重物品需自身携带。
（3）办理寄存手续，做到一件一签。
（4）开具寄存发票，将相应一联交付顾客。
（5）做好台账登记，记录完整，交接清楚。

2. 小件提取

（1）顾客提取寄存的小件，出示寄存手续。
（2）顾客开包验货，确认无误。
（3）办理提取手续。
（4）服务部做好台账登记。

11.4.6 行包托运操作规程

客运站小件服务部目前办理的业务有：行包（货物）托运受理、行包（货物）落地提取。

1. 行包（货物）托运受理

（1）旅客自带行包托运。

乘客购票后在候车过程中，工作人员发现乘客携带的物品超重或超限量，引导乘客到客运站小件服务部办理随车托运手续；双方进行货物安检，确保托运安全；按物品重量、体积、长度及托运里程等进行计费换算，填写托运单据；托运人支付货款，服务部工作人员将收款办理回执单交付顾客；协同顾客将行包货物装至车上，工作人员与该车司机或乘务员办理行包货物托运各项交接手续；货款做到班清班结，发货、收货记录完整，重点事宜做好交接。

（2）自办托运受理。

顾客自带物品到托运部办理物品托运；双方进行货物安检，确保托运安全；工作人员向顾客讲清收费标准，按物品重量、体积、长度及托运里程等进行计费换算，填写托运单据；本站可直接办理的货物托运，托运人支付货款，服务部工作人员将收款办理回执单交付顾客；若货物发到才能付款，开具提付票据，由承运车辆经营者连带货物一起交给收货人，车辆经营者将货款带回交行包办理服务部；如顾客发的货物需中转至其他客运站，向顾客讲明有关情况，按规定收取中转费予以办理；通过各种方式查询承运车辆的车号、发车时间和到达时间；工作人员负责货物装车；通过电话告知顾客货物到达的时间和地点，交代顾客接货的相关事宜；与司机办理货物托运交接手续，交代相关事宜。做好当班的货物受理台账，账目清楚，记录完整。

2. 行包（货物）落地提取

回程车辆将行包货物卸至客运站小件服务部，工作人员进行统计整理；工作人员检查行

包完好无损，按行包上的联系方式电话告知收货人，凭有效证件在商定的时间和地点接收货物；收货人、服务部核定货物完好无损，确认无误后支付货物代管费，签收提货。服务部做好台账登记，记录清晰。

11.4.7 车辆例检岗位操作规程

（1）车辆进入例检站，停放安全可靠。

（2）驾驶员向例检员出示车辆及驾驶员的有效证件，例检员按照作业项目中"证件作业内容"要求进行检查。

（3）例检员在驾驶员的配合下按照作业项目要求，对车辆技术状况进行检查。

（4）例检员将检查结果填写在"车辆安全例行检查记录表"上，对不符合安全检查要求的，开具"维修通知单"。

（5）例检员和驾驶员必须在"车辆安全例行检查记录表"和"维修通知单"上签字。

（6）例检员对车辆检查合格后，在"安全例检合格通知单"上签字。

（7）检查不合格的车辆，持例检员开具的"维修通知单"到维修单位进行维修，维修竣工后必须再次进行检查，直至检查合格为止。否则，不予签章。

（8）作业结束后或交接班前，当班人员必须将作业现场打扫干净，方可下班。

11.4.8 安检仪操作规程

（1）安检仪的使用应严格按照设备说明书的要求进行操作，操作人员必须掌握仪器的操作性能及作业程序，严格按照规程操作，以减少设备的坏损，延长设备使用寿命；

（2）操作人员须具备高度的工作责任心，规范作业，严格操作，充分利用安检仪的"三品"查堵功能，杜绝危险物品进站上车；

（3）安检仪运行时，操作人员须集中精力，时刻观察安检仪运行状态，防止意外事故发生；

（4）在操作安检仪时，应严格遵守操作规程，严禁违规操作和安检仪超载运行；

（5）操作人员必须爱惜仪器，轻开轻关，严防损坏，下班前应切断电源；

（6）安检仪出现故障时，要及时上报有关人员，以便组织人员维修，保证仪器设备的完好。

11.5 典型案例分析

某年7月22日3时43分，某高速公路甲市境内发生一起特别重大卧铺客车燃烧事故，造成41人死亡、6人受伤，直接经济损失2 342.06万元。

1. 事故发生经过

7月21日10时7分，事故客车从某运输集团公司停车场出发前往乙市，班线全长共计1 773公里，至事故发生时已行驶1 254公里，用时17小时40分钟。

车辆发车前报班时，车上只有驾驶员孙某、邹某和实际管理者李某等3人，且驾驶员邹某提供的"客运班车驾驶员即时驾驶证明"显示不是本车驾驶员,不符合单程 800 公里以上线路配备 3 名驾驶员的公司规定。因此,汽车站报班员要求车辆完备相关手续后再报班。但是,该车此后并未按照公司规定采取相关措施,也未再报班就直接出发了。

21 日 10 时 17 分,驾驶员孙某将车开到位于公司所在地火车站北 100 米处的丙市某公司院内,装载 10 箱偶氮二异庚腈和其他乘车人员。11 时 12 分,该车行至丙市汽车站安检补票签章处附近停车上客,后经高速离开丙市。17 时 40 分,该车行驶至另一高速某公路立交桥时,装载另外 5 箱偶氮二异庚腈。车辆行驶过程中,在沿途多地上下旅客、装卸货物,并且沿途超员。

21 日 23 时 27 分,事故客车进入甲市境内。22 日 3 时 10 分,事故客车在高速公路服务区停车,车辆换由邹某驾驶。3 时 43 分,当事故客车(实载 47 人)行驶至甲市境内 938 公里 115 米处时,突然发生爆燃,客车继续前行 145 米至高速公路 938 公里 260 米处,与道路中央隔离护栏剐蹭碰撞后停车,共造成 41 人死亡、6 人受伤,客车严重烧毁,直接经济损失 2 342.06 万元。事故现场见图 11-9。

图 11-9 客车燃烧事故现场

2. 事故原因和性质

该大型卧铺客车违规运输 15 箱共 300 千克危险化学品偶氮二异庚腈并堆放在客车舱后部,偶氮二异庚腈在挤压、摩擦、发动机放热等综合因素作用下受热分解并发生爆燃。

事故车辆所在的运输集团公司安全生产工作以包代管,与事故车辆承包人签订的"营运客车承包经营合同"中含有"途中上客由乙方(承包人)自售自收"的条款,默许事故车辆长期违规站外经营;未研究解决公司行车路单发放制度和车辆请假管理制度不健全等问题;未排查治理事故车辆长期不进站报班发车、不按规定班次线路行驶以及违规站外上客、人员超载、违规载货等安全隐患。

该运输公司所在汽车站安全管理责任不落实,未认真核实事故车辆长期请假脱班的情况;发现事故车辆报班手续不全时,未按规定扣留该车进站证;发现事故车辆未按时到达发车位时,未按规定核实原因。

经调查认定，该起特别重大卧铺客车燃烧事故是一起责任事故。

3. 事故教训及防范措施

（1）交通运输等相关部门要进一步加强对道路旅客运输企业的安全监管，配备安全检查人员，认真履行"三关一监督"工作职责，严查无证经营、不进站经营、不按班线行驶等扰乱客运市场经营秩序的行为，督促道路旅客运输企业认真落实主体责任，严格落实"三不进站、六不出站"安全工作制度。对不具备安全运营条件、安全管理混乱、存在重大安全隐患的道路旅客运输企业，要依法责令停业整顿，经整顿仍不达标的，坚决取消其相应经营资质。

（2）进一步加强客运班线集中、交通事故多发等路段的巡逻管控，着力提高车辆通行秩序，严查客运车辆超员、超速、疲劳驾驶、不按规定车道行驶、违法超车等交通违法行为，进一步落实客运车辆交通违法信息抄告和转递制度。加强对跨区域长途、超长途客运班线的监督管理，通过区域合作、联合行动等方式，有效依托省际交通安全服务站，认真检查客运车辆配备的驾驶员驾驶资格、驾驶时间、交通违法信息及车辆乘载人数、审验、货物装载、安全设施配备和轮胎磨损等情况，有针对性地进行安全提示，提高驾驶员的安全意识。

（3）加强对企业从业人员的技能培训，组织从业人员参加专项安全学习和岗位培训，认真贯彻法律、行政法规规定和国家标准、行业标准要求，严格落实相关行业从业人员资格准入制度，提高从业人员的整体素质和水平。以客货运驾驶员、危险化学品运输驾驶员为重点，建立交通安全信息手机短信发布平台，及时通报重特大道路交通事故，警示安全隐患，发布提示、服务信息，提高驾驶员的安全意识。

第12章

其他运输企业安全生产实务

12.1 机动车驾驶员培训机构安全生产实务

机动车驾驶员培训机构的安全教学是指人、车、环境的和谐运作，使教学培训过程中潜在的各种事故风险和伤害因素始终处于有效控制状态，消除或控制危险、有害因素，防止发生人身伤亡和财产损失等事故。安全教学是安全与教学的统一，安全保障教学，教学必须安全。

根据《机动车驾驶员培训机构资格条件》（GB/T 30340）规定，机动车驾驶员培训机构教学与管理相关岗位配备的专职人员数量中，安全生产管理人员不少于1人。

12.1.1 机动车驾驶员培训机构安全生产管理制度

机动车驾驶员培训机构的安全运行取决于教练员、学员、教练车、教练场地设备和机动车驾驶员培训机构的管理。根据《机动车驾驶员培训机构资格条件》（GB/T 30340）规定，机动车驾驶员培训机构应建立并实施健全的管理制度，具体要求见表12-1。

表12-1 机动车驾驶员培训机构管理制度要求

序号	管理制度名称	内容要求
1	教学管理制度	包括落实国家统一规定的教学大纲的措施，教学实施计划的制订、检查，培训学时计时管理，教学日志与培训记录的使用、管理，教学现场检查与质量评估等
2	教练员管理制度	包括教练员聘用、轮训、评议、考核（职业道德、执教能力、培训质量、廉洁自律、继续教育记录和学员满意度等）、教练员培训质量排行榜的公布、离岗等，并为教练员建立纸质和电子档案
3	学员管理制度	包括培训合同内容（含服务内容、收费标准）告知及培训学时计时管理系统、教学日志（含学时确认单）和培训记录的使用等，并为每位学员建立纸质和电子档案
4	结业考核制度	包括考核方式、考核规范、考核评定和结业证的发放等
5	诚信承诺制度	包括诚信承诺的内容、承诺的形式，诚信承诺的落实及培训质量信誉回访等
6	学员投诉受理制度	包括投诉的方式、投诉的受理、处理时限和处理结果等
7	安全生产责任制度	包括道路训练安全告知、安全教育、教学现场安全检查与隐患排除、重大事故报告、突发事件应急预案及安全责任倒查等，并建立纸质和电子档案
8	教练车及设施设备管理制度	包括教练车及教学设施设备的使用、检查、维护、检测、更新和报备，并为每台教练车建立纸质和电子档案
9	档案管理制度	包括教练员、学员档案、教练车档案、教学设施设备档案和安全档案等的收集、保存及管理
10	培训收费管理制度	包括公示培训收费标准、收费方式及收费的监督管理和报备

因此,机动车驾驶员培训机构安全生产管理制度至少应包括:安全生产方针与目标管理制度、安全生产奖惩管理制度、安全生产责任制管理制度、安全生产会议制度、安全生产教育培训制度、安全生产资金投入保障制度、道路训练安全告知制度、教学现场安全检查与隐患排除制度、重大事故报告制度、突发事件应急预案制度、安全责任倒查制度、驾驶员管理制度、车辆档案管理制度等。

1. 教练员管理

1)教练员的聘用

机动车驾驶员培训机构聘用教练员必须符合《机动车驾驶员培训机构资格条件》(GB/T 30340)有关教练员的要求。机动车驾驶员培训机构对于新教练员可以采取社会招聘、民主推荐和定向培养等形式。机动车驾驶员培训机构应对初聘者进行面试和相关技能测试。

教练员应具备高尚的品德和较高的文化素养、良好的处事能力、良好的生理和心理素质、过硬的专业技术素质等条件。

根据《机动车驾驶员培训机构资格条件》(GB/T 30340)规定,教练员应满足如下要求:

(1)理论教练员应具备下列条件:持有机动车驾驶证,具有两年以上安全驾驶经历;具有汽车、机械、运输管理等相关专业中专以上学历或汽车及相关专业中级以上技术职称;掌握道路交通安全法规、驾驶理论、机动车构造、交通安全心理学和常用伤员急救等安全驾驶知识,了解车辆环保和节约能源的有关知识,了解教育学、教育心理学的基本教学知识,具备编写教案、规范讲解的授课能力;持有理论教练员资格证。

(2)驾驶操作教练员应具备下列条件:持有相应车型的机动车驾驶证;年龄不超过60周岁。

安全驾驶经历和相应车型驾驶经历应分别满足下列要求:

① 大型客车、牵引车、城市公交车、中型客车和大型货车驾驶操作教练员应具有五年以上相应车型车辆的安全驾驶经历;

② 小型汽车、小型自动挡汽车、低速载货汽车、三轮汽车、残疾人专用小型自动挡载客汽车、普通三轮摩托车、普通二轮摩托车和轻便摩托车驾驶操作教练员应具有五年以上安全驾驶经历,且具有三年以上驾驶相应车型车辆的经历;如果驾驶操作教练员具有大专以上学历且接受过教练员职业技能教育,则应具有两年以上安全驾驶经历和驾驶相应车型车辆的经历,且具有不少于三个月的实习教练经历;

③ 其他车型教练车的驾驶操作教练员应具有五年以上安全驾驶经历,且具有四年以上驾驶相应车型车辆的经历。

驾驶操作教练员应掌握道路交通安全法规、驾驶理论、机动车构造、交通安全心理学、预见性驾驶和应急驾驶的基本知识,熟悉车辆维护和常见故障诊断、车辆环保和节能的有关知识,具备驾驶要领讲解、驾驶动作示范和驾驶操作指导的教学能力。

从事残疾人驾驶培训的驾驶操作教练员还应经过专业知识培训,熟练掌握残疾人驾驶辅助装置的使用方法。

教练申请人考试合格后由机动车驾驶员培训机构人事部门办理聘用合同。对在聘用期内违反有关规定,被交通、公安管理部门社会公告或多次违反机动车驾驶员培训机构规章制度的教练员,机动车驾驶员培训机构有权终止其聘用合同,解除聘用关系。对违反交通、公安管理部门和机动车驾驶员培训机构的规定，影响恶劣的教练员，做出书面决定，予以除名或开除。因严重违法行为被开除的教练员纳入交通运输管理部门的黑名单。

2）教练员的培训和安全教育

机动车驾驶员培训机构应加强教练员的业务培训和安全教育。培训内容包括：道路交通安全法律法规及交通、公安部门的有关规定、汽车驾驶职业道德、教育心理学、汽车驾驶理论、规范化操作和教学方法、车辆技术管理、交通工程基础知识及行车安全、汽车故障诊断技术等知识内容。通过各种培训，提高教练员的业务水平和思想道德素质。教练员的培训由主管教学的校长负责。

教练员应提高对驾驶训练安全工作的认识，经常开展安全教育，强化安全意识。《道路交通安全法实施条例》第二十条规定："学习机动车驾驶，应当先学习道路交通安全法律、法规和相关知识，考试合格后，再学习机动车驾驶技能。在道路上学习驾驶，应当按照公安机关交通管理部门指定的路线、时间进行。在道路上学习机动车驾驶技能应当使用教练车，在教练员随车指导下进行，与教学无关的人员不得乘坐教练车。学员在学习驾驶中有道路交通安全违法行为或者造成交通事故的，由教练员承担责任。"教练员安全教育主要内容包括：道路交通安全法律法规；交通、公安部门关于驾驶培训安全的有关规定；安全训练知识；驾驶培训安全事故案例分析。

3）教练员的诚信考核

为加强教练员动态管理，推进教练员诚信体系建设，引导教练员诚实守信、规范教学，根据交通运输部《机动车驾驶员培训管理规定》《道路运输从业人员管理规定》的规定，应对教练员进行诚信考核。诚信考核是指对教练员在驾驶培训教学活动中的教学安全、培训质量、服务质量、遵章守法和岗位再教育等情况进行的综合评价。教练员应当自觉遵守国家相关法律、行政法规及规章，诚实守信，文明从业，履行社会责任，为社会提供安全、优质的机动车驾驶培训服务。

省级道路运输管理机构负责组织领导全省教练员诚信考核工作。考核工作应当遵循公平、公正、公开和便民的原则。市级、县级道路运输管理机构负责具体实施本行政区域内教练员诚信考核工作。

教练员诚信考核等级分为优良、合格、基本合格和不合格，分别用 AAA 级、AA 级、A 级和 B 级表示。

（1）教练员诚信考核内容。

教练员诚信考核内容包括：教学安全（教学安全责任事故情况）、培训质量（教学大纲的落实情况）、服务质量（服务质量事件和有责投诉情况）、遵章守法（遵守机动车驾驶员培训相关法律、行政法规、规章的有关情况）、岗位再教育（教练员参加职业道德教育和驾驶新知识、新技术的再教育情况）。

教练员诚信考核实行计分制，考核周期为 12 个月，满分为 20 分，从每年的 1 月 1 日起至 12 月 31 日止。初次领取教练员证的教练员不进行当年的诚信考核，次年纳入诚信考核。一个考核周期届满，经签注诚信考核等级后，该考核周期内的计分予以清除，不转入下一个考核周期。

教练员诚信考核根据教练员违反诚信考核指标的情况，一次计分的分值分别为：20 分、10 分、5 分、3 分、1 分五种。教练员一次有两个以上违规行为的，计分时应当分别计算，累加分值。教练员诚信档案应当保存到教练员证注销或者吊销后不少于三年。

（2）教练员诚信考核等级。

① 教练员具备以下条件的，诚信考核等级为AAA级：

上一考核周期的诚信考核等级为AA级及以上；所执教的80%以上学员满意度评为"优良"；考核周期内累计计分分值为0分；考核期内累计在岗执教时间不少于10个月。

② 教练员具备以下条件的，诚信考核等级为AA级：

未达到AAA级的考核条件；上一考核周期的诚信考核等级为A级及以上；所执教的80%以上学员满意度评为"合格"及以上；考核周期内累计计分分值未达到10分；考核期内累计在岗执教时间不少于10个月。

③ 教练员具备以下条件的，诚信考核等级为A级：

未达到AA级的考核条件；所执教的80%以上学员满意度评为"基本合格"及以上；考核周期内累计计分分值未达到20分；考核期内累计在岗执教时间不少于6个月。

④ 教练员有下列情形之一的，诚信考核等级为B级：

考核周期内累计计分有20分及以上记录的；所执教的60%以上学员满意度评为"不合格"。

教练员考核期内累计在岗执教时间少于6个月，除诚信考核等级评为B级外，不列入其他诚信考核等级评定范围，考核期内该教练员无诚信考核等级，且考核周期届满，该考核周期内的计分予以清除，不转入下一个考核周期。

（3）诚信考核实施与管理。

机动车驾驶员培训机构应当建立教练员诚信档案，实行一人一档，并及时将教练员的相关信息和材料存入其诚信档案。主要内容包括：

① 基本情况，包括教练员的姓名、性别、身份证号、联系电话、服务单位、教练员证号、准教类别、准教车型、教练员证有效期和变更记录等；

② 教学安全情况，包括安全责任事故的时间、地点、事故原因、事故经过、死伤人数、经济损失等事故概况以及责任认定和处理情况；

③ 培训质量情况，包括教练员的教学教案、教学计划等落实教学大纲的情况；

④ 服务质量情况，包括学员满意度、服务质量事件的时间、社会影响等情况，以及有责投诉的投诉人、投诉内容、责任人、受理机关及处理情况；

⑤ 遵章守法情况，包括教练员违反机动车驾驶员培训相关法规、规章的时间、事件经过和处理情况；

⑥ 岗位再教育情况，包括参加再教育的时间、地点、课堂笔记和结业考核情况。

机动车驾驶员培训机构所在地县级或者设区的市级道路运输管理机构应当通过监督检查、受理投诉和社会举报等多种渠道，收集并汇总有关教练员诚信信息，填写"教练员诚信考核记录表"，存入教练员诚信管理档案和教练员数据库。

县级道路运输管理机构在监督检查过程中，发现教练员诚信计分累计达20分及以上的，应当立即上报设区的市级道路运输管理机构，由设区的市级道路运输管理机构对其发出限期整改通知书，暂收回该教练员执教IC卡，停止其教学活动。教练员应当在整改通知书规定的时间内，到设区的市级道路运输管理机构，接受不少于18个学时的机动车驾驶员培训法规、职业道德和教学安全的继续教育。

继续教育结束后,经考试合格的,设区的市级道路运输管理机构应当在该教练员的道路运输从业人员从业资格证件的"继续教育记录"栏内标注继续教育起止时间,加盖道路运输从业人员诚信考核专用印章,并将相关信息录入教练员数据库,清除计分,归还执教 IC 卡。本次诚信考核周期内,教练员诚信考核等级为 B 级。

(4)诚信考核实施。

教练员诚信考核工作应当于每年的 1 月份实施。教练员诚信考核具体由道路运输管理机构分级实施。

(5)奖惩措施。

机动车驾驶员培训机构应当及时掌握本机构教练员的诚信等级,并作为培训、辞退教练员、调整教练员工资和奖励的重要依据。

① 机动车驾驶员培训机构应当加强对诚信考核等级为 B 级的教练员的教育和管理。对存在重大安全隐患的,应当及时调离教练员工作岗位。

② 机动车驾驶员培训机构对诚信考核等级为 AAA 级的教练员进行表彰奖励。

③ 对于在考核周期内累计计分达到 20 分,且未按照规定参加继续教育培训的或教练员证被吊销的教练员,省级和市级道路运输管理机构应当将其列入黑名单,并向社会公告。

④ 对于连续三个考核周期诚信考核等级均为 B 级的或在一个考核周期内累计计分有三次以上达到 20 分的教练员,道路运输管理机构应当根据《国务院关于特大安全事故行政责任追究的规定》,按照其不具备安全生产条件,依法撤销其教练员证件。

机动车驾驶员培训机构在一个年度内,所属取得从业资格证件的教练员累计有 20%以上诚信考核等级为 B 级的,道路运输管理机构应当向其下发整改通知书,责令限期整改并向社会公告,且不得将其作为道路运输行业表彰评优的对象;连续两个年度,累计有 20%以上诚信考核等级为 B 级的,道路运输管理机构应当向社会公告,该机动车驾驶员培训机构一年内不得扩大培训规模。

4)建立责任倒查制度

责任倒查是指学员取得驾驶证后三年内发生道路交通死亡事故时,机动车驾驶员培训机构按照培训的相反顺序对学员参加培训的各个环节进行调查,并划分责任。实行责任倒查制度可以促使机动车驾驶员培训机构加强教学管理,确保培训质量。

(1)责任倒查方法和要求。

机动车驾驶员培训机构发现或得知学员在取证后 3 年内发生道路交通死亡事故后,应组织倒查小组开展倒查工作。责任倒查小组由校长直接领导。责任倒查实行回避制度,即该学员的教练、考核人员及其他密切接触人员不得参与倒查工作。责任倒查可以采用多种形式,包括查阅学员档案及其他相关资料(教学日志、培训记录等),组织谈话,向事故学员及同车学员询问情况等。

(2)责任倒查程序和内容。

① 检查报考驾驶证情况。包括到公安部门报考各种科目的日期及手续,是否凭驾驶培训记录报考各科目。

② 检查结业考试情况。包括是否按规定参加结业考试,参加了几个科目的考试,各科目考试日期、考试成绩、每个考试科目的考核人员和监考员。

③ 检查培训情况。包括是否按规定参加培训,各科目的培训学时、培训周期、教学日志

和培训记录的填写。主要检查打卡时间与教学日志和培训记录是否吻合。

④ 检查入学手续，包括体检表、学员登记表填写情况。

责任倒查应写出责任倒查报告，报告中要写明责任倒查工作的基本情况，机动车驾驶员培训机构有无责任，责任的大小程度，对责任人的处理整改措施，并将责任报告分别送交通和公安管理部门。

（3）责任的划分。

① 按当事人有无过失划分，可分为重大责任、一般责任、无责任。重大责任是指当事人有故意或放任行为造成的责任；一般责任是指当事人因疏忽大意或过于自信造成的责任；无责任是指学员发生重大交通死亡事故与机动车驾驶员培训机构培训无关。

② 按当事人在过失中所起的作用划分，可分为直接责任、间接责任、领导责任。直接责任是指负责对学员资格审核的工作人员、对学员培训和考试的人员、办理报考驾驶证的人员所承担的责任；间接责任是指参与审核、培训、考试和办理报考驾驶证的人员所承担的责任。领导责任是指负责招生、培训、考试和办理报考驾驶证工作的部门领导及机动车驾驶员培训机构分管领导所承担的责任。

（4）对责任人的处理。

对责任人的处理有行政处分和经济处罚两种方式。机动车驾驶员培训机构在给予责任人行政处分的同时，按有关规定给予其相应的经济处罚。若有关部门责令机动车驾驶员培训机构承担学员交通事故中的赔偿，责任人应承担培训机构所承担赔偿额的一定比例。如果责任人触犯刑法，则应交由司法部门追究其刑事责任。

2. 安全检查管理

机动车驾驶员培训机构应设置安全生产领导机构（如安委会、安全领导小组），负责人由培训机构主要负责人担任。机动车驾驶员培训机构的安全生产领导机构、主要负责人、安全生产管理人员按照《安全生产法》要求，履行相应职责。安全生产领导机构应制定安全检查制度，安全检查内容包括：

（1）经常检查安全教育和安全预防事故制度落实情况，按一定比例抽查教练车，检查教练车安装的附属装置是否有效，重点检查转向、制动等装置；

（2）检查学员是否做到上车前绕车检查、是否系安全带、有无违反操作规程的记录、有无酒后训练的情况（学员或教练员）；

（3）检查场地训练时练教练员的跟车情况、道路训练教练员注意力是否集中、教练车道路训练时是否按规定的时间在指定的路线上训练；

（4）检查训练场地的安全设施是否完好，包括消防设备是否定期检查更换、路缘石是否牢实、急救箱是否实用有效、是否有学员或其他非工作人员在科目二场地上训练区内聚集闲聊、科目三训练路段安全防护设施是否齐全完好等。

3. 教练车管理及维护

机动车驾驶员培训机构必须设置专职的教练车管理员。教练车管理员负责管理学校教练车，制定、修改教练车管理规章制度和技术操作规程并监督执行，组织检查教练车技术状况，定期检查教练车的消防设备，负责教练车资料的整理存档，教练车档案实行一车一档。

(1)教练车的使用。

① 教练车必须牌、证齐全,技术性能良好,并有交通运输管理部门规定的统一教练车标识;

② 未经批准,教练车不准挪作他用(如从事客货运输);

③ 与培训无关的人员不准乘坐教练车;

④ 教练车必须在规定的路线从事教学训练。

(2)教练车的维护。

教练车维护内容遵照交通运输部门的规定实施。教练车实行日常维护、一级维护和二级维护。日常维护由教练员负责实行,一级维护由教练员协助机动车驾驶员培训机构修理厂或有相应资质的修理厂进行,二级维护由有资质的修理厂负责。二级维护周期与营运证载明的年审周期一致。教练车维护后应认真填写车辆技术档案。

(3)教练车检查。

教练车检查是指对教练车的车容、安全性能、安全状况及使用情况的人工检查。检查内容包括:车容车貌、转向、制动、灯光的技术状况;灭火器、副制动踏板、副后视镜的使用性能。检查中发现故障要及时排除,确保教练车技术完好、安全。

教练车检查采取教练员自检、训练队内教练车互检、机动车驾驶员培训机构安全部门抽检的方法。教练员坚持训练前、训练中和训练后"三检"制。训练队定期组织互检,机动车驾驶员培训机构定期组织一次抽检。

(4)教练车检测。

教练车技术状况应符合《机动车运行安全技术条件》(GB 7258)和《道路运输车辆技术管理规定》(交通运输部令 2016 年第 1 号)所规定的二级车以上技术条件。教练车检测主要评定教练车整车装备及外观检查、动力性、燃料经济性、制动性、转向操纵性、前照灯发光强度和光束照射位置、排放污染物限值、可靠性等项目是否符合二级车辆的标准。对未达到标准要求的部分车辆责令限期整改后再上线检测,直至合格。

教练车定期参加安全技术性能检测,检测合格后,凭检测报告,到当地运管部门盖章备案,教练车检测资料应及时归档。

(5)教练车的报废与更新。

机动车强制报废标准规定:小型教练载客汽车使用 10 年,中型教练载客汽车使用 12 年,大型教练载客汽车使用 15 年。教练车应严格按照国家报废年限进行更新,更新的教练车应与当地考试用教练车型保持一致。严禁使用报废车辆从事驾驶教学。

12.1.2 汽车驾驶员培训场地和道路训练安全防范

《机动车驾驶员培训机构资格条件》(GB/T 30340)和《机动车驾驶员培训教练场技术要求》(GB/T 30341)中对机动车驾驶员培训机构场地有明确分级和要求。以小型车辆驾驶员培训机构为例,按照规模大小分为一、二、三级,要求场地面积最低限度分别为 3.3 万平方米、1.7 万平方米、1 万平方米。一、二、三级机动车驾驶员培训机构教练车数量分别不低于 80 辆、40 辆和 20 辆。对科目二培训的"模拟城市道路驾驶"内容,有条件的机动车驾驶员培训机构应在自备训练场的训练车道上,增设城市道路模拟内容,包括交通信号灯、公交站台、学校区域、道路与铁路交叉路口、人行斑马线等。

1. 场地基础设施

(1) 交通工程设施。

交通工程及其设施应按照"保障安全、提供服务、利于管理"的原则进行设计。安全设计应符合相关标准要求。道路交通设施不应存在刚性棱角等可能造成人员损伤的尖锐凸出部位。训练场地交通标志与标线设置应符合《道路交通标志和标线》(GB 5768)要求。对于场地训练项目应设置指示标志和指路标志。项目名称标志牌可以参照地名设施标志形式设置。

道路一侧至路肩边缘不足2米存在大于或等于1米落差的水域、铁路等路段时应设置路侧护栏,护栏防撞等级应大于或等于《公路交通安全设施设计规范》(JTG D81)中规定的B级。道路侧向净空范围内或道路转弯、分流路口等处存在可能与车辆发生刚性碰撞的物体前应设置有效的消能物体或设施。

(2) 安全管理设施。

训练场地应配备消防设施、设备,有条件的场地可配备紧急救护药品和设备以及相应的安全监控设备。训练场地应视需要配备饮水机等必要的便民服务设施,休息区距离训练区应有一定的安全距离。

训练场地建设应有完整的给排水设计。排水设施应保证场地设施正常使用和路基、路面不因积水而损毁。

图12-1所示为某机动车驾驶员培训机构的小车科目二训练场地总体布局图(500米×400米)。此方案的优点在于各功能区之间界限分明,教室、学员休息区这些人口密集点都安排在低速训练区,能避免训练中因操作错误引起的人员伤亡事故。理论教室群包括计算机教室(科目一和科目三安全文明驾驶常识培训用)和多媒体教室(可用于法律法规、车辆基本结构原理的教学)。

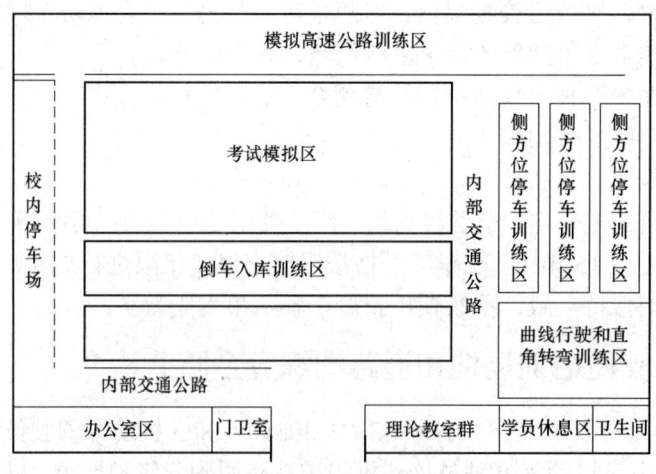

图12-1 某机动车驾驶员培训机构小车科目二训练场地总体布局

2. 科目二训练路线布置与平面设计

场地规划布局应统筹考虑交通组织、考试路线及出入口、路网结构、道路种类、建筑布置、绿化及空间环境等因素,合理布局。科目二训练场地应设置停车区、学员休息区、服务区等功能性场所,注意公共卫生设施的配套。场地应按人车分离的原则布置分隔、导流、无障碍通道等设施,合理组织人流、车流,确保安全。学员休息区内应设置道路交通安全宣传教育展牌。

场地道路应参照住房和城乡建设部发布的《城市道路工程技术规范》(GB 51286)设计。积雪或冰冻地区的主路最大纵坡不应大于3.5%,其他地区主路最大纵坡不应大于6%。道路排水应顺畅,不应有积水。场地道路路面两侧与路外场地落差超过0.5米时,应在道路边缘设置防护设施。若采用路缘石作为道路边缘线,路缘石结构与强度应能承受考试车辆碾压,不应错位、倾倒。场地通道与道路衔接出入口处应满足行车视距的要求。绿化布置应符合道路建筑要求且不应妨碍行车视距。

(1) 场地平面布置。

① 场地平面布置应按场地运行车辆容量和场地小时期望训练人次的需求布设,同时做好训练路线方案设计,自然形成车辆流动的训练线路。正确组织车流、人流,合理布设各种交通工程设施。各项目平面线形应包括地形地貌的合理利用,确定道路控制高程和地面排水规划。当自然地形坡度大于8%时,场地应采用台式布置。台地之间应用挡土墙或护坡连接。

② 道路平面设计、纵向设计应处理好直线与曲线的衔接,合理设置缓和曲线、超高、加宽等,其设置标准参照《城市道路工程技术规范》(GB 51286)执行。

③ 场地训练项目处应有项目名称路面标识,进入项目前10米应设置项目名称指引标志。标识、标志设置应符合路段运行车速和《道路交通标志和标线》(GB 5768)的要求。

④ 道路的宽度应大于训练项目图形宽度要求,路缘石内侧应离训练项目图形线外侧30厘米以上。

(2) 视距。

① 科目二训练场地内不应存有妨碍行车视线的障碍物,其视野范围内离地高度1~2米区域中不应有妨碍观察车辆视线的障碍物。

② 有条件的应设立观察点,能够观察各运行训练车辆和训练场的整体情况。

(3) 隔离。

场地与外界应采用物理隔离。不同功能区之间应布置绿化带。

(4) 训练项目衔接。

模拟区内训练项目可以组合设置。项目衔接处应设置缓冲路段,缓冲路段一般应大于1.5倍教练车长。

3. 科目三训练路段设施设置

科目三道路驾驶技能考试路段应包含以下内容:双向4车道道路、双向2车道道路、有信号控制交叉口、无信号控制交叉口、常用标志标线、学校区域、公交车站、人行横道等设施或模拟的标志标识。

训练路段中具有危险的地方,应设置路侧护栏等安全防护设施。安全防护设施的设置应符合《公路交通安全设施设计规范》(JTG D81)的规定。夜间训练的车辆应安装灯箱、反光标识等发光、反光装置。

科目三的训练道路可以选择符合上述要求的有社会车辆的社会混合交通道路,单向车流量不少于60辆/小时,路线长度应能满足训练的需要。

科目三安全文明驾驶常识考试场地应参照科目一场地设置。

4. 科目二、科目三训练安全注意事项

（1）原则上，在学员练车时，教练员必须坐在副驾驶位置，以确保训练安全。尤其是科目三的训练，只要车辆起步行驶，教练员必须坐在副驾驶位置。学员在进行科目二的训练中，特殊情况下，教练员必须暂时离开教练车时，要么停止训练，将车开到停车区，要么安排其他机动教练员坐在副驾驶位置，以确保训练安全。绝对不允许在副驾驶位置无人的情况下训练。

（2）学员上车前一定要绕车检视：车辆下方有无油、水痕迹，若有，一定要查明油、水的来历，如果是泄漏引起的，一定要修复后才能出车；轮胎气压是否正常，轮胎螺栓有无松动迹象（对比观察）。

（3）开车门时要先观察车辆后方是否有来车；上车后先调整座椅和内外后视镜，再系安全带；在确认变速器处于空挡时起动发动机；发动机起动后，检查灯光、喇叭、门窗玻璃的工作是否正常；起步前踩一脚制动踏板，看看制动是否正常。起步时要先打左转向灯，鸣喇叭，然后挂一挡起步。

（4）训练时，无论科目二或科目三，学员不得看手机或接、打电话。学员在进行科目三训练时，教练员应集中精力，全神贯注。

（5）科目二训练场上，严禁无关人员在训练区走动、嬉闹、聊天。

（6）科目二各分项项目训练时，要注意油门的控制，防止学员在紧急情况下踩制动踏板时误踩到油门踏板而发生意外事故。这种现象在场地训练中最容易发生，因为此时学员对车辆还不是很熟悉，在紧急情况下，容易发生错误操作。

（7）科目二模拟高速公路训练和科目三道路训练时，学员要目视前方，双手紧握方向盘，随时观察道路交通状况。教练员应集中注意力，不得抽烟，不得与他人聊天。

（8）科目三训练中，教练员一定要提醒学员，在目视前方的同时，要随时观察车内和车外的后视镜，注意后方的交通状况，发现后方有社会车辆发出超车信号时，要及时避让。

（9）换挡时，升挡要一级一级升，禁止越级升挡，油门踏板要"稳加缓抬"。降挡时要先减速，再降挡，或当车速下降到降挡车速时，及时降挡。无论升挡或降挡，动作都要快，以减少不必要的动力损失。换挡时要握稳转向盘，不得低头看换挡杆，防止汽车跑偏。

（10）严格控制车速，严禁开英雄车、斗气车。

（11）变道时，要先打开转向灯，学员观察内后视镜和左侧后视镜（教练员观察副后视镜），3秒钟之后，在确认安全的情况下缓缓转动转向盘，驶入左侧车道。转向盘打多少就回多少。连续变道时，第一次变道完成后，要即时关闭转向灯，至少直行20米后，再次打开转向灯，进行二次变道。严禁一次打转向灯完成两次变道。

（12）转弯时，在距离转弯路口50米左右处，打开转向灯，降低车速，观察待转向侧后视镜，3秒钟后才能转动转向盘。向左转弯时转弯半径应较大，向右转弯时转弯半径应小。

（13）车辆调头时，一定要在虚线位置或路口完成，严禁在实线位置调头。调头时，车辆先行驶到最左侧车道，在距离调头点50米左右时打开转向灯，然后减速，观察后方和待转入车道均无来车时，用二挡（路宽且后方和待转入车道均无来车时）或用一挡（路窄或交通复杂时）调头，有时甚至要停车，然后挂一挡调头。无论变道或调头，学员严禁将头、手伸出窗外，或回头观察后方交通状况。

（14）正常制动时，若以减速为目的（如经过学校、车站、路口、斑马线、减速板等区域），缓踩制动踏板即可。若以停车为目的，则先踩离合器踏板，再踩制动踏板。当遇到紧急情况时，直接迅速有力地踩下制动踏板，当车速降低至车身抖动时再踩下离合器，这样可以在最短的距离内停车、避险，确保行车安全。

（15）训练结束后，靠边停车时，车停稳后一定要拉手制动。下车时先观察左后视镜，然后将车门打开一个缝，再次观察前后有无来车，在确认安全的情况下打开车门。学员下车后，应从车辆前方绕过，从右边回到车内。

12.1.3 汽车驾驶员培训安全事故案例

案例一：冲动的代价

某日，某机动车驾驶员培训机构的教练员带 4 名学员去考试，结果 4 人全部未通过。教练员从考场出来之后一直情绪激动，脏话连篇，然后又以飙车来泄愤。在离考场才几公里的地段，路况良好的情况下，冲出路基撞上一侧的大树，造成 2 人当场死亡，1 人重伤抢救后死亡的惨剧。

这个案例是由教练员情绪不佳导致的严重教学安全事故。4 名学员全部未通过，这并不一定是学员的问题。发生这种事故时，应启动责任倒查以下内容：计时卡学时是不是学员自己打的卡，教学日志的签字与打卡时间是否一致，学员约考之前有没有经过机动车驾驶员培训机构内部的考核员考核等。根据《机动车驾驶员培训机构资格条件》（GB/T 30340）规定，机动车驾驶员培训机构必须配备有资格的考核员，考核员必须持有国家二级或以上教练员资格证。驾驶培训的三个阶段（第三阶段又分为实际道路驾驶技能培训、安全文明驾驶常识培训），每个阶段学习结束时都要进行阶段性考核，考核通过后才能转入下一阶段的学习。目前部分机动车驾驶员培训机构几乎没有设置考核员这个职位，或即便有设置，也是形同虚设，没有履行考核员的职责。这就使得教练员的教学随心所欲，失去监管。

案例二：高考女状元之死

某日，某机动车驾驶员培训机构学员邱某单独驾驶教练车进行科目二练习，教练员黄某在车下进行指导。由于邱某操作不当，教练车突然失控，接连撞向训练场内多名学员，其中包括当地高考女状元方某，方某经抢救无效身亡。经法院审理判决赔偿死者家属 138 万元，教练员黄某被判有期徒刑一年两个月，缓刑两年。

本起事故中，驾驶教练车撞人的并不是教练员，但是教练员却被判刑。很多教练员并不理解，站在教练员角度来看，由于科目二的考试是需要学员独立驾驶的，副驾驶座位没有协考员，因此在训练中教练员下车执教是正常的事情，是锻炼学员独立驾驶的一种方式。但是，按照规定，学员参加科目二考试前应在机动车驾驶员培训机构内部经过阶段性考核并且考核合格（即非常熟练了），而此时的邱某尚未经过内部的阶段性考核，熟练程度还没有达到独立驾驶的水平。虽然没有法律条文明确规定科目二场地训练中教练员不准下车，但《道路交通安全法实施条例》第二十条规定："学员在学习驾驶中有道路交通安全违法行为或者造成交通事故的，由教练员承担责任。"《刑法》第一百三十四条规定："在生产、作业中违反有关安全管理的规定，因而发生重大伤亡事故或者造成严重后果的，处三年以下有期徒刑或者拘役；情节特别恶劣的，处三年以上七年以下有期徒刑。"根据上述法律规定，教练员应当承担责任，因为教练员有主观过失,未尽到如下安全义务:教练员有预见危险的义务和预见危险的能力,有确保学员安全驾驶和防止事故发生的义务。教练员应当预见到学员驾驶技能不熟练,单独驾驶不能确保安全,对公共安全存在危害,造成了学员单独驾车失控致人死亡的客观事实。所以,教练员应当承担法律责任。

案例三:安全员失职

某日,某机动车驾驶员培训机构学员王女士,在科目三考试的前一天,按照每小时 280 元的价格购买了考试车模拟学时,用来熟悉科目三考试线路。当天,车上共有 4 人,除王女士外,还有 2 名男性学员、1 名安全员。下午 3 点钟,车辆行驶在 4 号考试线路上。开车的是一名刘姓的男学员,在离 4 号线路小转盘 50 米处,有一个弯道区。当时车辆挂的是四挡,进入弯道前,车辆必须从四挡降到三挡。该车行驶在右车道上,前方左车道上有一辆同向行驶的教练车,刘姓学员以为前方教练车不会向右变道,所以当他看到前方教练车开始向右边变道时,他赶紧往右转动方向盘,由于速度较快,车辆撞到了路边的路灯杆上。这次交通事故中,王女士昏迷了一个多小时,等她苏醒过来时,已经躺在了医院的病床上,全身都是血。事故导致王女士鼻骨骨折,左眼眼眶骨折。王女士无故受伤,要求机动车驾驶员培训机构赔偿手术医疗费和精神损失费共计 60 万元。

根据《道路交通安全法实施条例》第二十条规定:"学员在学习驾驶中有道路交通安全违法行为或者造成交通事故的,由教练员承担责任。"

本案中,学员向机动车驾驶员培训机构另行租车练习驾驶技术,机动车驾驶员培训机构除提供合格的车辆外,还应当配备相应资质的安全人员辅助其驾驶。而发生非因学员故意造成的交通事故后,该机动车驾驶员培训机构应当向伤者承担赔偿责任。双方可以在法律规定的标准范围内协商赔偿,如果协商不成,可以通过司法诉讼的途径解决纠纷。

12.2 机动车维修企业安全生产实务

《汽车维修业开业条件 第 1 部分:汽车整车维修企业》(GB/T 16739.1)规定:机动车维修企业应建立并实施与其维修作业内容相适应的安全管理制度和安全保护措施;制定各类机电设备的安全操作规程,并明示在相应的工位或设备处;使用与存储有毒、易燃、易爆物品和粉尘、腐蚀剂、污染物、压力容器等,均应具备相应的安全防护措施和设施,安全防护设施应有明显的警示、禁令标志;生产厂房和停车场应符合安全生产、消防等各项要求,安全、消防设施的设置地点应明示管理要求和操作规程;应具有安全生产事故的应急预案。机动车维修企业应具有废油、废液、废气、废水(以下简称"四废")、废蓄电池、废轮胎、含石棉废料及有害垃圾等物质集中收集、有效处理和保持环境整洁的环境保护管理制度,并有效执行;有害物质存储区域应界定清楚,必要时应有隔离、控制措施;作业环境以及按生产工艺配置的处理"四废"及采光、通风、吸尘、净化、消声等设施,均应符合环境保护的有关规定;涂漆车间应设有专用的废水排放及处理设施,采用干打磨工艺的,应有粉尘收集装置和除尘设备,并应设有通风设备;调试车间或调试工位应设置汽车尾气收集净化装置。

下面从工具设备的使用、典型岗位的操作规范两个方面并结合维修事故案例来介绍机动车维修企业的安全生产知识。

12.2.1 机动车维修企业典型维修设备使用安全知识

1. 通用设备

1）汽车千斤顶

汽车千斤顶（见图 12-2）用于在更换备用轮胎时顶起车身。由于不同车型的车体车重不同，因此需要不同承载力的千斤顶来配合换胎。汽车千斤顶有气动千斤顶、电动千斤顶、液压千斤顶和机械式千斤顶几种类型，一般常用的是机械千斤顶和液压千斤顶。汽车千斤顶按顶起质量大小可分为 3 吨、5 吨、8 吨、10 吨等多种规格，主要供临时使用（如开车出门在外轮胎坏了更换轮胎）。使用时要注意汽车千斤顶应支在车身底盘上结构加强的部位。

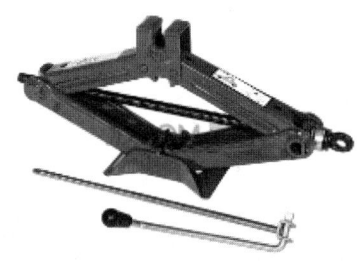

(a) 机械式千斤顶　　　　　　　(b) 液压式千斤顶

图 12-2　汽车千斤顶

汽车千斤顶的安全操作方法：

(1) 选择顶升力适宜的千斤顶，不要超负荷使用。

(2) 检查千斤顶各部件是否齐整完好、活动灵活；液压部件有无渗漏、油液是否干净；油压式千斤顶的安全栓有无损坏。

(3) 千斤顶应放置在平整、坚实处，并垫平。

(4) 千斤顶支撑点，应选择光滑无油污之处。

(5) 千斤顶必须与荷重面垂直，其顶部与重物的接触面间应加防滑垫层。

(6) 千斤顶严禁超载使用，不得加长手柄，不得超过规定人数操作。

(7) 多台千斤顶同时顶抬一件物体时，应由专人统一指挥，同步操作，用力均匀。使用时应确保各千斤顶的顶升速度及受力基本一致。负重载荷应按多台千斤顶额定负荷之和的 85% 计算，严禁满负荷使用。

(8) 油压式千斤顶的顶升高度不得超过限位标志线，螺旋及齿条式千斤顶的顶升高度不得超过螺杆或齿条高度的 3/4。

(9) 起升千斤顶不宜急促上升，应有节奏地均匀上升，并在起升车辆下加放保险垫，随顶随垫，保险垫与车辆应保持较小距离（一般小于或等于 5 厘米为宜），到达顶升高度后应及时将车辆垫牢。操作汽车千斤顶下降时要缓慢，保险垫随落随抽，不准一松到底。

(10) 使用完毕后，油压式千斤顶应使油缸应回程到底。

汽车千斤顶使用安全注意事项：

(1) 千斤顶不得在长时间无人照料下承受荷重。

(2) 千斤顶在使用时必须保证活塞外露部分的清洁，如果沾上灰尘杂物，应及时擦洗干净。

(3) 使用油压式千斤顶时，任何人不得站在安全栓的前面。

(4) 油压千斤顶张拉升压时，应观察有无漏油和千斤顶位置是否偏斜，必要时应回油调整。进油升压必须徐缓、均匀、平稳，回油降压时应缓慢松开油阀，并使油缸回程到底。

2) 举升机

举升机是将车辆举起一定高度，以便于进行底盘作业的设备。常见的举升机有两种：柱式举升机和剪式举升机。柱式举升机有两柱式和四柱式（见图12-3），剪式举升机有超薄剪式和子母剪式（见图12-4）。其中，两柱式举升机和超薄剪式举升机只能用于底盘的检查和维护作业，四柱式举升机和子母剪式举升机则由于配有二次举升装置，能使车辆相对于举升机再次举升，所以，四柱式举升机和子母剪式举升机除了能满足底盘的检查和维护作业外，最主要的功能就是可以配合四轮定位仪进行四轮定位的检测和调整。但是，其操作更复杂，更易发生安全事故。

(a) 两柱式举升机　　　　(b) 四柱式举升机

图12-3　柱式举升机

(a) 超薄剪式举升机　　　　(b) 子母剪式举升机

图12-4　剪式举升机

(1) 两柱举升机安全操作。

① 开机前的准备：检查设备是否处于校验合格期内；检查设备是否处于良好状态，气压是否正常；检查设备电源是否接地，电压或电流是否达到正常值；检查操纵按键是否正常，清理好工作区域内的工具杂物；检查链条和钢丝绳是否正常，是否保持足够的润滑；检查底座上的膨胀螺栓或地脚螺栓是否松动，及时加固调整以确保设备运行平稳；检查油箱内机油量是否达到设备正常工作的允许值（三分之二）。

② 上升：打开设备电源，在举升机每日第一次使用前，进行空载运行检查；将举升机托臂降落在最低位置，将车驶入，车位朝向走道；调整托盘使其高度一致，将托臂调整移动到被托车辆的适合位置；按上升按钮，车离地10~15厘米时，停止升起；检查各支点是否牢固，车辆是否稳定（确定安全后，方可继续工作）；当汽车升至所需求的高度时，松开上升按钮即可停止上升。汽车随着托臂上升过程中，随时观察保险钩的工作情况，不得有卡滞现象。

③ 锁定：按下锁止键或下压锁定手柄，托臂下滑，托臂落锁。

④ 下降：清理好臂桥下的工具杂物，确保人员都处于安全状态；拉开两端的降压阀门，按下降按钮，汽车缓慢降落至地面；切断控制盒电源。

（2）子母剪式举升机安全操作。

大剪举升机操作步骤：

① 上升：打开举升机电源旋钮，按大剪上升键，操纵大剪举升机平台升高到适合作业的高度。

② 锁定：按保险锁键，让大剪举升机平台落锁。

③ 下降：按大剪上升键，大剪举升机平台升高、解锁；按大剪下降键，大剪举升机平台降落回到最低高度；关闭举升机电源旋钮。

小剪举升机操作步骤：

① 上升：打开举升机电源旋钮，按小剪上升键，小剪举升机平台升高到适合作业的高度。

② 下降：按小剪下降键，小剪举升机平台降落回到最低高度，关闭举升机电源。

（3）注意事项。

① 经常保持机身及周围环境清洁。

② 必须由接受过培训的人员操作该设备。

③ 举升的车辆不得超过设备最大允许承重负荷，举升过程中，车下严禁站人，使用后及时切断电源。

④ 举升机只作举升车辆使用，不准作其他举升使用，更不准偏重举升，以防丝杠损坏。

⑤ 升降过程中如果发现异常（如车身前后倾斜或左右倾斜），立即停止使用，并请相关技术人员进行维修。

⑥ 下班前被举升车辆必须放回或接近地面，如确实被举升车辆需在举升机上过夜，必须使用锁止机构锁定，并做好防护工作。

⑦ 每日工作结束后，必须将举升机升高离地 10～15 厘米，每日工作前将举升机落下，保证举升机的良好润滑。

⑧ 每周将伸臂活动处的丝杆和轨道润滑一次，并给丝杆油池加注机油，加注量以油面不溢出为宜。每两周检查和调整传动链条钢丝绳的松紧度一次，清扫链槽中的灰尘杂物。

⑨ 每月检查起重螺母磨损情况，每两年更换起重螺母。每月检查润滑油情况，及时加油，每两个月更换一次润滑油，并给举升机加注黄油。

⑩ 每季度检查一次底座上的膨胀螺栓或地脚螺栓是否松动，及时加固调整以确保设备运行平稳。链条或者钢丝绳每三年应更换一次。

（4）液压系统的保养。

① 清洗、换油：新举升机在首次投入使用满六个月后，应清洗液压油箱并更换油液，以后每年清洗一次液压系统，并更换油液。

② 更换密封件：举升机投入使用一段时间后，如发现有油液渗漏现象，应仔细检查；如果渗漏是因密封材料磨损引起，则应立即按原规格更换。

（5）储存。

当设备长时间储存时应拔掉电源，润滑所有所需润滑的部件、滑台的移动接触面等，将设备套上塑料罩以防尘。

（6）报废。

当设备寿命已尽，不能再使用时，应拔掉电源，并按当地有关法规妥善处理。

3）空气压缩机

空气压缩机是维修车间必不可少的设备，无论是机修车间还是钣金、油漆车间，都要用到压缩空气。空气压缩机的安全操作如下：

① 运转前应用手转动皮带轮，视其转动有无故障。

② 起动前应先打开放气阀，然后再接通电源起动电机，使空压机空转，如发现风扇轮的转向不对，应立即停机。

③ 起动后，应检查气压自动开关工作是否正常，若不正常，必须修复，否则不得使用。

④ 使用中，不得随意调整气压自动开关的额定压力，以防空压机超负荷运转。

⑤ 不得随意敲击和拆卸压力表，以免造成仪表失准而产生意外故障。

⑥ 如发现电机三相电流不平衡，应立即停机，待查明原因，排除故障后，方可重新起动。

⑦ 严禁在压缩机正常运转时切断电源，如果因停电而导致停机，应放尽储气筒内的压缩空气，以利再次起动。

⑧ 严禁将空气压缩机放置在高温（40摄氏度以上）、通风不良及湿度大的环境内工作。

4）总成吊装设备操作规程

重型汽车修理车间的吊装设备多采用行吊，行吊的吊装重量大，高度高，但是线路固定，机动性差。轻型汽车修理厂则多采用吊架，如图12-5所示，吊架的安全使用方法如下：

① 使用前，必须检查吊装物体的挂钩、绳索是否牢固。

② 不准超过允许负荷，不准斜吊斜放起吊的物体，被吊物体要捆绑牢固。

图12-5 总成吊架

③ 被吊物体升起后，在运行中，离地高度一般不准超过1米。特殊情况时（越障碍物）被吊物体周围严禁有人。

④ 被吊物体严禁从人的头顶上越过，被吊物体下也不准站人，移动吊架要平稳。

⑤ 不准在吊装状态下对工件进行机械加工。

5）钻床安全操作规程

钻床是具有广泛用途的通用性机床，可对零件进行钻孔、扩孔、铰孔、锪平面和攻螺纹等加工。钻床的安全操作规程如下：

① 开机前应检查各手柄及锁紧装置是否正常，用手转动主轴并挂挡，空车试转，检查润

滑状况。

② 装、拆钻床夹头、钻套、钻头时必须使用合适工具，不得随意用锤、铁器敲打。

③ 工件必须装夹牢固，严禁不装夹徒手固定工件进行钻削薄小件，不便夹装的应用钳子（或手虎钳）挟持，下方垫板后方可作业。

④ 操作前应按规定戴防护眼镜，女同志还应戴工作帽，严禁戴手套操作，不得用手制动仍在旋转的主轴。

⑤ 在钻削过程中应用合适工具或提钻头方法经常清除钻屑，严禁徒手直接除屑，钻削时应加注适当的润滑、冷却液，运转过程中不得用手巾、棉纱擦拭工作的钻头、主轴。

⑥ 钻削过程中发现夹头松动、工作不稳或其他异常情况时应立即停机检查处理。

⑦ 工作完毕及时清洁工作台、虎钳，擦拭及润滑钻床，并将手柄工具正确放置，切断总电源。

2. 专用设备

汽车维修专用设备是用于对特定的零部件或总成进行拆装作业的工具。常用的汽车维修专用设备有镗缸用的镗床、磨曲轴用的磨床、轮胎动平衡检验仪、拔胎机、四轮定位仪、轮胎螺母拆装机、汽车空调冷媒加注回收设备、车身校正设备、烤漆房等设备。下面介绍几种典型汽车维修专用设备的安全操作规程。

（1）轮胎动平衡检验仪安全操作规程。

轮胎动平衡检验仪（见图 12-6）采用离心力的原理进行工作，其安全操作规程如下：

① 将轮胎充气到合适的气压，去除轮辋上的铅块，将轮胎花纹沟里的石子剔除干净，将轮辋清洁干净。

② 将轮胎安装面朝内装上平衡轴，选择合适的锥体，用锁紧装置将轮胎锁紧，其中锥体一定要对准中心孔。

③ 按下开始按键或压下安全罩，平衡机开始带动轮胎旋转，测量开始后，注意不要站在轮胎附近，以免发生危险。

④ 待轮胎停止旋转后，才能掀开安全罩。

（2）轮胎拆装机安全操作规程。

轮胎拆装机又叫扒胎机（见图 12-7），是将橡胶轮胎从轮辋上取下的设备。该设备比较复杂，使用时要特别小心，严格按照规范操作，以免发生安全事故。

① 使用前应清除轮胎拆装机上及附近妨碍作业的器具及杂物，检查机器各部件是否正常。

② 拆卸轮胎时先将轮胎内的气完全放净，去掉轮辋上所有铅块。

③ 拆胎前，将轮胎放到轮胎挤压位置，注意扒胎机的拆装头与轮毂的距离，避免损伤轮辋表面。转动轮胎 120 度并操作挤压臂使轮胎和轮辋彻底分离，挤压过程中不得将手、脚伸入挤压臂内。

④ 轮胎搬上拆装台时应避免磕碰设备，踩下踏板锁住轮辋前，应确认卡盘和轮辋之间没有异物，严禁用手指探察轮辋是否放正。

⑤ 拆装轮胎前应该用毛刷在轮胎内圈抹好润滑液。禁止使用矿物油作润滑液。

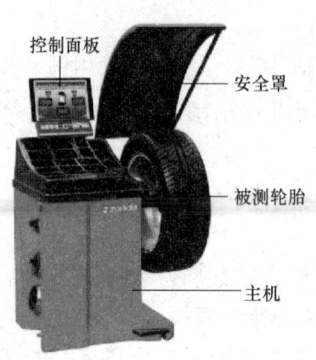
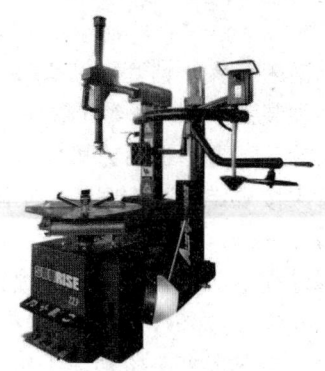

图 12-6 轮胎动平衡检验仪　　　　图 12-7 轮胎拆装机

⑥ 拆装轮胎过程中，用撬棍将轮胎胎圈挑到鸟头上时，应注意撬棍的用力方向和力度，严禁将手深入撬开的缝隙中抓轮胎胎圈。将轮胎胎圈挑上鸟头后取出撬棍，踩下踏板使卡盘旋转，将轮胎扒出轮辋。

⑦ 轮胎充气前应首先确认轮胎气压表是否正常。充气时手应放在安全位置，防止夹伤。注意观察压力表，以免轮胎气压过高造成人员伤害。

⑧ 定期进行安全性能检查，清洁和保养，保证机器处于完好状态。

（3）轮胎螺母拆装机安全操作规程。

轮胎螺母拆装机（见图 12-8）主要用于大型车辆的轮胎维修和保养作业。

① 使用前应检查转换开关是否灵敏，电缆线是否有破损、老化等缺陷。

② 拆卸螺母时，如发现有咬死现象，不得强行操作，防止电机过载或冲击器损坏。

③ 装复螺母（栓）时，应根据其尺寸，合理选择适当的拧紧力矩和冲击器。

④ 套筒套入螺母（栓）后，须对其施加一定预紧力，方可起动电机。

⑤ 严禁将套筒套在冲击器上空转电机，以防套筒甩出伤人。

⑥ 严禁碾压电源电缆线。

⑦ 严禁在有油、水的场地作业。

（4）汽车空调冷媒加注回收设备安全操作规程。

汽车空调冷媒加注回收设备又叫冷媒回收加注机（见图 12-9），集回收、再生、加注冷媒、抽真空、冷媒检漏等多功能于一体。

图 12-8 轮胎螺母拆装机　　　　图 12-9 冷媒回收加注机

① 不使用未经特别认证的工作罐。制冷剂应回收到重注制冷剂罐中。

② 移动本设备或拆下软管时须特别小心,在有压条件下,所有软管都可能带有液态制冷剂,人体与制冷剂接触可能会引起冻伤。

③ 操作板内有高压电,维修设备前一定要切断电源,以免被电击。

④ 为减少火灾危险,应避免使用过长的电源线,如需使用长导线,导线规格应不小于 14 AWG(2.075 平方毫米)。在通风不良或有汽油等可燃物的环境中不能使用本设备,使用前,应确认所有安全装置处于良好状态。

⑤ 必须由专业人员进行操作,操作者必须熟悉空调系统,并了解制冷剂和有压部件的危险性。

⑥ 当温度超过 49 摄氏度时,两次回收工作应间隔 10 分钟。

⑦ 严禁不同制冷剂混合。

(5)钣金整形修复机安全操作规程。

钣金整形修复机(见图 12-10)是钣金维修过程最常用的设备之一,用于对车体部位的凹陷进行全面维修,其特点主要在于无须拆装铁板即可完成凹陷的完全修复。钣金整形修复机具备多种功能,如钣金金属件缩火、介子垫片焊接拉拔、波形线焊接拉拔、三角片焊接拉拔等。

图 12-10　钣金整形修复机

钣金整形修复机使用时要严格遵守如下安全操作规程。

① 操作人员必须持有电气焊特种作业操作证方可上岗,学徒人员须在持证且经验丰富的人员指导下方可操作。

② 设备应专人使用,专人管理,非操作人员未经车间负责人批准,不得操作。

③ 作业场所附近不允许有可燃物及易燃气体。

④ 不得将手指、头发、衣服等靠近冷却风扇旋转部位。

⑤ 钢板涂层受热会产生有害的烟火和气体,操作者应事先做好个体防护。

⑥ 确保电缆连接可靠。电缆连接不良,接地不良等,会引起通电发热,引发火灾。

⑦ 工作过程中的飞溅物、打磨作业产生的铁粉如进入机器内部,会导致机器绝缘恶化引

发火灾。为防止飞溅物、铁粉进入机器内部,主机离作业点应有足够的安全距离。

⑧ 操作者应认真阅读设备使用说明书,熟悉设备性能,了解其工作原理。

⑨ 作业结束后,断开电源,清理卫生。

(6) 车身校正设备安全操作规程。

车身校正设备通常叫大梁校正仪(见图 12-11),是用于对因碰撞等原因而损坏、变形的汽车车身进行矫正修复的汽车修理设备。该设备拉力很大,使用时应特别注意安全。有关操作使用的详细步骤应严格遵循仪器设备使用说明书的规定。

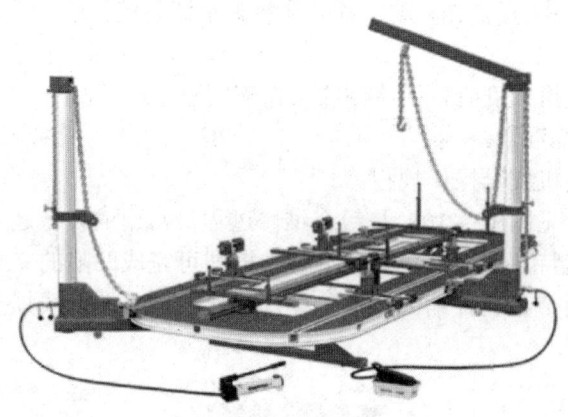

图 12-11 大梁校正仪

① 大梁校正仪使用前应检查各举升架系统中、牵引系统中的油缸、油管、气液泵的性能,确保各部件性能良好。

② 举升架配套的气液泵的气源压力不允许超过规定大气压。

③ 工作台升高至某一位置停止时,应使机械自锁装置锁止。

④ 举升架装置下降前,应先将机械自锁装置脱开。

⑤ 检查牵引装置与工作台的连接是否牢固可靠(在第一次拉拨前应进行检查)。

⑥ 检查链条是否完好无损(拉拨前检查)。

⑦ 检查夹钳是否将车可靠夹紧(拉拨前)。

⑧ 检查链条、夹具和夹持部件的连接是否可靠。

⑨ 矫正操作过程中,立柱扣附近及链条受力方向严禁站人,以确保安全。

(7) 喷烤漆房安全操作规程。

喷烤漆房是一种给设备表面进行喷漆着色并烘干的设备。由于油漆有毒且易燃,使用时要格外注意安全。

喷烤漆房的使用应遵守如下操作规程:

① 进入烤漆房作业时,必须备齐油漆、香蕉水及所需器具。

② 待喷漆车辆进入烤漆房前应将底盘翼子板各部泥土、灰尘擦拭干净,严禁在喷漆房内清除灰尘。

③ 喷漆作业时必须穿着指定的喷漆服和佩戴安全防护用具才能进入烤漆房进行操作。

④ 在进行烘烤作业时,必须确保烤漆房内无易燃物品。严禁在喷漆间内点火吸烟。

⑤ 在喷漆间作业时不得打开喷漆间门。

⑥ 进行保温烘干作业时，温度不得超过规定值。

⑦ 经常检视进气滤网并经常清洁，防止阻塞。

12.2.2 机动车维修作业典型岗位安全操作规程

1. 机电维修工安全操作规程

（1）工作前应检查使用工具是否完整无损。维修时工具必须摆放整齐，不得随地乱放，工作后应将工具清点检查并擦拭干净，按要求放入工具车或工具箱内。

（2）拆装零部件时，必须使用合适工具或专用工具，以保证维修质量，不得粗暴蛮干，不得用硬物、手锤直接敲击零件工作表面。所有零件拆卸后要按顺序摆放整齐，不得随地堆放，以防人员绊倒。

（3）发动机过热时，不得打开水箱盖，谨防烫伤。

（4）车间内不准吸烟。

（5）地面指挥车辆行驶、移位时，不得站在车辆正前方和后方，并注意周围障碍物。

（6）用千斤顶进行底盘作业时，必须选择平坦、坚实的场地，拉紧手制动，并用三角木将前后轮塞稳，先顶前桥，后顶后桥。然后用架车凳、安全凳按车型规定支撑点将车辆支撑稳固，架车凳、保险凳、安全凳与支架点接触部位要有防滑措施，否则禁止使用。支架过程中，禁止车上有人，车辆未支架稳定之前禁止维修作业。千斤顶不能作为长时间支撑工具，严禁单纯用千斤顶顶起车辆时在车底作业，以免因千斤顶漏油或其他因素造成千斤顶突然下落或歪倒发生人员伤亡事故。放下车辆时，应平稳缓慢。

（7）就车修理发动机时，要用接油盘，避免油水落在地上。废油应倒入指定废油收集桶，不得随地乱倒或倒入排水沟内，防止废油污染。

（8）在地沟内进行底盘作业时必须塞住车轮。

（9）拆装发动机总成时，应选择合格的起重设备，吊装时应平衡起落，避免发动机摇晃。发动机解体前应固定在专用发动机拆装台架上，不得用砖块及易碎品支撑发动机。

（10）使用电动工具设备时，必须遵守安全操作规程，并预先检查其技术状况，确认技术状况良好才能使用。

（11）插电器插头时，应先切断电源，插好插头后再接通电源。禁止用裸露线头直接插入插座内或直接挂在电源上通电。

（12）各工位之间要相互协调。需转动、移动工件时应先观察对其他工位和人员有无影响，确认安全时才能操作。

（13）使用清洗液时，因清洗液多属于易燃有毒物品，要注意场地的通风、防火。

（14）对工件检查时，不得采用不正确的方法进行检查，如裸手探试螺栓、锁孔等。

（15）起动发动机前将变速器挂在空挡或 P 挡位置，拉紧手制动器，注意车上车下不能有人。在确保安全的条件下，方可起动发动机。

（16）底盘维修竣工后，试车前踩一下制动，在确认制动正常的情况下，方能上路试车。

2. 汽车钣金工安全操作规程

（1）使用的手锤、大锤、凿子等工具不准有裂纹及飞边卷刺，以防伤人伤己。

（2）钻孔或使用手锤时严禁戴手套，以防手套被钻头搅缠或手锤滑脱。

（3）工件去毛刺时要戴防护眼镜，磨削方向的对面不准站人，工作台之间要装隔离网，以防磨屑伤人。

（4）各种工具的手把（柄）应装配牢固可靠。

（5）用千斤顶支撑修理车身时，车身与地面之间应放垫木或安全凳，待车辆支撑在垫木或安全凳上后，才能进入车身下面作业。

（6）开始工作之前要戴好规定的劳动保护用品，清理地面油污及易燃物。

（7）严禁不拆油箱进行车身焊接、切割、修补工作。油箱应放尽燃油，并采取有效的隔离措施。焊修油箱时，应采取适当防护措施，以防油箱内壁油膜受热蒸发后爆炸燃烧。

（8）使用手电钻、手提磨光机及其他电动工具时，应有良好的绝缘措施。

（9）严禁将氧乙炔焰的火焰对人。严禁明火接近乙炔气源，严禁违章放置氧气瓶、乙炔气瓶，两瓶之间必须保持足够的安全距离。

（10）工作结束后（或下班前）应清理场地，关闭电源，灭绝火源。

3. 汽车油漆工安全操作规程

（1）施工场所必须通风良好，如果室内自然通风不良，则应具有有效的通风设备。

（2）使用机具设备，必须遵守有关的规定，不得违章操作。

（3）定期检查、维护机具设备，不得带病运行，发生故障时应立即切断电源检修。

（4）随时清除作业场地火源及易燃物，涂料库房照明灯泡应有防爆装置，照明灯泡应安装在门外，库房应有严禁烟火的醒目标志，消防器材必须齐全有效。

（5）施工时必须穿戴安全防护用具，如工作服（帽）、手套、护目镜、口罩及胶鞋等。

（6）施工完毕后应封闭漆桶，清理工具及涂料，用过的棉纱等要集中妥善保管，防护用品应存放在专用柜内。

（7）涂料库房必须干燥、通风、隔热、无阳光直接照射，勿邻近火源，涂料不得与可燃物如氧化剂、金属粉末等及易燃物质同库存放。

（8）从事漆工作业的人员应定期进行职业健康检查，如有中毒反应要及时治疗。

4. 电/气焊工安全操作规程

（1）焊工（电、气）安全操作规程。

① 电焊、气焊工均为特殊工种，须经专业安全技术培训和考核合格，取得特殊工种操作证后，方能独立操作。

② 焊接场地禁放易燃易爆物品，应备有消防器材，保证足够的照明和良好的通风。

③ 焊接前应查看周围有无易燃易爆品，地上有无漏油；如有，应排除后方可焊接。

④ 工作前必须做好个体防护措施，操作时戴好防护眼镜和面罩，仰面焊接时应扣紧袖口，戴好防火帽。

⑤ 对压力容器、密封容器、通风容器、各种油桶、管道、沾有可燃气体溶液的工件进行焊接操作时，必须先进行检查、冲洗，除掉有毒、有害、易燃、易爆物质，再进行焊接作业。在焊接、切割密封容器工件时，必须要留有通气孔。

⑥ 点焊机的接地线及电源线都不准搭在易燃易爆物品上，防止产生火花而燃烧爆炸，也

不准接在管道和机具设备上。电源线应绝缘良好,机壳接地必须符合技术要求。

⑦ 雨天不准露天电焊作业,在潮湿地带作业时应站在铺有绝缘物的地方,并穿好绝缘鞋。

⑧ 开关阀门不得有泄漏,应保持齐全完好。氧气瓶、乙炔气瓶严禁倾倒使用,防止日光暴晒,二者应保持足够的安全距离,氧乙炔气瓶的减压阀、出气口严禁油液污染。

⑨ 在有易燃、易爆物的场所焊接时,必须取得消防部门的同意,作业时做好应急预案,采取严密安全措施,防止电火花飞溅引发火灾。

⑩ 作业完毕应检查场地,灭绝火种,切断电源。

（2）手工电弧焊安全操作规程。

① 操作者应掌握一般电气焊知识,熟悉灭火技术、触电急救及人工呼吸方法。

② 工作前应检查焊机各接线点是否良好,外壳接地是否良好,夹钳绝缘是否良好。

③ 合闸时,要一次推到底,然后开启电焊机。停机时,先关电焊机,再关电源闸刀开关。

④ 移动焊机位置时,须先停机断电,防止误焊或触电。焊接中突然停电时,应立即关闭电源,以免突然来电时发生意外。

⑤ 换焊条时应戴好手套,身体不要靠在导电物体上,敲焊渣时应戴好防护眼镜。

⑥ 有色金属有毒,焊接有色金属时,应加强通风排毒,必要时使用过滤式防毒面具。

（3）手工气焊安全操作规程。

① 严格遵守一般焊工安全操作规程和有关氧气瓶、乙炔气瓶、橡皮软管的安全使用规则和焊（割）炬安全操作规程。

② 工作前检查氧气瓶、乙炔气瓶、橡胶软管接头、阀门是否紧固、漏气。氧气瓶、乙炔气瓶及附件、橡胶软管及工具上不得沾染油脂。

③ 检查设备及管路漏气时,只准用肥皂水,检查时周围不准有明火,不准吸烟。

④ 工作完毕或离开作业现场时,要关闭气瓶阀门,清理现场。氧气瓶,乙炔气瓶放在指定位置,二者之间要有足够的安全距离。

（4）氧气瓶安全操作规程。

① 每个氧气瓶必须装设两个防震橡胶圈。氧气瓶应与其他易燃气瓶、油脂、易爆物品分开保存。

② 氧气瓶附件性能有缺陷、损坏时应停止使用。

③ 氧气瓶直立放在固定支架上,不能卧放。若卧放使用,一旦氧气瓶阀门意外脱落跑气,气体的巨大反作用力,将使氧气瓶向前冲或在地面打转,危及附近人员的人身安全。氧气瓶垂直立放使用,跑气时就可避免上述危险。

④ 开启氧气瓶阀门时要用专用工具,禁止用易产生火花的工具去开启氧气瓶阀门。开启阀门时,工人不要面对减压表,以防阀门螺杆意外冲出而伤人。观察减压表指针是否灵活。

⑤ 遵守氧气瓶安全操作规程,领用有检审合格证的气瓶。

（5）乙炔气瓶安全操作规程。

① 乙炔气瓶必须经常保持清洁,字样明显,附件完好。

② 禁止用铁制工具敲打及碰撞乙炔气瓶及附件。

③ 乙炔气瓶不得靠近热源和电器设备,夏季要防止日光暴晒。

④ 乙炔气瓶在使用时应保持直立位置,并注意平稳牢固,严禁倾倒和卧放。

⑤ 乙炔气瓶必须装设专用减压阀,表内装有回火装置,使用时应缓慢打开瓶阀。

5. 动力电池维修工安全操作规程

动力电池的额定电压高达 500 伏，因此，维修作业时一定要注意安全。

① 新能源系统的维修作业必须由具有新能源从业经验和取得相关从业资质证书的专业人员实施，并穿戴绝缘衣物、绝缘鞋和绝缘手套（耐压 600 伏以上）。

② 维修场所应通风良好，尽量开阔，应设置严禁烟火、防水、高压危险、非维修人员禁止进入维修场所等明显标志标识。

③ 维修人员进行新能源系统维修作业时，应关掉维修车辆低压总电源和高压总电源开关，必要时拔掉动力电池动力连接线。

④ 当检测到电池单体出现质量问题时，原则上需要整箱更换，当不得不更换单体电池时，必须由接受过相应培训的专业人员严格按照相关操作规程更换。

⑤ 操作人员进行作业时必须单手操作，原则上不允许带电作业。

⑥ 操作人员在作业中，对所拆除的高低压系统电线要妥善处理，包好裸露的电线头，必要时拆除的插座端也要用绝缘胶布封住，以防触电或酿成其他意外事故。

⑦ 更换高压回路器件时，一定要按原车设计要求容量更换。

⑧ 在检修高压系统时，车辆必须处于 OFF 挡，先佩戴绝缘手套，拆下高压维修开关以防电击，拆下的高压维修开关应妥善保管，防止其他人员意外将其重新连接。

⑨ 高压系统在调试或检修完毕后，需由安全员检查确定能否上电（电路是否符合要求，现场工作人员是否在安全区域内）。

⑩ 发生异常事故和火灾时，操作人员应立即切断高压回路，使用干粉灭火器及干沙扑救，严禁用水剂灭火器。

6. 液化天然气汽车维护安全操作规程

根据《液化天然气汽车维护技术规范》（JT/T 1009）规定，液化天然气汽车维护操作规程如下。

（1）LNG 汽车维护作业应在符合安全防护要求的专用场地进行。场地应通风良好，顶部气体易聚集处宜安装排风装置以及燃气报警装置，配备相应的消防设施，使用防爆灯及防爆电器开关。

（2）在 LNG 有可能泄漏的场所，应设置明示防火、防静电、禁止接打手机、禁止使用无线电设备等明显标志。作业现场应设置警示牌，严禁非作业人员靠近作业现场。

（3）LNG 专用装置维护作业应由经过培训的专业人员进行。作业人员在操作前应先进行静电释放，操作时应穿戴护目镜、绝热手套、棉质防护服，裤脚应能覆盖鞋面，应避免皮肤直接接触处于低温的管路、阀门等部件；鞋底不应带有铁钉，不应佩戴手表和戒指等硬物。

（4）LNG 专用装置维护作业时，严禁用力敲击或碰撞气瓶、管路及各类阀体；阀门冻结时，可用清水或氮气快速解冻后再行开启。

（5）进行 LNG 专用装置紧固作业时，应关闭截止阀，将管路中的气体排尽后，再用防爆扳手等专用工具进行紧固作业。不应带压进行管路紧固作业。

（6）拆装或调整 LNG 专用装置管路接头、阀门、仪表、稳压装置时，应先切断电源，关闭出液截止阀，将管路内的气体排尽后，再利用防爆扳手等专用工具进行作业。

（7）LNG 管路焊接时，应关闭管路与气瓶连接的所有阀门，拆下管路，移至安全区域，并用氮气吹扫管路，直到可燃气体探测器检测安全，方可进行焊接作业。

（8）LNG 专用装置框架及车辆其他部位焊接时，应断开蓄电池正负极及重要总成的电控单元插头，关闭管路与气瓶连接的所有阀门，并对气瓶实施隔离；放空管路气体，用氮气吹扫，直到可燃气体探测器检测安全，方可进行焊接作业。

（9）在气瓶附近进行焊割作业时，应先拆下气瓶，放入专用区域妥善保管，或用挡板、石棉布等对气瓶进行有效隔离，现场经可燃气体探测器检测安全后，方可进行焊割作业。

7. 危险货物运输车辆维修安全操作规程

（1）危险货物运输车辆维修的安全生产条件。

危险货物运输车辆维修，是指对运输易燃、易爆、腐蚀、放射性、剧毒等性质货物的机动车维修。因此，危险货物运输车辆应当到具备道路危险货物运输车辆维修资质的企业进行维修。《机动车维修管理规定》（交通运输部令 2016 年第 37 号）第十二条规定：从事危险货物运输车辆维修的汽车维修经营者，除具备汽车维修经营一类维修经营业务的开业条件外，还应当具备下列条件：

① 有与其作业内容相适应的专用维修车间和设备、设施，并设置明显的指示性标志；
② 有完善的突发事件应急预案，应急预案包括报告程序、应急指挥以及处置措施等内容；
③ 有相应的安全生产管理人员；
④ 有齐全的安全操作规程。

（2）危险货物运输车辆维修的安全操作规程。

① 危货车辆装有危险货物时不得进厂，须把危险货物卸完后方能进厂维修。
② 危货车辆进厂维修前必须严格检查是否有泄漏现象，如有泄漏必须立即处理。
③ 危货车辆须在指定的危货车辆工位进行维修作业，不得在其他普通车辆工位上作业。
④ 根据火灾危险程度划定"固定动火区"，"固定动火区"以外一律为禁火区。
⑤ 固定维修区要设立明显标志，落实专人管理。维修区不准放易燃、易爆、可燃物和其他杂物，应配备一定数量的消防器材。
⑥ 所有与易燃、易爆装置连通的惰性气体、助燃气体的输送管道，均应设置防止易燃、易爆物质窜入的设施。
⑦ 维修作业应由责任心强，经培训考核合格，并熟知危险物品物质和安全防护知识的人员实施维修作业。
⑧ 在工艺装置上有可能引起火灾、爆炸的部位，应充分设置超温、超压等检测仪表、报警（声、光）和安全联锁装置等设施。
⑨ 扑救有毒、有害物质的火灾时，应做好个体防护，施救者应站在上风方向。
⑩ 维修运输易燃、易爆物品的车辆，作业完工后，经主修人、维修部门负责人与专职检验人员共同检查，确认无误，并由主修人、维修部门负责人、专职检验人员在作业单上签字后，方可放行。

12.2.3 机动车维修作业安全事故案例

机动车维修是多工种联合交叉作业，技能要求高，作业环境复杂，作业时间短，相对劳动强度大，影响生产安全的因素多。归纳起来，机动车维修行业危险大，隐患多，安全管理任务艰巨。

案例一：烤漆房起火

某日下午 5 点半左右，某市一机动车维修企业内的烤漆房起火，值班员及时将房内一辆桑塔纳轿车推出。大火将房内大量电线、电动工具烧毁，幸未造成人员伤亡。

事故主要原因分析：

经调查，烤漆房设备不合格，存在隐患，主要表现在：（1）热交换器（俗称"炉膛"）材质选用的是劣质不锈钢或不锈铁作为材质。烤漆房失火主要从炉膛开始，因此炉膛材质的好坏十分关键。（2）炉膛太薄。同样的不锈钢材料，厚度不一样也有很大的影响。（3）炉膛体积过小。导致烤漆房起火的另一重要原因就是炉膛体积过小，烤漆房火焰只应在炉膛的中间部分燃烧。

维修工的不规范操作，主要表现在：

（1）因工作需要（或有些员工为了多挣点工资），维修企业加班较多，维修工在疲劳状态下仍然工作。（2）不少喷漆工及操作人员缺乏对化学品、危险品（含涂料及有机溶剂助剂）基本性能的了解，缺乏基本知识，特别是缺乏使用化学品和危险品的安全知识。（3）维修工未经过严格的培训考核就上岗，不了解安全生产操作规程。

案例二：电焊机电源线接错导致触电死亡事故

某日，一机动车维修企业工人张某（非电工）将一台借来的电焊机的单相电源线错误地接在三相电源上，将电焊机保护接零线错误地接在三相电源的一条火线上，使电焊机的外壳带电。张某接好线后就让罗某合上电源开关。随后李某从该电焊机的旁边经过时，踩到与电焊机连接的钢丝上，尖叫一声。张某回头一看，只见李某赤脚露臂躺在电焊机旁边，已经触电身亡。

事故主要原因分析：（1）张某违反操作规程，非电工进行电工作业，对电气设备的原理和安装不熟悉、无证操作，将电焊机的电源线接错使电焊机壳体带电是造成这次事故的主要原因。（2）公司领导对安全生产不重视，对职工的安全教育不够，导致职工无证作业、施工现场其他人员不按要求穿戴劳保防护用品，也是造成事故的原因之一。

事故主要防范措施：（1）施工现场临时用电设备的安装、维修或拆除必须由电工完成，其他用电人员严禁擅自装接用电设备。（2）每台临时用电设备应有各自专用的配电箱，实行"一机一闸"制，严禁用同一个开关直接控制两台及以上的用电设备（包括插座），并且配电箱中必须装设漏电保护器。（3）施工现场各类人员必须做到：① 掌握安全用电的基本知识和所用设备的性能。② 使用设备前必须按规定穿戴和配备好相应的劳保防护用品，并检查电气装置和保护设施是否完好，严禁带"病"运转。③ 用完设备必须拉闸断电，锁好开关箱。④ 搬迁或移动用电设备时必须断电，并做好妥善处理后再进行。

案例三：更换焊条时手触焊钳口遭电击

某机动车维修企业一位年轻的女电焊工正在焊接作业，因车间温度高加之通风不良，身上大量出汗，将工作服和皮手套湿透。在更换焊条时触及焊钳口触电，产生痉挛而后仰跌倒，焊钳落在颈部未能摆脱，造成电击，经抢救无效死亡。

主要原因分析：（1）焊机的空载电压较高，超过了安全电压。（2）室内温度高，焊工大量出汗，人体电阻降低，触电危险性增大。（3）触电后未能及时发现，电流通过人体的持续时间较长,使心脏、肺部等重要器官受到严重损坏。

事故主要预防措施:电焊作业时要设监护人,随时注意电焊工动态,遇到危险征兆时,立即拉闸进行抢救。

案例四:氧气瓶的减压器着火烧毁

某机动车维修企业气焊工在作业时,使用漏气的焊炬,焊工的手心被调节轮处冒出的火炬苗烧伤起泡,该焊工在手上涂了獾油后继续作业,施焊过程中又一次发生回火,氧气胶管爆炸,减压器着火并烧毁,关闭氧气瓶阀门时,氧气瓶上半截已烫手,非常危险。

事故主要原因分析:(1)漏气的焊炬容易发生回火。(2)在调节氧气压力时,氧气瓶阀和减压器上沾上了油脂(獾油),发生回火,在压缩纯氧强烈氧化作用下引起剧烈燃烧。

事故主要预防措施:(1)气焊前应检查焊炬是否良好,发现有漏气现象时严禁使用。(2)不能用带有油脂的手套去开启氧气瓶阀和减压器。

参考文献

[1] 教育部高等学校安全工程学科教学指导委员会. 安全管理学 [M]. 北京：中国劳动社会保障出版社，2012.

[2] 肖润谋，张㟁. 道路运输企业安全管理 [M]. 2版. 北京：人民交通出版社，2014.

[3] 肖贵平，朱晓宁. 交通安全工程 [M]. 2版. 北京：中国铁道出版社，2011.

[4] 刘清，徐开金. 交通运输安全 [M]. 武汉：武汉理工大学出版社，2009.

[5] 刘浩学. 道路交通安全工程 [M]. 北京：人民交通出版社，2013.

[6] 彭聃龄. 普通心理学 [M]. 北京：北京师范大学出版社，2008.

[7] 本书编写组. 道路旅客运输企业安全生产标准化考评实施细则 [M]. 北京：人民交通出版社，2013.

[8] 本书编写组. 道路危险货物运输企业安全生产标准化考评实施细则 [M]. 北京：人民交通出版社，2013.

[9] 张力娜. 道路运输企业安全规范与事故隐患排查治理指导 [M]. 北京：中国劳动社会保障出版社，2015.

[10] 国家安全生产监督管理总局宣传教育中心. 道路运输企业主要负责人与安管人员安全培训教材 [M]. 北京：团结出版社，2014.

[11] 赵侃. 《道路旅客运输企业安全管理规范》释义 [M]. 北京：人民交通出版社，2018.

[12] 严季. 危险货物道路运输企业专职安全管理人员培训教材 [M]. 北京：人民交通出版社，2016.

[13] 交通运输部公路科学研究院. 道路运输事故典型案例评析 [M]. 北京：人民交通出版社，2015.

[14] 本书编写组. 道路旅客运输企业主要负责人和安全生产管理人员培训教材 [M]. 北京：人民交通出版社，2016.

[15] 本书编写组. 机动车维修企业主要负责人和安全生产管理人员培训教材 [M]. 北京：人民交通出版社，2016.